Budapest

von
Julia Kluge-Fabényi
und
Hella Markus

Prestel-Verlag

Dieser Führer enthält 184 Seiten mit 180 Abbildungen, davon 133 in Farbe, sowie eine mehrfarbige Karte, 4 Pläne, 3 Grundrisse und Metro-Plan.

Umschlag-Vorderseite: Blick auf Kettenbrücke, Donau und Parlament
Foto: Image Bank

Vordere Umschlag-Innenseite: In der Glasfassade des Hotels Budapest-Hilton spiegelt sich die Fischerbastei
Foto: János Eifert, Budapest

Umschlag-Rückseite: Millenniumsdenkmal auf dem Heldenplatz
Foto: Magyar Képek, Budapest

© Prestel-Verlag, München 1992

Prestel-Verlag, Mandlstraße 26, D-8000 München 40
Telefon (089) 381 7090, Telefax (089) 38 170935

Konzeption, Gestaltung und Ausstattung dieses Werkes sind eigens für die Buchreihe der Prestel-Führer entwickelt worden, unterliegen in der Einheit von Format, Gliederung und Layout dem Schutz geistigen Eigentums und dürfen weder kopiert noch nachgeahmt werden.

Bildnachweis: Seite 183

Gestaltung: Norbert Dinkel

Printed in Germany
Reproduktion: PHG Lithos GmbH, Martinsried
Karten: Franz Huber, München
Satz, Druck und Bindung: Passavia Druckerei GmbH Passau

ISBN 3-7913-1203-0

Inhalt

Karten

Übersichtskarte 6/7
Burghügel 6 und 24/25

Stadtwäldchen (Városliget) 123
Althofen (Óbuda) 132

Geschichte, Kunst und Kultur im Überblick 8

Budapest, statistisch 16

Der Burghügel zu Buda: Königspalast und Bürgerstadt *Plan Seite 24/25* 18

1 Historisches Museum der Stadt Budapest (Budapest Történeti Múzeum) 23
2 Nationalbibliothek Széchenyi 26
3 Ungarische Nationalgalerie 27
4 Sándor-Palais 31
5 Burgtheater 32
6 Vom Disz tér in die Bürgerstadt 33
7 Handelshäuser in der Tárnok utca 33
8 Matthiaskirche 36
9 Fischerbastei 39
10 Ehem. Dominikanerkloster im Hotel Budapest-Hilton 41
11 Hess András tér (Andreas-Hess-Platz) 44
12 Das Haus ›Zum Roten Igel‹ 44
13 Táncsics Mihály utca (Mihály-Táncsics-Straße) 45
14 Der ehem. Kammerhof 46
15 Judentum im Burgviertel 47
16 Babits Mihály sétány (Mihály-Babits-Promenade) 48
17 Bécsi kapu tér (Wiener-Tor-Platz) 48
18 Fortuna utca (Fortunastraße) 50
19 Ungarisches Handels- und Gastgewerbemuseum 50
20 Országház utca (Parlamentsstraße) 52
21 Országház utca 2 54
22 Szentháromság tér (Dreifaltigkeitsplatz) mit der Dreifaltigkeitssäule 56
23 Altes Rathaus zu Buda 56
24 Konditorei Ruszwurm 57
25 Reiterstandbild des András Hadik 58
26 Úri utca (Herrenstraße) 59
27 Höhlenlabyrinth mit Panoptikum 61
28 Hölblinghaus 61
29 Sitznischen, Wohntürme und andere Besonderheiten entlang der nördlichen Úri utca in Richtung Kapisztrán tér 62
30 Maria-Magdalenen-Kirche 64
31 Kriegshistorisches Museum 64
32 Die Anjou-Bastei und das Denkmal des letzten Paschas von Buda 66
33 Tóth Árpád sétány (Árpád-Tóth-Promenade) 67

Inhalt

Buda außerhalb der Burg *Plan Seite 6/7* 69

34 Kaiserbad *69*
35 Türbe des Gül Baba *69*
36 Batthyány tér (Batthyány-Platz) und Umgebung *70*
37 St.-Annen-Kirche *73*
38 Tabán und Burggarten-Basar *73*
39 Museum für Medizingeschichte *74*
40 St.-Gellért-Denkmal *74*
41 Zitadelle *74*
42 Gellértbad *76*
43 Technische Universität *77*
44 Römisch-katholische Kirche in Városmajor (Stadthain) *78*
45 Römisch-katholische Kirche in Pasarét *78*

Donaubrücken und Margareteninsel *Plan Seite 6/7* 79

46 Elisabethbrücke *79*
47 Kettenbrücke *79*
48 Margareteninsel *81*

Pest innerhalb des Altstadtrings *Plan Seite 6/7* 83

49 Universität für Wirtschaftswissenschaften *83*
50 Große Markthalle *83*
51 Ungarisches Nationalmuseum *84*
52 Universitätskirche *86*
53 Universitätsbibliothek *87*
54 Serbische Kirche *88*
55 Franziskanerkirche *89*
56 Klothilden-Paläste und Pariser Hof *90*
57 Innerstädtische Pfarrkirche und Contra Aquincum *91*
58 Griechisch-orthodoxe Kirche *92*
59 Péterffy-Palais und Restaurant ›Százéves‹ *93*
60 Redoute *94*
61 Kaffeehaus Gerbeaud *95*
62 Evangelische Kirche und Landesmuseum *97*
63 Zentrales Rathaus *98*
64 Große Synagoge *99*
65 Orthodoxe Synagoge *101*

Pest außerhalb des Altstadtrings *Plan Seite 6/7* 102

66 Rákóczi út (Rákóczistraße) *102*
67 Museum für Kunsthandwerk *103*
68 Kaffeehaus New York *104*
69 Musikakademie *105*
70 Modehalle (Divatcsarnok) *106*
71 Ernst-Museum *106*
72 Arany-János-Theater *106*
73 Ungarische Staatsoper *107*
74 Basilika St. Stephan *109*
75 Gresham-Palast *110*
76 Akademie der Wissenschaften *111*
77 Szabadság tér (Freiheitsplatz) *112*
78 Postsparkasse *112*
79 Parlament *113*
80 Ethnographisches Museum *115*
81 Westbahnhof (Nyugati pályaudvar) *117*
82 Ferenc-Hopp-Museum *118*
83 Hősök tere (Heldenplatz) *119*
84 Kleine Untergrundbahn *122*

Stadtwäldchen und Umgebung *Plan Seite 124* 123

85 Burg Vajdahunyad *124*
86 Anonymus-Denkmal *125*
87 Széchenyi-Thermalbad *126*
88 Zoo *127*
89 Restaurant Gundel *128*
90 Verkehrsmuseum *128*
91 Geologisches Institut *129*
92 Schmidl-Mausoleum auf dem Jüdischen Friedhof *129*

Inhalt

Altofen *Plan Seite 132* *131*

93 Kiscelli-Museum *131*
94 Ehem. Altofener Synagoge *132*
95 Amphitheater *132*
96 Römisches Militärbad und Hercules-Villa *134*
97 Schloß Zichy *135*
98 Volkskunstsammlung Zsigmond Kun *136*
99 Rundes Haus *137*
100 Aquincum *138*

Budapest aktuell *141*

Informationen *141*
Ankunft *142*
Bank, Post, Telefon *143*
Einkaufen *144*
Essen und Trinken *150*
Feste und Feiern *160*
Kultur live *164*
Messe-Kalender *167*
Museen, Sammlungen, Bibliotheken *168*

Nachtleben *171*
Notfälle *171*
Sport *172*
Kleiner Sprachführer *173*
Stadtbesichtigung *174*
Unterkunft *177*
Verkehr *178*

Register *180*

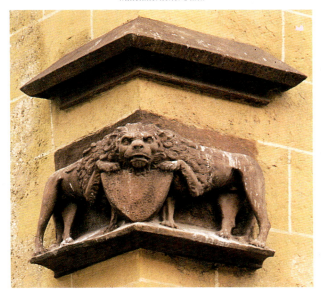

Zwei Löwen mit einem Kopf an dem Haus Úri utca/Ecke Anna köz, mittelalterlicher Fund

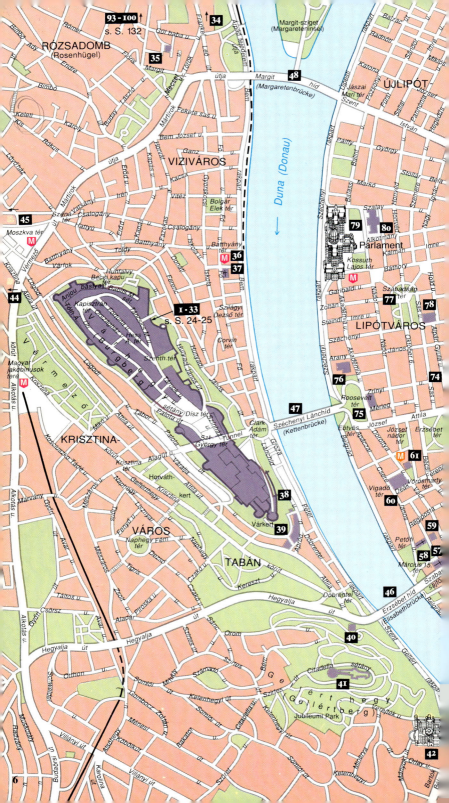

Geschichte, Kunst und Kultur im Überblick

460000 v. Chr. Seit der Altsteinzeit wurden die Ufer der Donau wie auch die von Höhlen durchzogenen, an warmen Quellen reichen Hänge der Budaer Berge besiedelt.

3./4. Jh. v. Chr. Besiedlung durch keltische Erawisker.

Um 1250 v. Chr. Die von Norden einströmenden ›Lausitzer‹ leben in Wohnhöhlen in den Budaer Bergen.

Um 10. n. Chr. Eroberung durch die Römer; Militärstützpunkt im heutigen Óbuda.

106 n. Chr. Die römische Garnisonsstadt Aquincum (keltisch: Ak-ink = wasserreich) wird zur Hauptstadt der Provinz Pannonia Inferior.

194 Aquincum zur Colonia erhoben. Zwischen 30000 und 60000 Einwohner.

409 Mit dem Zerfall des römischen Reiches fällt Aquincum schließlich in hunnischen Besitz (bis 453). Einige Forscher sahen im Amphitheater die Etzelburg des Nibelungenliedes, die Residenz des Hunnenkönigs Attila. Der Legende nach ließ Attila (Etzel) seinen jüngeren Bruder Bleda umbringen, als dieser der Stadt seinen Namen (Buda) verliehen hatte. Nach Attilas Tod: Ostgoten, Langobarden.

569 Beginn der 200 Jahre andauernden Awarenherrschaft. In der Folgezeit siedeln u. a. bulgarisch-slawische Stämme auf beiden Seiten des Flusses in Höhe des Gellértberges.

769 wird das Gebiet Grenzmark im Fränkischen Reich.

896 Ein Verband magyarischer Stämme, deren ursprüngliches Siedlungsgebiet zwischen der Wolga und dem Ural lag, dringt über die Karpaten in das Donau-Tiefland ein und beginnt mit der Landnahme unter den Fürsten Kurszán und Árpád (Árpáden 896-1301). Beginn der ungarischen Geschichte.

955 Sieg Ottos I. in der Schlacht auf dem Lechfeld gegen die Magyaren, Fürst Géza bekennt sich zum Christentum.

1000 Zu Weihnachten wird Stephan I. (mit heidnischem Namen Vajk, Sohn Gézas, 997-1038) vom Papst die Heilige Krone (Stephanskrone) gesandt, mit der er zum ersten ungarischen König gekrönt wird. Er fördert das katholische Christentum in Ungarn und wird später heiliggesprochen.

1046 Zu den von Stephan ins Land gerufenen Missionaren (besonders Benediktiner) gehört Bischof Gerhardus (Gellért). Anhänger der heidnischen Reiternomadengesellschaft stoßen ihn vom ›Gellértberg‹ hinab in die Donau.

1061 Erste urkundliche Erwähnung der am linken Donauufer gelegenen Stadt Pest.

12. Jh. Kaufleute aus Mittel- und Westeuropa lassen sich in Buda und Pest nieder.

Um 1204 Meister P (sog. Anonymus), der Notar Bélas III., verfaßt die erste im Original überlieferte Chronik der Ungarn in mittellateinischer Sprache.

Kopie eines römischen Altars aus der 2. Hälfte des 2. Jh. mit einer Darstellung des Mars in der Kórház utca in Altofen.
Das Original befindet sich in Aquincum

1222 Der Adel setzt größere Rechte durch, die König Andreas II. in der ›Goldenen Bulle‹ festlegt.

Um 1225 Ältestes ungarisches Sprachdokument: ›Leichenrede‹.

1241 Bei einem Mongolenüberfall wird die Stadt verwüstet.

1242-44 König Béla IV. versucht, die verwüstete Kulturlandschaft durch eine weitsichtige Siedlungspolitik wieder zu beleben. Die deutsche Bevölkerung von Pest wird mit allen Privilegien auf den Burghügel von Buda umgesiedelt. Beginn des Baus einer Stadtmauer.

1243 Dominikanermönche lassen sich in Buda nieder.

1247-65 Bau der ersten Budaer Königsburg.

1255 Buda erhält Markt- und Zollrechte.

1255-69 Bau der Liebfrauenkirche (später Matthiaskirche) als deutsche Pfarrkirche auf der Budaer Burg; Maria-Magdalenen-Kirche als Pfarrkirche der ungarischen Bürger.

Um 1300 Die ›Altungarische Marienklage‹ spiegelt jene Frömmigkeit der Bettelorden, für die das Leben der heiligen Margarete, der Tochter Bélas IV., als Dominikanerin auf der nach ihr benannten Donauinsel bezeichnend ist.

1301 Nach dem Tod des letzten Árpáden innere Wirren.

1308-87 Die Herrschaft der Anjou bedeutet die Erneuerung der Zentralgewalt gegenüber den Magnaten.

1308 wird Karl I. von Anjou zum ungarischen König gekrönt. Noch heute erinnert die Bezeichnung ›Forint‹ an seine ab 1325 nach florentinischem Vorbild geprägten Goldmünzen. Aufschwung des Handelsverkehrs mit dem Westen.

1347 Ludwig I. der Große verlegt die Residenz aus Visegrád nach Buda.

1387-1437 Sigismund von Luxemburg ungarischer König (ab 1410 deutscher König, seit 1433 Kaiser des Heiligen Römischen Reiches Deutscher Nation). Ehrgeizige Bauvorhaben auf dem Budaer Burggelände. – Sein Rang und sein internationales Ansehen zeigen sich auch 1417 auf dem Konzil zu Konstanz, wo er eine weitgehende Rücknahme der päpstlichen Verfügungsgewalt über die ungarische Kirche erreicht.

Gyula Benczúr ›Die Taufe des Vajk‹, 1875

1438 Die rechtliche Gleichstellung ungarischer und deutscher Bürger der Stadt wird im Landtag zu Buda gesetzlich verfügt.

1446 János Hunyadi Reichsverweser.

1456 János Hunyadi schlägt die Türken unter Mehemed II. bei Nándorfehérvár (heute Belgrad). Das tägliche Mittagsläuten (auch vor den 12-Uhr-Nachrichten im Rundfunk) soll heute noch an seinen Sieg erinnern.

Bildnis des Matthias Corvinus, Miniatur aus dem Kodex Marlianus Mediolanensis aus dem 15. Jh. (Volterra, Biblioteca Guarnacci)

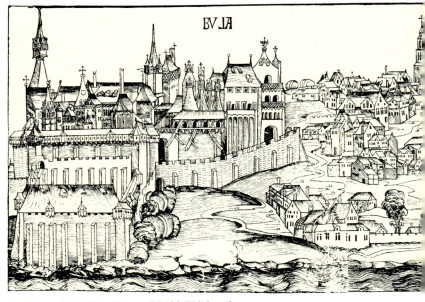

Ansicht von Buda, Holzschnitt aus Schedels Weltchronik, 1493

1458-90 Matthias Hunyadi (Corvinus), der 15jährige Sohn des János Hunyadi, wird ungarischer König. In der Regierungszeit des nationalbewußten, diplomatisch begabten und kunstsinnigen Fürsten erlebt Buda eine Zeit der Blüte als ein Zentrum europäischer Renaissancekultur. Der Königspalast wird ausgebaut. Die Bibliotheca Corviniana wird zu einer der bedeutendsten Bibliotheken Europas.

Frühestes erhaltenes Beispiel des ungarischen Wappens, Fundstück von den Ausgrabungen im Burgviertel

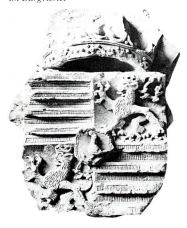

1468 König Matthias verleiht Pest die Privilegien einer königlichen Freistadt.

1471 König Matthias läßt neue Goldmünzen prägen. Er verfügt über ein stehendes Söldnerheer. Sein jährliches Einkommen aus Steuern und Regalien wird mit 1 Mio. Goldgulden höher als das des englischen und französischen Königs geschätzt.

1473 Die ›Chronica Hungarorum‹ erscheint als erstes in Ungarn gedrucktes Buch in der Budaer Druckerei von Andreas Hess.

1477 Aus der Hochschule der Dominikaner geht durch königliche Förderung die erste Budaer Universität hervor.

1478 Umfangreiche Erweiterungsbauten am prunkvollen Königspalast. Ein Gesetz bedroht Bürger, die ihre Häuser vernachlässigen, mit Enteignung.

Um 1480 Die ersten Gedichte von Janus Pannonius werden veröffentlicht.

1514 Streitigkeiten um die Thronfolge schwächen das von Matthias Corvinus aufgebaute Regierungs- und Verteidigungssystem. Ein Bauernaufstand gegen die Willkür des Adels unter der Führung von György Dózsa wird von János Szápolyai blutig niedergeschlagen.

Geschichte, Kunst und Kultur im Überblick

Das Stadtbild verändert sich: Bäder, Befestigungsanlagen, eine Medrese (islamische Hochschule für Juristen und Theologen), mehrere Janitscharenkasernen entstehen, sämtliche Kirchen werden zu Moscheen umgebaut.

1686 Karl von Lothringen vertreibt mit einem Heer der ›Heiligen Liga‹ die Türken. Burg und Burgviertel werden stark beschädigt.

1687 Landtag von Preßburg: Die Stände übertragen die ungarische Krone dem Haus Habsburg. Jesuitenorden und Priesterseminar in Buda.

1694 Pest erhält die Erlaubnis, jährlich vier Messen, ab 1696 auch eine Landesmesse, zu veranstalten.

1703 Beide Städte erhalten das königliche Privileg der freien Städte; freie Bürgerrechte nur für römisch-katholische Christen.

1710-11 Blockade der Stadt während des Aufstandes unter Führung von Franz II. Rákóczi. Pestepidemie.

1712 Hochwasserkatastrophe.

1526 Niederlage gegen die Türken bei Mohács. Buda wird geplündert und gebrandschatzt. Die zerstörte Stadt wird von den Türken János Szapolyai übergeben.

1724 Einwohner von Buda und Pest: 12 200.

1730 Erste Zeitung in deutscher Sprache in Buda: ›Ofnerischer Mercurius‹.

1541-1686 Nach dem Tod von Szapolyai wird die Stadt unter Sultan Suleiman II. dem Prächtigen von den Türken besetzt.

1731 Anordnung zur Stadtplanung.

1738-42 Große Pestepidemie.

Stich von Buda zur Zeit der Türkenherrschaft aus der Werkstatt des Georg Houfnagel, 1617

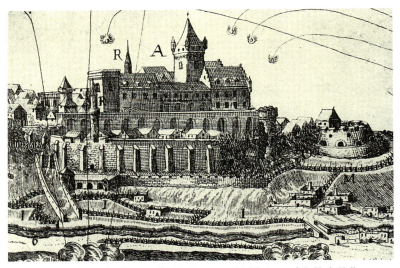

›Rückeroberung der Budaer Burg‹, 1686, Radierung von M. Wening nach L. N. de Hallart

1740-80 Bescheidener wirtschaftlicher Aufschwung; Zuzug von Handwerkern und Kaufleuten auch aus dem deutschsprachigen Raum; große jüdische Gemeinde in Óbuda.

1749 Grundsteinlegung der königlichen Burg.

1752 Regelmäßiger Postkutschendienst zwischen Buda und Wien.

Franz II. Rákóczi, Fürst von Siebenbürgen (1676-1735)

1760 Erste Theatervorstellung in deutscher Sprache im ›Roten Igel‹ (I. Bezirk, Hess András tér).

1766 Erste Schiffbrücke zwischen Buda und Pest.

1777 Die Universität wird von Nagyszombat nach Buda umgesiedelt. In Buda werden zur Straßenbeleuchtung Ölkandelaber aufgestellt.

1784 Die Universität wird von Buda nach Pest verlegt. Stadthalterei, königliche Kammer und das Hauptquartier der Admiralität werden von Preßburg nach Buda umgesiedelt.

1787 In Buda wird das Burgtheater eröffnet.

1788 Erste Zeitung in ungarischer Sprache in Pest: ›Magyar Mercurius‹.

1790 Der Landtag findet in Buda statt.

20. Mai 1795 Hinrichtung der ungarischen Jakobinerführer auf dem Vérmező (= Blutwiese).

1796 Palatin Joseph, der 20 Jahre alte Prinz, übernimmt die ungarische Landesverwaltung. Er erfreut sich großer Beliebtheit bei der ungarischen Bevölkerung.

1800 Buda zählt etwa 24000, Pest 30000 Einwohner. In der königlichen Burg dirigiert Haydn die ›Schöpfung‹, Beethoven gibt im Burgtheater ein Konzert.

Geschichte, Kunst und Kultur im Überblick

István Graf Széchenyi (1791-1860)

Der Dichter Sándor Petőfi, 1823-1849

1802 Gründung der Széchenyi-Bibliothek.

1805 Die königliche Kanzlei wird von Wien nach Buda verlegt.

1807 Die Wiener Regierung beauftragt János Hild mit der Baugestaltung der Stadt; Bildung einer ›Verschönerungs-Comission‹.

1809 Vor den Napoleonischen Truppen flieht der königliche Hof von Wien nach Buda.

1812 Eröffnung des deutschen Theaters in Pest, auf dem heutigen Vörösmarty-Platz.

Ab 1820 Nationale Reformbewegung im Sinne eines gemäßigten Liberalismus um den Grafen István Széchenyi.

1838 Hochwasserkatastrophe (Tafeln am Hl.-Rochus-Krankenhaus und am Restaurant ›Százéves‹ zeigen den Wasserstand).

1846 Die erste Eisenbahnlinie zwischen Pest und Vác.

1848 Am Porticus des Nationalmuseums trägt der Freiheitsdichter Sándor Petőfi das ›Nationalgedicht‹ vor. Lajos Kossuth fordert eine eigene ungarische Regierung. Bildung eines Kabinetts unter Führung von Lajos Graf von Batthyány.

Darstellung des großen Hochwassers im Jahre 1838

Geschichte, Kunst und Kultur im Überblick

Ignác Semmelweis, der Entdecker des Kindbettfiebers

1849 General Windischgraetz' Truppen nehmen am 5. Januar die Burg ein, große Zerstörungen.
14. April: Unabhängigkeitserklärung Ungarns. Mit russischer Hilfe werfen die Österreicher den Aufstand nieder.
Die Kettenbrücke wird dem Verkehr übergeben.

1850 Die Wiener Centralcommission ordnet den Schutz der ungarischen und der in Ungarn befindlichen Denkmäler an.

1851-57 Ignác Fülöp Semmelweis Leiter der Gebärklinik des Hl.-Rochus-Hospitals. Er entdeckt den Erreger des Kindbettfiebers.

Franz Liszt, der berühmteste Komponist der ungarischen Romantik und Schwiegervater Richard Wagners

1861 Erneute Tagung des Landtags in Pest. Ferenc Deák strebt friedlichen Ausgleich an.

1861-69 Franz Liszt Vorsitzender der auf seine Anregung gegründeten Musikakademie.

1867 Nach dem österreichisch-ungarischen Ausgleich: eigene ungarische Verfassung, Umgestaltung des Reiches in eine Doppelmonarchie.

1871 Internationale Ausschreibung für die Neugestaltung von Buda-Pest (vor allem Kanalisation, Straßensysteme, Energieversorgung).

1873 Die drei Städte Pest, Buda und Altofen werden vereinigt (etwa 300 000 Einwohner).

1876 Margaretenbrücke.

1877 West-Bahnhof.

1878 Erste elektrische Straßenbeleuchtung.

1881 Die erste Telephonzentrale wird in Betrieb genommen.

1887 Erste Straßenbahnlinie vom West-Bahnhof bis Király utca.

1893 Der telephonische Nachrichtendienst beginnt mit den ersten Sendungen in Káposztásmegyer.

1896 Das 1000jährige Bestehen Ungarns wird feierlich begangen. Millenniumsausstellung. Bau der ersten U-Bahn auf dem europäischen Kontinent. Franz-Joseph-Brücke (heute Freiheitsbrücke).

1897 Freundschaftsbesuch Kaiser Wilhelms.

1900 Zahl der Einwohner 733 843.

1905 Weihe der Stephansbasilika.

1909 In Rákos (heute Köbánya) wird der erste Flughafen eröffnet.

Um 1910 Wirtschaftlicher Aufschwung; Industrie und Dienstleistungsbetriebe siedeln sich an.

16. November 1918 Ausrufung der Ungarischen Republik.

1919 Räterepublik während weniger Monate. Im Herbst besetzen rumänische Truppen Budapest.

1920-40 Miklós Horthy Staatsoberhaupt und Reichsverweser, er proklamiert Ungarn als Monarchie mit vakantem Thron.

1920 Vertrag von Trianon: Ungarn wird zugunsten der Tschechoslowakei, Rumä-

Geschichte, Kunst und Kultur im Überblick

Siegesmomente des mißglückten Volksaufstandes von 1956

niens und Jugoslawiens auf ein Drittel seines Gebietes verkleinert.

1941 Kriegseintritt Ungarns als Verbündeter Deutschlands.

1944 10. März: Besetzung durch deutsche Truppen. Deportierung der jüdischen Bevölkerung. 15. November: Nach dem gescheiterten Versuch Miklós Horthys, aus dem Krieg auszutreten, übernehmen die nationalsozialistischen Pfeilkreuzler die Macht.

Ein wichtiger Schritt im Demokratisierungsprozeß war die Rehabilitierung und Wiederbestattung des 1956 ermordeten ungarischen Ministerpräsidenten Imre Nagy

1945 Budapest wird von sowjetischen Truppen eingenommen. Die Schäden durch Bombenangriffe sind groß.

1946 Ungarn wird Republik. Die Freiheitsbrücke wird als erste der Donaubrükken restauriert.

20. August 1949 Die neue Verfassung der Ungarischen Volksrepublik tritt in Kraft.

1950 Eröffnung des Flughafens Ferihegy.

1953 Imre Nagy wird ungarischer Ministerpräsident.

1956 Erdbeben im Januar und Juni. Oktober: Volksaufstand, der durch sowjetische Streitkräfte blutig niedergeschlagen wird. János Kádár bildet eine neue Regierung.

1958 Hinrichtung von Imre Nagy als Hochverräter.

1968 Rekonstruktionsarbeiten an der königlichen Burg beendet.

1972 100. Jahrestag der Vereinigung der drei Stadtteile. Vollständige Ost-West-Strecke der Metro. Budapest erreicht 2 Mio. Einwohner.

Ab 1975 Sanierung und Restaurierung der alten Stadtkerne von Buda und Pest.

1978 Rückkehr der Stephanskrone aus den USA (Nationalmuseum).

1989 Öffnung der Grenze zu Österreich. Ungarn wird bürgerliche Republik. Rehabilitierung von Imre Nagy.

1990 Erste freie Parlamentswahlen nach dem Ende der sozialistischen Einparteienherrschaft.

Budapest, statistisch

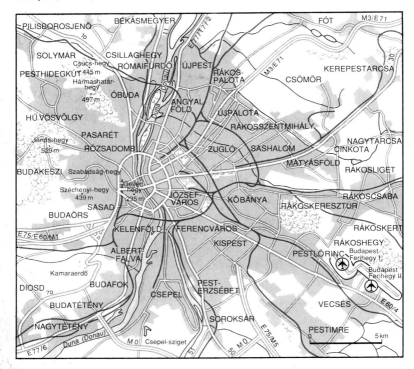

Budapest, statistisch

Bedeutung: Hauptstadt der Republik Ungarn, gleichzeitig größtes Industriezentrum des Landes.
Lage: 19°08′, östlicher Länge und 47°29′ nördlicher Breite. Seehöhe: 97 m (Insel Csepel) bis 529 m (Jánosberg).
Fläche des Stadtgebietes: 525 km², davon Pest 351 km² und Buda 174 km². Wohngebiet 182 km², Industriegebiet 45 km², Wasserfläche 30 km², Grünflächen 67 km².
Die **Donau** durchfließt Budapest auf einer Länge von 28 km; durchschnittliche Breite 400 m, Tiefe 5-6 m.
Ortszeit: GMT + 1 Stunde (mitteleuropäische Zeit); während der Sommerzeit werden die Uhren um eine Stunde vorgestellt.
Klima: Kontinentalklima mit einer Jahresdurchschnittstemperatur von 10,9 °C (Januar −1,2 °C, Juli 22 °C).
Einwohner: 2 104 700, davon 1 121 688 Frauen und 983 012 Männer (Stand 1. 1. 1989). Rund ein Fünftel der Landesbevölkerung wohnt in der Hauptstadt. Neben Ungarn leben Zigeuner, Deutsche, Slowaken, Südslawen und Rumänen in Budapest.

Religion: Etwa 50% römisch-katholisch, 30% protestantisch, 10% jüdisch, griechisch-orthodox u. a., 10% atheistisch.
Verkehrsnetz: 3700 km Straßen und ein gut ausgebautes Nahverkehrsnetz: Straßenbahnen 159 km, Omnibusse 68 km, Autobusse 743 km, Metro 31 km, Vorortbahnen 110 km; Flughafen in Ferihegy.
Kultureinrichtungen: 95 öffentliche Bibliotheken, 22 Theater, 127 Kinos, 87 Museen.
Stadtwappen: Seit der Jahreswende 1990/91 besitzt Budapest sein neues ›altes‹ Wappen. In ihm erscheinen auf der Schildfläche die Farben Rot-Gelb (Gold)-Blau, wobei nun aus dem die Donau symbolisierenden, wellenförmigen Silber-(Weiß-) Querstreifen der fünfzackige rote Stern entfernt wurde. Als aufgesetztes Nebenstück die Stephanskrone; an beiden Seiten züngelnde Tiergestalten als Wappenträger: ein Löwe, heraldisch rechts, und ein Greif, heraldisch links.
Telefon: internationale Vorwahl 0036-1.
Postleitzahl: H-1 (+ Stadtbezirk + Postamt).

100
Sehenswürdigkeiten

Der Burghügel zu Buda:
Königspalast und Bürgerstadt

Als ein Berg mit abgekappter Spitze erhebt sich der Burghügel 50-60 m hoch über die Donau. Im Norden des 1,5 km langen, mauerumzogenen Felsplateaus erstreckt sich das Wohnviertel einer historisch gewachsenen Bürgerstadt. Am Südende liegt der Burgpalast. Von den vielen Möglichkeiten, auf die – für den Autoverkehr weitgehend gesperrte – Burg zu gelangen, wird der bequeme Fußweg vom in der Nähe der Elisabethbrücke gelegenen Szarvastér (Szarvas-Platz) aus empfohlen. Am südlichen Rondell vorbei, kann man über Treppenstufen auf die im Westen vom Buzogány (Kolben-Turm) begrenzte Mauer zuschreiten und gelangt durch das Ferdinand-Tor in das Innere der Festungsanlage und zum Eingang des Historischen Museums der Stadt Budapest.

Palastgeschichte: Die baulichen Anfänge reichen in die Zeit nach 1241/42 zurück, als eingefallene Mongolenstämme in Ungarn Leid und Verwüstungen hinterlassen hatten. Mit großen Anstrengungen versucht König *Bela IV.* in den Folgejahren, das Land aus seiner Lethargie und wirtschaftlichen Notlage herauszuführen und das nahezu ausgelöschte kulturelle Leben zu erneuern. Er ließ an der Südwestspitze des Budaer Burgbergs zur Kontrolle und Verteidigung des Donauhafens gegen neuerliche Angriffe eine von schützenden Mauern umzogene königliche Festung mit Bergfried bauen. An der Stelle einer ehemals schutzlos am Burgberg gelegenen Agrarsiedlung aus dem 11. Jh. namens ›Minor Pesth‹ zogen sich seit 1243 die 2 m

Der Burghügel zu Buda · *Plan Seite 24/25*

starken Steinmauern entlang, mit denen König Bela IV. auch die von ihm gegründete Stadt Buda auf der flachen Bergkuppe schützen ließ. Unter den *Anjouherrschern* mußten die Burgmauern aus dem 13. Jh. neuen Festungsbauten weichen. Der Bau des mittelalterlichen Palasts war vor allem mit den Macht- und Repräsentationsansprüchen von König Lajos (Ludwig) dem Großen verbunden, der nicht – wie sein Vater Karl Robert von Anjou – in Visegrád residierte, sondern seit 1347 wieder in der Burg zu Buda hofhielt. Die Ruine eines nach seinem jüngeren Bruder, Prinz István (Stephan von Anjou, gestorben 1354), benannten gotischen Wohnturmes und der untere Teil einer zweistöckigen, 1366 fertiggestellten Burgkapelle an der Donauseite sind erhaltene Zeugnisse seiner Bautätigkeit. Dieser Anjoupalast wurde unter der fünfzigjährigen Regierungszeit des *Sigismund von Luxemburg* (1387-1437) beträchtlich erweitert und zu einer der wehrkräftigsten wie prächtigsten Königsburgen Europas ausgebaut. Ein kompliziertes Festungssystem mit verstärkten Mauern und verteidigungstechnischen Raffinessen riegelte den vieltürmigen, drei

Der ›Kolbenturm‹ gehört zu den ältesten erhaltenen Teilen der Burg

Blick vom Pester Ufer über die Donau zum Burgberg mit dem königlichen Palast. Ganz rechts sind die Matthiaskirche und die Fischerbastei zu erkennen

Der Burghügel zu Buda · *Plan Seite 24/25*

Das ›Ferdinandtor‹ bildet den südlichen Zugang zur Burg

Innenhöfe umschließenden Palast nicht nur zur Donauseite hin und entlang des westlichen Bergrückens ab, sondern auch von der Bürgerstadt: Dort, wo der 1311 begonnene, L-förmige ›Neue Palast‹ an den großen Burgmarkt grenzt, ließ Sigismund zusätzlich einen Graben von 20 m Breite und 6 m Tiefe ausheben. Am Nordhof wurde dem Westflügel bollwerkartig ein mehrstöckiger Turm vorangestellt, dessen Bau der Prager Dombauhütte unter Peter Parler zugeschrieben wird. Er blieb jedoch unvollendet und wird ›Stumpfer Turm‹ genannt. König Sigismund empfing im Budaer Burgpalast mehrfach hohe ausländische Gäste – 1395 die Kreuzfahrer gegen die Türken, unter ihnen der spätere Herzog von Burgund, Jean sans Peur. Hier wurden auch wichtige diplomatische Verhandlungen geführt, so etwa 1412 die Friedensgespräche zwischen Polen und dem deutschen Ritterorden, hier entwickelte sich aber auch eine Stätte internationaler kultureller Begegnungen auf dem Gebiet der Musik, Architektur und Bildhauerkunst. In der ›Chronik der Ungarn‹ (1488) wird ihr ›ausländischer‹ König 50 Jahre nach seinem Tod von János Thuróczy als ein ansehnlicher Mann mit schönem Antlitz, welligem bläulichen Haar und freundlichem Blick beschrieben, der aus Liebe zu den Ungarn einen langen Bart trägt.

Da sich Sigismund von Luxemburg der drohenden Türkengefahr stets bewußt war, ließ er eine spezielle Eisenkette anfertigen, die, vom Budaer zum Pester Donauufer gezogen, als Flußsperre diente. Ein weiteres Beispiel der durch den König geförderten Ingenieurkunst ist die erste Wasserleitung. Der Nürnberger Meister Hartmann Steinpeck entwickelte 1416 zunächst eine Wasserpumpvorrichtung und wenig später ein von Pferdekraft betriebenes Wasserhebewerk, das den Burgpalast mit Donauwasser versorgte. Während der Anjoubau mit einer Fußbodenheizung ausgestattet war, wurde der Palast zur Sigismund-Zeit durch mehrere Kachelöfen beheizt. Neuen Glanz erlebte der Palast von Buda unter der Herrschaft des Königs *Matthias Corvinus* (1458-1490). Der Prachtbau wird u. a. vom Hofchronisten Antonio Bonfini in seinem Werk ›Rerum Ungaricarum Decades‹ (1491-1496) gepriesen: »König Matthias ließ die Instandsetzung der Ofner Burg in Angriff nehmen, in der es außer Sigismunds prächtigen Gebäuden nichts Sehenswertes gab. Den rückwärtigen Palast ließ er mit großer Pracht instand setzen und an der Donauseite eine Kapelle mit einer Wasserorgel einrichten und mit einem doppelten Taufbecken aus Marmor und Silber schmücken ... Oben gründete er seine Bibliothek, die erstaunlich reich an griechischen und lateinischen Büchern war. Er ließ Paläste bauen, die nicht hinter den prächtigen römischen Palästen zurückstehen, große Speisesäle einrichten, herrliche Schlafgemächer, ebenfalls mit allerlei vergoldeten Decken, mit verschiedenen Wappen versehen, schöne Türen, oben mit Intarsien verziert, prächtige Kamine, ... Unten sind die ebenirdischen Räume und die Schatzkammer, gen Osten verschiedene Speise- und Schlafgemächer .. Dann ist hier der Ratssaal und der Versammlungssaal. Wenn man weitergeht, folgen verschiedene hohe, gewölbte Wohnzimmer, viele Winter- und Sommerräume, genauso Sonnenterrassen, vergoldete Nischen, außerdem tiefe, geheime Kammern, silberne Liegestätten, silberne Thronstühle.« Der Budaer Hof der Matthiaszeit ist nicht nur Sitz einer politisch gefestigten Königsmacht, sondern vermag auch dem europäischen Handel, der Wirtschaft, Kunst, Kultur und sogar der Mode Impulse zu geben. Es ist überliefert, daß König Matthias den großen zweischiffigen Prunksaal im ›Neuen Palast‹ aus der Sigismundzeit – mit 73 x 18 m der größte Innenraum Ungarns – zu vielerlei politischen und festlichen An-

Der Burghügel zu Buda · *Plan Seite 24/25*

Die Luftaufnahme zeigt die beherrschende Lage der Burg über der Stadt. Die Margareteninsel und drei Donaubrücken (von vorn: Ketten-, Margareten- und Árpádbrücke) sind gut zu erkennen

lassen nutzte, u. a. auch für seine eigenen Hochzeitsfeierlichkeiten. Durch Einbau von Treppen und Portalen aus Rotmarmor sowie durch Anbringen bronzener Kandelaber und Türflügel modernisierte er die gotischen Innenräume im Renaissancestil. Der ›Stumpfe Turm‹ vom Sigismundbau diente zur Matthiaszeit als Gefängnis. Auf dem zweiten inneren Burghof im nordöstlichen Teil der Burganlage ließ Matthias einen mächtigen Gebäudetrakt mit einem säulengeschmückten Arkadenhof errichten. An der Ostseite dieses Hofes liegt die von Bonfini erwähnte (und zwischen 1947 und 1955 wiederausgegrabene) Kapelle mit einem Heiligen Grab. Neben der Kapelle, im 1. Obergeschoß des Osttraktes vom Matthias-Schloß, befand sich außer der Sternwarte die königliche Bibliothek, die Budaer ›Bibliotheca Corviniana‹, deren kostbarer Bestand an kunstvoll ausgeführten Codices – vor allem nach der Hochzeit des ungarischen Königs mit der neapolitanischen Königstochter Beatrix von Aragonien (1476) – auf 2000 bis 2500 Bände anwuchs und auch italienische Humanisten wie Taddeo Ugoleto aus Florenz anzog. Innerhalb des Königspalastes befanden sich einige Werkstätten, so die höfische Kopier- und Buchmalerwerkstatt, ein Studio für Majolika-Keramik, eine Goldschmiede, eine Glasbläserei, eine Intarsienwerkstatt und eine Kunsttischlerei,

deren holzgeschnitzte vergoldete Kassettendecken von Augenzeugen gerühmt wurden. Von den am Südwesthang des Burgberges gelegenen königlichen Gärten führte ein gedeckter Gang hinab zu den königlichen Bädern. Zwischen Weinstökken, Obstbäumen und aus Italien importierten Gemüsesorten soll nach Bonfini in der Gartenanlage auch die ›Villa Marmorena‹ – eine Bravourleistung der Renaissancebaukunst – gestanden haben, deren Dach aus versilberten Kupferplatten hell in der Sonne strahlte.

Wenn man sich auch von der Schönheit des Budaer Burgpalastes der Matthiaszeit nicht mehr durch Augenschein überzeugen kann, da kein Gebäudeteil an seinem ursprünglichen Ort erhalten blieb, belegen doch schriftliche Quellen, Baupläne, Zeichnungen und Druckgraphik, besonders aber erhaltene architektonische Fragmente, das Vorherrschen der florentinisch-toskanischen Stilrichtung. Zu den Funden gehören Bruchstücke von Pilaster- und Säulenkapitellen im Stil Filippo Brunelleschis, Michelozzos und Leon Battista Albertis, Türrahmen mit Obstgirlanden, Baluster-Pfeiler und Friese mit Anklängen an Bernardo und Antonio Rosselino, Desiderio da Settignano und Benedetto da Majano. Giovanni Dalmata aus Trau (Ioannes Duknovic de Tragurio) ist der bekannteste unter den dalmatinischen Stein-

Der Burghügel zu Buda · *Plan Seite 24/25*

Türkische Grabmäler im südlichen Burggelände

metzen, die in Buda für den ungarischen König arbeiteten. Ein wichtiger Abschnitt der Bautätigkeit unter König Matthias ist mit dem Namen des aus Florenz stammenden Architekten Chimenti Camicia verbunden: Um 1479 als führender Bauleiter eingesetzt, hielt er sich bis 1491 in Buda auf. Er hatte wesentlichen Anteil daran, daß die Renaissance-Kunst rasch von Florenz nach Buda gelangte. König Matthias Corvinus schickte einheimische ungarische Meister nach Florenz, an die Quelle der neuen Kunst, Wissenschaft und humanistischen Bildung. Als Mäzen und Kunstkäufer pflegte er Briefkontakt mit Lorenzo Medici. Die Italiener waren es auch, die die ungarische Hauptstadt damals mit den Worten lobten: »In ganz Europa sind die drei schönsten Städte: Venedig am Meer, Buda am Berg und Florenz in der Ebene ...«

Obwohl die *Türken* den Palast seiner vergoldeten Dachziegel wegen ›Kazil Elma‹ (Palast des goldenen Apfels) nannten, ließen sie die einstige Königsburg während der osmanischen Herrschaft zwischen 1541 und 1686 völlig verfallen. Während eines Frühlingsgewitters 1678 explodierte das im ›Neuen Palast‹ eingelagerte Schießpulver und zerstörte das bedeutendste Gebäude der Sigismundzeit. Nach der Rückeroberung Budapests war die Burg nur noch eine imposante Ruine.

Als König *Karl III. von Habsburg* (1717-1740) sich zum Bau eines neuen barocken Palastes entschloß, wurden die schadhaften Mauern des einst in ganz Europa berühmten Bauwerks abgerissen und die für den Neubau benötigte Fläche bis auf das Niveau des sich nach Norden anschließenden Großen Hofes planiert. Von jenen nach Plänen Fortunato de Pratis unter Bauleitung von Johann Hölbling zwischen 1714 und 1723 errichteten Gebäuden steht noch heute der erste südliche Flügel (Historisches Museum). Nur in den Kellergeschossen bewegt man sich noch auf den Spuren der alten ungarischen Könige und einer ereignisreichen Geschichte des Landes.

Auch das Wirken der Kaiserin *Maria Theresia* (1740-1780), der Tochter König Karls III. von Habsburg, ist mit der Budaer Burgbaugeschichte verbunden. Sie ließ die letzten Reste des alten Königspalastes beseitigen und den Bau ihres Vaters nach Norden durch einen zweistöckigen Palast mit Mittelrisalit erweitern. Die Pläne stammen von dem Wiener Hofbaumeister Jean-Nicolas Jadot und von Nicolaus Pacassi. Für den der Donau zugekehrten Flügel des Palastkomplexes von Maria Theresia lieferten Franz Anton Hillebrandt und Ignaz Oracsek Entwürfe mit U-förmigem Grundriß. Das' bis 1770 abgeschlossene Bauwerk gewährte 1762-72 dem Stift der Englischen Fräulein Domizil, 1779-84 war hier die von Nagyszombat nach Budapest verlegte Universität untergebracht.

Nach 1790 bestimmte der Wiener Hof die Burg zur Residenz des Königlichen Statthalters. Durch einen großen Brand im Jahre 1810 und die Belagerung durch die Honvéds während des ungarischen Freiheitskampfes im Mai 1849 erlitt auch der neue Budaer Burgpalast großen Schaden. Die Krönung von Kaiser *Franz Joseph I.* zum König von Ungarn und der Ausgleich zwischen dem Wiener Hof und der ungarischen Regierung im Jahre 1867 weckten neue Repräsentationswünsche für einen großzügigen Schloßum- und ausbau. Dies wurde durch die Architekten Miklós Ybl (1869-1891) und Alajos Hauszmann (1893-1905) verwirklicht. 1875 begann Ybl an der Westseite des Burgbergs über der sog. Kristina-Stadt einen Flügel im Stil der Neorenaissance zu bauen. Durch Hauszmanns architektonische Leistung erreichte die vereinheitlichte neobarocke Donauhauptfassade eine Länge von 304 m. Dabei wurden die Bauten Karls III. und Maria Theresias unter Einfügung eines kuppelgeschmückten und säulenverzierten Mittelflügels und einer gemeinsamen Dachkonstruktion miteinander verbunden.

Kurz vor Ende des Zweiten Weltkrieges brannte das Schloß aus. Parallel zum Wiederaufbau wurden in – noch heute andauernden – Ausgrabungsarbeiten Teile des mittelalterlichen Königspalastes, Skulptu-

Der Burghügel zu Buda · *Plan Seite 24/25*

ren sowie verschiedene Baufragmente und mehrere tausend Kleinkunstgegenstände freigelegt. Bei der Restaurierung entschied man sich in den fünfziger Jahren für eine ›eklektizistische‹ Architekturvariante, wobei die Palastflügel zwei weiträumige Binnenhöfe bilden und die der Donau zugewandte kuppelgekrönte Hauptfassade recht wirkungsvoll in Erscheinung tritt. Seit Ende der sechziger Jahre sind folgende Kulturinstitutionen im Burgbereich untergebracht: Flügel A – Museum für neueste Geschichte (seit 1990) und Sammlung Ludwig (seit 1991); Flügel B, C und D – Ungarische Nationalgalerie (seit 1975); Flügel E – Historisches Museum der Stadt Budapest (seit 1967); Flügel F – Nationalbibliothek Széchenyi (seit 1985).

Skulpturenfragment aus der Zeit des Königs Matthias Corvinus

I Historisches Museum der Stadt Budapest
(Budapesti Történeti Múzeum)
Im Flügel E des Burgpalastes

Macht die Geschichte von Stadt und Burgberg anschaulich. Aufsehenerregende gotische Skulpturenfunde.

In den oberen Stockwerken des Museums wird anhand von Zeitdokumenten, Fundstücken, archäologischen Ausgrabungen und Zeugnissen der bildenden Kunst die territoriale Entwicklungsgeschichte der Donaumetropole veranschaulicht. Die Großstadt Budapest ist eine Schöpfung des ausgehenden 19. Jh.; 1873 entsteht sie als Resultat eines administrativen Zusammenschlusses der Städte Pest, Buda und Óbuda. Der Besucher erfährt Wissenswertes über die Besiedlung des Gebiets vor den Magyaren und die Entwicklung nach der Landnahme durch die Ungarn. Großangelegte Wechselausstellungen behandeln wichtige Epochen der ungarischen Geschichte, und wenn man die Kellergeschosse des auf den Mauern des alten Königspalastes stehenden Museums durchläuft, durchwandert man gleichsam die verschiedenen Zeitebenen der ungarischen Geschichte, die Bauperioden der Festung.

Fußbodenkacheln aus dem 15. Jh., Ausgrabungsfunde von der Budaer Burg

Der Burghügel zu Buda · *Plan Seite 6*

Lageplan der Burg von Buda
(die Nummern entsprechen der durchlaufenden Numerierung des Haupttextes)

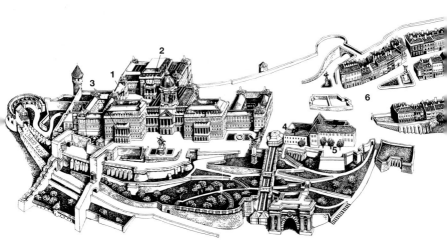

1 Historisches Museum der Stadt Budapest
2 Nationalbibliothek Széchenyi
3 Ungarische Nationalgalerie
4 Sándor-Palais
5 Burgtheater
6 Disz tér
7 Tárnok utca
8 Matthiaskirche
9 Fischerbastei
10 Hotel Budapest-Hilton
11 Hess András tér
12 Haus ›Zum Roten Igel‹
13 Táncsics Mihály utca
14 Der ehemalige Kammerhof
15 Táncsics Mihály utca
16 Babits Mihály sétány
17 Bécsi kapu tér
18 Fortuna utca
19 Handels- und Gastgewerbemuseum

Aus dem Palast Ludwigs des Großen kann der (rekonstruierte) untere Teil der ursprünglich zweistöckigen gotischen *Schloßkapelle* von 1366 besichtigt werden. Am 18. August 1990 als St.-Stephans-Kapelle (Szent-István-Kápolna) neu geweiht, wird sie für ökumenische Gottesdienste genutzt.

Die Meinungen der ungarischen Forscher gehen hinsichtlich der kunst- und architekturgeschichtlichen Bewertung der Bauten Kaiser Sigismunds und König Matthias Corvinus' auseinander. Unbestritten spiegeln sich in den Wappen, Ofenkacheln und gemeißelten Fragmenten aus rotem Kalkstein, die in originaler oder rekonstruierter architektonischer Einbindung gezeigt werden, jene handwerkliche Bravourleistung und nationalspezifische Eigenart wider, die die ungarische Kunst in ihrer Glanzzeit während des Palastbaus unter König Matthias erreicht hatte. Erst in jüngsten Forschungsarbeiten wurde darauf verwiesen, daß der Formenschatz der italienischen Quattrocento-Architektur zuerst über Ungarn und nicht über Frankreich oder den Alpenraum nach Mitteleuropa gelangte.

Zu den bedeutsamen Ausstellungsstücken des Museums gehören die etwa 40 Skulpturen im **Großen gotischen Saal**, Teile eines umfangreicheren Figurenprogramms, das Kaiser Sigismund in Buda in Auftrag gegeben hatte. Die Plastiken kamen 1974 bei Ausgrabungsarbeiten im nördlichen Burg-Vorhof ans Tageslicht. Der aufsehenerregende Fund rückte den ungarischen Königshof der Zeit um 1400 in den Rang eines europäisch bedeutsamen Zentrums für gotische Skulptur im Umfeld des sog. Weichen Stils. Bei den 90 bis 135 cm hohen Figuren, aus Kalkstein der Budaer

Der Burghügel zu Buda · *Plan Seite 6*

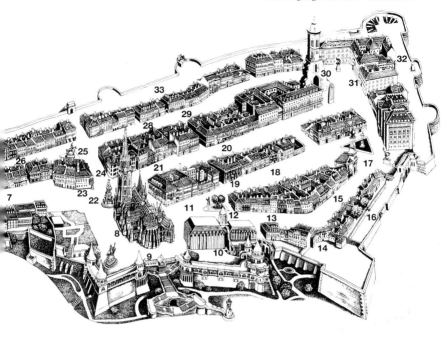

20, 21 Országház utca
22 Szentháromság tér
   mit Dreifaltigkeitssäule
23 Altes Rathaus
24 Konditorei Ruszwurm
25 Reiterstandbild
   des András Hadik
26 Úri utca
27 Eingang zum Höhlen-
   labyrinth
   mit Panoptikum
28 Hölblinghaus
29 Úri utca
30 Maria-Magdalenen-
   Kirche
31 Kriegshistorisches
   Museum
32 Anjou-Bastei und
   Denkmal des letzten
   Paschas von Buda
33 Tóth Árpád sétány

Umgebung gefertigt, handelt es sich um Heilige und Bischöfe sowie Ritter und Damen des Hofes, deren Gewänder sich an der europäischen Mode um 1360-70 orientieren. Sie wurden wahrscheinlich von französischen Steinmetzen in äußerst feiner Ausarbeitung und Kenntnis des Figurenprogramms an der Tour Maubergeon des Schlosses des Duc de Berry in Poitiers (1385) angefertigt. Während sich an einigen Stücken der einzigartigen Kollektion eine ursprüngliche Bemalung und Vergoldung nachweisen läßt, scheint ein anderer Teil der Figurenfragmente entweder unvollendet geblieben oder durch einen Akt von Bilderstürmerei zerschlagen und verstümmelt worden zu sein.

Um die Jahrhundertmitte, während der Wirren vor der Thronbesteigung von Matthias Corvinus (1458), wurden sie vergraben bzw. als Schuttmaterial für Palastumbauten verwendet. Eine (nicht unumstrittene) Frühdatierung bringt die wiedergefundenen Skulpturen mit der ersten Regierungsphase König Sigismunds vor 1397 in Verbindung. In seinem erheirateten Königreich geriet der Herrscher aus der Familie der Luxemburger von Anbeginn an mit den führenden Magnaten-Familien des ungarischen Hofadels in politische Konflikte. Als er mit seinem gegen die Türken gerichteten Kreuzzugsheer 1396 vor Nikropolis eine Niederlage erlitt, löst daheim in Buda eine Adelsclique einen Aufstand aus, um den ungeliebten König zu entmachten. Der Zorn gegen Sigismund, der seiner großangelegten Bautätigkeit wegen der Verschwendungssucht bezichtigt wurde, hat sich offenbar auch gegen die im Palast hergestellten Skulpturen gerichtet. Heute bietet ihnen der zweischiffige Saal, der einst Gemach der Königin war, eine angemessene Umgebung. Die größtenteils aus der Sigismundzeit stammenden **Befestigungsanlagen** des Königspalastes sind von der Terrasse des Historischen Museums besonders gut zu überblicken. Neben der Ruine des Stephansturms (um 1330) sind rechts Teile des inneren Mauerringes und, um den Kolbenturm herum, Reste der äußeren Burgmauer zu sehen, sie werden von zwei zur Donau hinabführenden Mauerläufen (Kurtinen) überschritten, die am Flußufer in zwei gewaltigen Basteien enden. In die südliche Kurtine baute der Nürnberger Meister Hartmann Steinpeck 1416 ein von Pferden angetriebenes Wasserwerk ein. Eine große Rundbastei (Durchmesser 40 Meter, Wandstärke 5 Meter) mit einem Torturm – von den Türken des steilen Anstiegs wegen als Turm des ›Verschnauf-Tores‹ bezeichnet – versperrte die südliche Wagenauffahrt zum Burgpalast. Von klugem verteidigungstechnischen Bauen zeugt der das Rondell oben abschließende, rekonstruierte sog. Mordgang. Die hohe Bastion (Cavaliero) mit Schießscharten zwischen vorspringenden Steinmauern und einem Holzgeländer an der Innenseite gilt als Erfindung des Kriegsingenieurs Domenico da Bologna (vor 1541).

Im **Hof** des Historischen Museums markieren verschiedenfarbige Steine die Grundrisse der zerstörten mittelalterlichen Königsbauten. Im südlichen Hof steht der *Beatrixbrunnen*, eine steinerne Zisterne, die nach 1476, dem Hochzeitsjahr von König Matthias Corvinus, im inneren Burggarten Aufstellung fand. Den Brunnen schmückt ein gekröntes Doppelwappen, fein und detailliert gemeißelt. Rechts das Familienwappen der Königin aus dem Hause Aragon, links das Wappen des Matthias: In dem viergeteilten Schild sind das Landeswappen mit den ungarischen Streifen, das ungarische Doppelkreuz, die Dalmatien bezeichnenden Löwenköpfe, der böhmische Löwe und schließlich in darübergeblendetem Herzfeld der Rabe aus dem Wappen der Königsfamilie Hunyadi zu sehen.

Als Gleichnis für die wechselvolle Geschichte des ungarischen Königspalastes kann man das zum Löwenkopf führende Tor des Historischen Museums sehen: Die Allegorie ›Krieg und Frieden‹, die dieses sog. *Távirda-Tor* zu beiden Seiten schmückt, ist eine bildhauerische Arbeit von Károly Senyei (1900). Dieser Künstler schuf 1912 auch die *Brunnenplastik* ›Fischende Kinder‹ (aufgestellt vor der Ostfassade des Flügels A).

2 Nationalbibliothek Széchenyi
(Országos Széchenyi Könyvtár)
Am Löwenhof im Flügel F des Burgpalastes

Aufbewahrungsort einer der glanzvollsten Bibliotheken der Renaissance, moderne wissenschaftliche Bibliothek und Ausstellungszentrum.

Der durch das Nordtor Eintretende mag sich einen Moment lang an die Höhle des Löwen erinnert fühlen. Den furchteinflößenden naturalistischen Tierskulpturen von János Fadrusz (1901/02) verdankt der große Binnenhof seinen Namen. An seiner Westseite wird der Löwenhof von einem in den neunziger Jahren des vorigen Jahrhunderts errichteten Gebäude (Miklós Ybl / Alajos Hauszmann) abgeschlossen.

Die Bibliothek wurde 1802 von Ferenc Graf Széchenyi gegründet. Als kostbarsten Besitz birgt sie eine umfangreiche Sammlung von Handschriften aus der Zeit des Matthias Corvinus.

Die königliche Bibliothek, die **Bibliotheca Corviniana**, war seit der Mitte des 15. Jh. über die Grenzen Ungarns hinaus ein Begriff. Ihr Name leitet sich von jenem Raben mit dem Ring im Schnabel her, der das Wappen des humanistisch gebildeten Renaissancekönigs Matthias Corvinus zierte. Mit diesem Wappen ließ Taddeo Ugoleto, Matthias' Hofbibliothekar aus Florenz, jeden Kodex versehen. In vergoldetem Silber mit Emaille-Einlage prangt es als kunsthandwerkliches Kleinod auf den Bucheinbänden aus vergoldetem, gepunztem oder besticktem Leder, auf violettem Samt, roter oder grüner Seide.

Die in Griechisch und Latein verfaßten und nach 1410 mit üppiger Buchmalerei und prächtiger Kalligraphie ausgestatteten Handschriften behandeln Themen aus den Bereichen Philosophie, Dichtkunst, Rethorik, Medizin, Astronomie, Geographie, Architektur und Kriegsgeschichte.

Einige der begehrten, kunstvollen Bücher wurden von den Königen in der Matthiasnachfolge verschenkt. Sultan Suleiman II. ließ nach dem Sieg bei Mohács 1526 einen Teil der Bibliothek in die Türkei bringen. Quellen aus dem 17. Jh. berichten, daß der Pascha von Buda die verbliebenen Kodizes sorgsam gehütet habe. In einer diplomatischen Geste Sultan Abdul Hamids wurden Österreich-Ungarn 1877 einige Corvinas zurückgegeben.

Die glanzvolle Bibliothek des Renaissancekönigs umfaßte etwa 2000 bis 2500 Bände. Ungarn besitzt heute 52 der 216 erhalte-

Der Burghügel zu Buda · *Plan Seite 24/25*

Am Flügel C der Ungarischen Nationalgalerie befindet sich der Matthiasbrunnen, der den König auf der Jagd darstellt, eine Arbeit des Bildhauers Alajos Stróbl von 1904

nen Originalcorvinas. Die anderen werden in 47 Bibliotheken in 16 Ländern bewahrt.

Bericht eines Augenzeugen von 1485: »Es ist zu wissen, daß Matthias, König der Ungarn, im Jahre 1485 des Herrn, am Vorabend des Fronleichnamsfestes am Morgen um 8.00 Uhr in die Stadt Wien einzog, um diese einzunehmen. Zuerst schickte er 32 Fuhrwerke mit Proviant voraus, danach 2000 ausgewählte Reiter. Drittens folgten diesen Reitern 24 Kamele mit der Schatzkammer des Königs. Viertens folgten 400 Fußsoldaten, fünftens 24 Bischöfe mit 1000 Reitern, mit ausgewählten Männern. Sechstens betrat König Matthias die Stadt mit 1000 Reitern. Sie folgten ihm gut bewaffnet und auf Pferden, mit Schabracken bedeckt, die bis zum Boden reichten. Siebtens folgten dem König 200 sehr ausgewählte Soldaten zu Fuß. Achtens kamen dann 1000 Ochsen zur Versorgung der genannten Stadt ... Wien, der Sitz Österreichs, gelangte in die Hand der Ungarn. So hat es Gott gefallen ...«.

3 Ungarische Nationalgalerie
(Magyar Nemzeti Galéria)
Burgpalast

Bildende Kunst Ungarns von der Romanik bis heute.

Als selbständige Einrichtung zur Sammlung und Pflege, Erforschung und Präsentation der bildenden Kunst des Landes wurde die ungarische Nationalgalerie 1957 gegründet und zunächst in einem Gebäude am Kossuth-Platz untergebracht. Ihren Grundstock bildeten verschiedene private, öffentliche und eine seit 1880 bestehende hauptstädtische Sammlung. Inzwischen ist der Bestand auf nahezu 70 000 Werke angewachsen (Malerei und Bildhauerkunst, Handzeichnungen, Druckgrafik und Medaillen). Seit 1975 ist die Nationalgalerie in der Burg untergebracht.

Im Erdgeschoß der Flügel D und C wird mittelalterliche Plastik und Tafelmalerei Ungarns gezeigt. Herausragend sind zwei Holzskulpturen im ›Weichen Stil‹ des beginnenden 15. Jh. (›Hl. Dorothea‹ aus Barka und ›Madonna‹ aus Toporc.) Von hohem künstlerischen und dokumentarischen Wert sind die mittelalterlichen Steinmetzarbeiten, fragmentarisch erhaltene Bauplastik und architektonische Zier-Ornamentik bedeutender Kirchen, Kathedralen und Klöster des Landes, wie jene spätromanischen Schöpfungen aus der Abtei Ják (1. Hälfte 13. Jh.). Die Sammlung wird durch architekturgebundene Kunstwerke der Renaissance-Zentren Buda, Visegrád, Vác, Nyék und Diosgyőr ergänzt.

Im **1. Obergeschoß des Flügels D** sind im ehemaligen Zeremoniensaal der Kaiserin Maria Theresia (ab 1856 ›Großer Thronsaal‹ genannt) spätgotische Flügelaltäre ausgestellt. Ein Hauptwerk befindet sich im Vorzimmer des Festsaals: Die ›*Heimsuchung*‹ des Meisters M. S. von 1506. Die Tafel war ein Teil eines Altars in Selmecbánya.

Ungarische Barockkunst ist in den anschließenden Räumen der ehemaligen **Kaisersuite**, so auch im Prunkschlafsaal, zu sehen. Herrscherporträts, Grabmalplastik, Hausaltäre und Kabinettbilder mit religiöser Thematik zeugen vom Mäzenatentum des ungarischen Adels.

An diese Barockgalerie schließen sich im **1. Obergeschoß der Flügel B und C** Malerei und bildhauerische Werke des 19. Jh. an. Die Malerei der Romantik ist gut vertreten durch Landschaften von Károly Markó und Károly Kisfaludy, das Biedermeier durch brav-behutsame Porträts und erzählfreudige Genrebilder von Miklós Barabás (›Ankunft der Braut‹, 1856). Ein wesentlicher Zug der ungarischen Malerei, das tief verinnerlichte, nicht selten melancholisch verklärte Treuebekenntnis der Künstler zu ihrer Nation kommt besonders in den großformatigen *Historienbildern* der zweiten Jahrhunderthälfte zum Tragen (Viktor Madarász ›Die Beweinung Lászlos Hunyadis‹, 1859; Bertalan Székely ›Die Frauen von Eger‹, 1867). Mit den Möglichkeiten der Freilichtmalerei setzte sich *Pál Szinyei Merse*, ein Maler, der in München mit dem Leibl-Kreis in Verbindung stand, auseinander (›Maifest‹, 1873). Der herausragenden Stellung *Mihály Munkácsys* in der ungarischen realistischen Malerei wird auch durch die Darbietung seiner Bilder in einem Sonderraum entsprochen. Für das Gemälde ›Der letzte Tag des Verurteilten‹ hatte der Maler beim Pariser Salon 1870 eine Goldmedaille erhalten.

Im **2. und 3. Obergeschoß** kann man die Entwicklung der bildenden Kunst Ungarns im 20. Jh. nachvollziehen. In den oberen Räumen sind auch Wechselausstellungen aus dem reichen Bestand der Grafischen Sammlung (sie umfaßt ca. 40000 Blatt) eingerichtet.

Leihgaben der Sammlung Ludwig aus Aachen und aus Oberhausen bereichern seit 1987 die Szene der Gegenwartskunst und bieten internationale Vergleichsmöglichkeiten. Die Stiftung zog 1991 in die Säle des **1. Obergeschosses im Flügel A** ein (Museum für Neueste Geschichte).

Zum Angebot der Ungarischen Nationalgalerie gehören auch große *Sonderausstellungen*, wobei die ›Stilkunst um 1900‹ einen Forschungsschwerpunkt bildet. Das Erscheinungsbild jener euphorischen Kunstbewegung zwischen 1896 und 1914 ist breit gefächert. In einer besonders auf Repräsentation bedachten Historienmalerei rückten Künstler 1000 Jahre nach der Landnahme das Nomadenleben der Ungarn ins Reich der Mythen. Neben dieser stark von kultischen Zügen geprägten Richtung gab es eine bekenntnishafte Heimatkunst voll malerischer Delikatesse. Inmitten dieser Kunstlandschaft steht *Tivadar Csontváry Kosztka* einmalig dar. Drei seiner eigenwillig visionären Gemälde (darunter ›Die Ruinen des griechischen Theaters in Taormina‹, 1904/05) sind im Treppenaufgang zwischen dem 2. und 3. Obergeschoß zu bewundern und üben in ihrer ungewöhnlich strahlenden Farbkraft eine bezaubernde Wirkung auf den Besucher aus. In den Bildern von *József Rippl Rónai* verbindet sich neoimpressionistischer Pointillismus französischer Prägung mit dem Raffinement graziöser Stilisierung und geheimnisvoller Symbolik (›Frau mit Vogelbauer‹, 1892).

Die Habsburger Palatinskrypta: Während der Regierungszeit Maria Theresias wurde im Innenhof des Nordtraktes unter Leitung des kaiserlichen Hofarchitekten Jean Nicolas Jadot eine dem hl. Sigismund geweihte Burgkapelle mit einer Krypta errichtet. Nicolaus Pacassi und S. A. Hillebrandt verlegten im Zuge des Palastausbaues die Kapelle in den Westtrakt des Nordflügels. Die *Krypta* diente bis 1777 dem Orden der Englischen Fräulein als Begräbnisstätte. Ab 1820 nutzten sie die in Ungarn eingesetzten Palatine des Hauses Habsburg als Familiengrabstätte, wobei die mit dem Umbau befaßten Architekten (Franz Hüppmann, Miklós Ybl, Alajos Hauszmann) die Florentiner Medicikapelle als vorbildlich empfanden. Die drei gewölbten Räume auf einer Grundfläche von 25 × 7,5 m sind mit einer Marmorauflage

Meister M. S. ›Heimsuchung Mariens‹, frühes 15. Jh. Ungarische Nationalgalerie

versehen, die Decke mit einem Sternenhimmel und die Zwickel mit Engelsfiguren ausgemalt. Die bildhauerischen Werke schufen Alajos Stróbl, Károly Senyei und György Zala (Standbild und Relief des Grabmals des Palatin Joseph, gestorben 1847). Ein Großteil der reichen kunsthandwerklichen Innenausstattung fiel 1972 einem Raub zum Opfer, die sterblichen Überreste der Palatine wurden verstreut.

Ende der achtziger Jahre stellte man unter großem Aufwand die Krypta weitgehend wieder her.

Im äußeren Burghof beschwört ein in die Nordfassade der ehemaligen Sigismundkapelle eingepaßter **Matthias-Brunnen** (Alajos Stróbl, 1904) die einstige Glanzzeit des Königspalastes. Thematik des oft mit der Fontana di Trevi in Rom verglichenen Brunnens ist die Ruhmeshymne auf den

Der Burghügel zu Buda · *Plan Seite 24/25*

Pál Szinyei Merse ›Das Frühstück im Freien‹, 1873

volkstümlichen, sagenumwobenen Renaissancekönig Matthias. In fürstlicher Herrscherpose, erweckt er bei einer Jagd als unbekannter Weidmann in Begleitung seines Obersten Hofjägers und des italienischen Hofdichters Galeotto Marzio (zur Linken) die Liebe eines ungarischen Landmädchens, der schönen Ilonka (zur Rechten). Nicht zuletzt haben Antonio Bonfinis Beschreibungen (seit 1486) auf Jahrhunderte hin ein Idealbild vorgeprägt: »Der verewigte Matthias war körperlich um einiges größer als der Durchschnitt, sein Körper war wohlgestaltet, ausdauernd, stark im Ertragen von Kälte, Hitze und Hunger. Nichts hielt er leichter aus als Anstrengungen im Krieg, nichts schwerer als Untätigkeit zu Hause. Sein Blick war offen und gerade, wie der eines Löwen. Ja sogar in der Zeichnung der Augen und durch die Jugendlichkeit ähnelte er jenem sehr, den er immer als Vorbild für sein Leben betrachtet hat, Alexander dem Großen.«

Tivadar Csontváry Kosztka ›Die Ruinen des griechischen Theaters in Taormina‹, 1904-05.
Ungarische Nationalgalerie

Einige **Plastiken** stehen seit dem Wiederaufbau nach dem Zweiten Weltkrieg nicht mehr an ihrem ursprünglichen, vom Palast-Architekten Alajos Hauszmann festgelegten Platz. Einen solch neuen baugebundenen Bezug erhielt 1983 die kupfergetriebene, auf der Pariser Weltausstellung 1899/1900 mit Erfolg gezeigte Skulptur von György Vastagh d. J. ›*Der Pferdehirt*‹ (um 1898) in der äußeren Burghof-Mitte vor dem Flügel B. Die beiden von Miklós Ligeti nach dem gleichnamigen romantischen Märchenspiel von Mihály Vörösmarty geformten Bronzefiguren ›*Csongor und Tünde*‹, jetzt in der Nähe des donauseitigen Galerie-Eingangs vor dem Flügel C, sind leider aus ihrer glücklichen architektonischen Ensemblewirkung mit den seitlichen Podesten der Habsburgtreppe (seit 1903) herausgerissen. Doch wie schon zur Jahrhundertwende schaut *Prinz Eugen von Savoyen* vom hohen Roß vor dem Haupteingang der Nationalgalerie hinunter auf die Stadt. Das ursprünglich von der Stadt Zenta bestellte Reiterstandbild kaufte Kaiser Franz Joseph I. dem Bildhauer József Róna für die Burg von Buda ab. Der dargestellte Feldherr hatte am Ende des 17. Jh. die Türken vertrieben. Eine mythische Tierfigur markiert den Ausgang des Burggartens auf einem Pfeiler über der Habsburgtreppe: Gyula Donáth modellierte 1903 den mächtigen Jagdfalken mit weiten Flügelschwingen. Dieser sog. *Turul* war das Wappentier des Fürstengeschlechtes der Árpáden. Einer Sage nach soll die ungarische Urmutter von einem Turulvogel geschwängert worden sein und den Stammesfürsten Álmos geboren haben, dessen Sohn Árpád die Ungarn bei der Landnahme anführte.

4 Sándor-Palais
Szent György tér 1-2

Von 1867 bis 1944 residierten hier die ungarischen Ministerpräsidenten.

An jener Stelle, wo der Burgberg 1853-57 von einem 10 m breiten Tunnel (nach Plänen des englischen Ingenieurs Adam Clark) untergraben wurde und sich von der Ostseite seit 1986 wieder die Wagen der 1870 eingeweihten und Ende des Zweiten Weltkrieges zerstörten Standseilbahn hinaufziehen, liegt der Szent-György-Platz. Im Mittelalter war er Schauplatz von Ritterspielen und Jahrmärkten, Tausende Jahre zuvor der Grund eines von Thermalquellen gespeisten Sees, dessen Wasser einen natürlichen Wallgraben im Kalkstein hinterlassen hatte. An diesem geschichtsträchtigen Platz ließ Graf Vincent Sándor 1806 von Michael Pollack einen einstöckigen klassizistischen Palast errichten. Von diesem Gebäude spannte sich eine geschlossene Verbindungsbrücke (nicht erhalten) über die enge Gasse zum angrenzenden Theater. Der in Wien und Mailand ausgebildete Architekt wohnte ab 1799 in Pest, dessen Stadtbild er durch Bauwerke des Klassizismus wesentlich mitprägte.

Im Stadtpalais der gräflichen Familie Sándor wurden rauschende Bälle gefeiert. Die wohl berühmtesten internationalen Gäste waren im Herbst 1814 Friedrich Wilhelm III. von Preußen, der russische Zar Alexander I. und Kaiser Franz Joseph von Österreich. Besonders verwegene, ja geradezu tollkühne ungarische Lebensart wurde dem Sohn des Bauherrn, Graf Móric Sándor, nachgesagt. Seine Bravourstücke zu Pferde, auf Palasttreppen und treiben-

Hauptfassade des Sándor-Palais

Der Burghügel zu Buda · Plan Seite 24/25

den Eisschollen auf der Donau, faszinierten und entsetzten sein Publikum gleichermaßen. Sie ließen den schließlich durch einen Unfall zum Krüppel gewordenen Grafen als ›Teufelsreiter‹ in die Budaer Annalen eingehen.

1867 wurde das Sándor-Palais von Miklós Ybl umgebaut und diente jahrzehntelang als Regierungssitz. Seit Ende der achtziger Jahre wird das im Zweiten Weltkrieg stark beschädigte Gebäude restauriert. Wer künftig in seine Räume einziehen wird, steht noch immer zur Diskussion.

5 Burgtheater (Várszínház)
Színház utca 1-3

Erstes ständiges Theater Budapests in ehem. Karmeliterkirche.

Die **Baugeschichte** des Burgtheaters reicht genaugenommen an den Beginn der Budaer Stadtentwicklung zurück. Noch im 13. Jh. errichteten die Franziskaner an dieser Stelle ein Kloster. Im Ordenshaus residierten unter der Türkenherrschaft die Paschas. Die Johannes dem Evangelisten geweihte Kirche wurde als Moschee genutzt und stürzte im Jahr der Rückeroberung von Buda, 1686, ein. Ihr folgte zwischen 1725 und 1736 ein Kirchenneubau im Spätbarock, der dem Karmeliterorden gehörte. Nachdem Kaiser Joseph II. verfügt hatte, die Orden aufzulösen, wies er 1786 an, das Klostergebäude in ein Kasino und die Karmeliterkirche in ein Theater umzugestalten. Diese Aufgabe löste der vielseitige Künstler Farkas Kempelen durch eine Fassade im Zopfstil und einfallsreich konstruierte Holzeinbauten, mit denen er beispielsweise die ehemalige Grabkapelle als Raum für die versenkbare Bühne nutzte und die Emporen der Kirche in Logen für die gräflichen Familien verwandelte. Zu Lebzeiten war der Name des Architekten weit über Ungarn hinaus bekannt, denn die von ihm entwickelte geheimnisvolle Sprechmaschine und ein Schachautomat galten an den europäischen Fürstenhöfen als beliebte Unterhaltungsspiele.

Im Burgtheater, dem ersten ständigen **Theater** von Budapest, wurde zunächst ausschließlich in deutscher Sprache gespielt. Die erste ungarische Aufführung eines nationalen Theaterstücks am 15. Oktober 1790 gilt als bedeutendes Ereignis im Gesellschaftsleben der zu dieser Zeit zahlenmäßig bereits weit überwiegenden ungarischen Bürger der Hauptstadt. Im Kalender der Geschichte des Burgtheaters ist

Plastik auf dem Disz tér von Zsigmond Kisfaludi-Stróbl ›Alter Husar‹, 1926, aufgestellt 1932

auch der 7. Mai 1800 markiert: Ludwig van Beethoven gab am Abend ein Konzert.

Die 1978 abgeschlossene Restaurierung hält jenen Zustand fest, den das Gebäude durch seine klassizistischen Erweiterungen im 19. Jh. erhielt. Die Zahl der Zuschauerplätze ist gegenüber der Gründungszeit auf ein Viertel reduziert (damals 1200, heute 264). Auf dem Spielplan stehen vor allem Kammerspiele und Konzertveranstaltungen.

Neuerdings wird der *Hof* des ebenfalls restaurierten **Ordenshauses** des ehemaligen Karmeliterklosters (Színház-[Theater-]Straße 5-11) an Sommerabenden für Freilichtaufführungen, wie spirituelles Rocktheater, genutzt. Im ehemaligen *Refektorium* des Klosters haben sich *Fresken* aus der 1. Hälfte des 18. Jh. erhalten, die restauratorisch gesichert wurden.

6 Vom Disz tér (Paradeplatz) in die Bürgerstadt

Spalier aus Bürgerhäusern und Palais.

Der Disz-Platz ist das ›Nadelöhr‹ des Burgbergplateaus. Durch zwei nahe beieinanderliegende Stadttore – das Wasserstadt-Tor im Osten und das Fehérvárer (Stuhlweißenburger) Tor im Westen – gelangt man an jene zentrale Nahtstelle, wo die Bürgerstadt und der Palastbereich ineinander übergehen.

Der Platz vor der (nicht erhaltenen) Georgskirche ist mit manch blutigen Erinnerungen belastet – von den umliegenden Häusern schaute man Hinrichtungen zu. Die im Norden stehende Kirche brannte im Spätsommer 1686 ab; an ihrer Stelle wurde 1893 ein **Honvéd-Denkmal** mit der Inschrift ›21. Mai 1849 / Für ein freies Vaterland‹ enthüllt. Die Bronzefiguren von György Zala und das hohe Treppenpostament aus Kalkstein von Albert Schickedanz erinnern an die Opfer des ungarischen Freiheitskampfes.

Den heutigen Platz prägen palastartige Häuser des Barock und des Klassizismus. Der Familie Batthyány gehörte bis 1945 der zweistöckige **Barockpalast** am Disz-Platz 3. Ihn hat Graf Lajos Batthyány 1743 als Statthalter nach Plänen des Architekten Joseph Giessl aus Wien durch den Baumeister Martin Sigl aus Buda errichten lassen. Das Grundstück ist bereits seit dem Mittelalter im Besitz des Hochadels. Ein Vorgängerbau vom Ende des 17. Jh. war ein Werk des italienischen Architekten Venerio Ceresola. Er hatte auch das Nachbargebäude, das **Kremsmünsterhaus** am Disz-Platz 4-5 (gemeinsam mit Christopher Griuzenberg aus der Steiermark) erbaut. Dieses Grundstück ist der oberösterreichischen Abtei von Kremsmünster 1686 als Dank für ihre Verdienste um die Rückeroberung Budas geschenkt worden. In den Neubau wurden verbliebene Mauern mittelalterlicher Häuser mitbezogen. Durch diesen Umstand sind im Torgang die ältesten *Sitznischen* des Burgviertels aus der 2. Hälfte des 13. Jh. zu finden.

An der gegenüberliegenden Platzseite (Disz-Platz 11) baute Venerio Ceresola gegen Ende des 17. Jh. sein eigenes **Wohnhaus**, wobei er ebenfalls die Mauern der mittelalterlichen Vorgängerbauten nutzte. Das Gebäude erhielt bei späteren Renovierungen eine klassizistische *Fassade*, die Initialen J.P. auf dem Schlußstein des Torbogens stehen für János Passardy, der es 1711 erworben hatte.

Ebenfalls an der Westseite, Disz-Platz 15, gleich neben der ältesten Konditorei Budas (›Korona‹), steht das sog. **Schultz-Haus**. Reste mittelalterlichen Mauerwerks sind im Erdgeschoß erhalten, wo heute ein Postamt untergebracht ist. Zu Beginn des 16. Jh. gelangte es in erzbischöflichen Besitz und wurde nach einem Brand 1723 von János Schultz gekauft, dem es den barocken, zum Platz gerichteten Südflügel verdankt. Die heutige, eigenwillig gestaltete Fassade mit Torgang und stimmungsvollem, von Arkaden umzogenem Innenhof erhielt der Barockpalast jedoch erst durch den 1760 folgenden Besitzer, Ingenieur Oberstleutnant Freiherr de la Motte.

7 Handelshäuser in der Tárnok utca

Mittelalterliche Marktstraße.

Vom Disz tér zum Szentháromság tér (Dreifaltigkeitsplatz) führt die Tárnok utca. Sie ist die breiteste Straße im Burgviertel. Sie verläuft parallel zu der am oberen Bergrand erbauten Stadtmauer – diese wiederum orientiert sich in ihrem schwungvollen Verlauf an der natürlichen Form des Felsplateaus. Die Geschichte der Straße reicht in die Anfänge der Stadtentwicklung im 13. Jh. zurück, als nach dem Mongolensturm Buda unter König Béla IV. als Bürgerstadt errichtet wurde. Der

Handelshaus Tárnok utca 14

Der Burghügel zu Buda · *Plan Seite 24/25*

Sitznischen schmücken viele Durchgänge in der Tárnok utca

Handelsplatz am bewachten Donauhafen blühte zu einem internationalen Handelszentrum auf, die Kaufmannschaft vereinigte sich in Zünften, genoß Sonderrechte und wurde durch königliche Privilegien geschützt. Die Tárnokstraße gehörte im Mittelalter den Kaufleuten. Mittwochs, wenn die deutschen Bürger hier ihren Markt abhielten, nahm das turbulente Treiben der Händler die gesamte Breite der Straße ein und zog sich hinunter bis zur Georgskirche, wo am Disz tér ebenfalls ein Markt stattfand. Die breiten Straßen von Buda erklären manche Historiker dadurch, daß ein Teil der städtischen Bevölkerung auch Landwirtschaft betrieb. Für die Herden und die zu den umliegenden Feldern, Obst- und Weingärten ausfahrenden Erntewagen wären enge Gassen ungeeignet gewesen. Dem regen Geschäftsleben und bunten Treiben der verschiedensprachigen Völkergemischs entsprach im Mittelalter die starke Farbigkeit der Kaufmanns- und Zunfthäuser, der Markthallen und der nicht ständig bewohnten Stadtpaläste mit Wohn- und Gesellschaftsräumen im Obergeschoß und Läden im Erdgeschoß. Die **Handelshäuser** in der Tárnok utca 14 und 16 sind typische Denkmäler dieses frühen Abschnitts der Stadtgeschichte: Sie hatten ursprünglich ein Stockwerk und standen mit der Traufseite zur Straße. Gegen Ende des 15. Jh. wurde denen unteren Verkaufsräumen mit Ladenfenstern aus dem 14. Jh. ein vorkragendes, auf Steinkonsolen ruhendes und durch eine Reihe von Segmentbögen gegliedertes oberes Stockwerk aufgesetzt. Die kräftige, fröhliche *Bemalung* der Innenräume und der Außenwände mit ornamentalen Mustern oder geometrisierenden Quaderimitationen in Schwarz, Grün, Weiß oder Gelb war für den gotischen Hausbau in Buda bezeichnend. Eine Vorstellung von diesem Schmuck vermittelt das **Haus Nr. 14**, dessen *Wandmalerei* aus der Zeit um 1500 nach gesicherten Farbspuren rekonstruiert werden konnte. Die beiden Handelshäuser beherbergen heute stimmungsvolle **Gaststätten** und besitzen jetzt einen gemeinsamen Torgang mit einer Falltür zum Gemäuer des mittelalterlichen Kellers, der als Weinkeller genutzt wird. Fragmente mittelalterlicher *Wandmalerei* aus der Herrschaftszeit Kaiser Sigismunds haben sich an den Häusern **Tárnok utca 3 und 5** erhalten. Auch in der Tárnok utca 6, 7, 10 und 13 sind romanische Architekturteile konserviert und in Neubauten integriert.
Das ehemalige gotische Handelshaus *Tárnok utca 18* hat im Erdgeschoß einen Ladenraum in üppiger barocker Ausstattung, der 160 Jahre lang als Apotheke ›Zum goldenen Adler‹ genutzt wurde und heute in nahezu unveränderter Form als **Apothekenmuseum** zu besichtigen ist.

*Die Matthiaskirche und dahinter das Hotel Budapest-Hilton, ▷
dessen Bau die Reste eines mittelalterlichen Dominikanerklosters geschickt einbezieht*

Der Burghügel zu Buda · *Plan Seite 24/25*

8 Matthiaskirche
(Mátyás templom)
Szentháromság tér

Die von Frigyes Schulek im 19. Jahrhundert im gotischen Stil restaurierte Krönungskirche der ungarischen Könige. Eines der Wahrzeichen Budapests.

Als etwa zeitgleich zum Bau des Königspalastes am Südende des Burgbergs unter Béla IV. nördlich davon eine befestigte Stadt heranwuchs, wurde für die vorwiegend deutschen Siedler auch ein Kirchenbau erforderlich. Urkunden belegen die Entstehungszeit der Unserer lieben Frau gewidmeten Pfarrkirche zwischen 1255 und 1269. Stilistisch stand dieser **Bau** der nordfranzösischen Gotik sowie der durch die Zisterzienser vermittelten burgundischen Spätromanik nahe. Gleichzeitig mit dem Umbau zur hochgotischen Hallenkirche im letzten Drittel des 14. Jahrhunderts wurde nach 1370 an der westlichen Südseite ein Gewändeportal eingefügt, dessen Hochrelief im Giebelfeld den Marientod darstellt. 1384 stürzte während eines Gottesdienstes der südliche Westturm ein. König Sigismund rief Steinmetze der Parlerwerkstatt von Prag zu Arbeiten in die königliche Burg nach Buda; gleichzeitig schufen sie die figurale Bauplastik in der Liebfrauenkirche und führten die beiden Seitenschiffe bis zur Höhe des Mittelschiffes auf. Um 1443 wurde das Dach der dreischiffigen Hallenkirche mit farbig glasierten Wiener Dachziegeln gedeckt.

Unter Matthias Corvinus wesentlich bereichert – durch ein dem südlichen Seitenchor angefügtes königliches Oratorium und einen den eingestürzten Südwestturm ersetzenden fünfgeschossigen, 1470 vollendeten Turm –, trug die Kirche nun den Namen ›*Matthiaskirche*‹. 1526 von den Türken in Brand gesteckt, 1541 mit übertünchten Wänden zur Moschee umgewandelt, gelangte sie nach der Rückeroberung Budas zunächst für kurze Zeit in den Besitz der Franziskaner und nachfolgend in den der Jesuiten, unter denen sie zwischen 1688 und 1714 die Anbauten eines Kollegiums an der Nordseite, eines Priesterseminars an der Südseite und auch ein barockes inneres Gepräge erhielt.

Zwischen 1874 und 1896 verlieh ihr Frigyes Schulek in einer großangelegten Restaurierung anläßlich der Tausendjahrfeier der Landnahme der Ungarn ihre heutige

Grundriß der Matthiaskirche

1 Westportal
2 Langhaus
3 Querhaus
4 Hauptchor
5 Seitenkapellen
6 Sakristei
7 Grabkapelle Bélas III.
8 St.-Emmerich-Kapelle
9 nördliche Vorhalle
10 Nordportal
11 Loretokapelle
12 südliche Vorhalle
13 Marienportal
14 östliches Südtor
15 Kapitelsakristei
16 St.-Stephans-Kapelle
17 Treppe zum Oratorium der Malteser Ritter

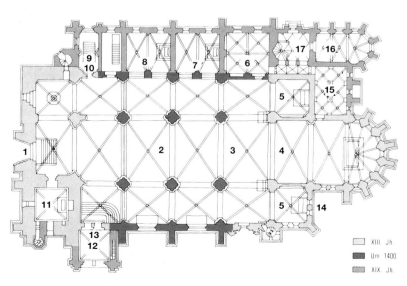

*St.-Emmerichs-Kapelle in der Matthiaskirche, Detail vom Altar.
Die Malerei schuf Mihály Zichy 1894*

Gestalt. In seinem Bemühen, die Matthiaskirche als mittelalterliches Bauwerk wiederherzustellen, opferte er nicht nur barocke Bausubstanz, sondern ersetzte auch originale Bauteile durch Kopien. Nach den schweren Kriegsschäden von 1944/45 blieb die Kirche lange Zeit gesperrt, ihre Wiederherstellung erfolgte zwischen 1954 und 1970.

In jüngster Zeit beginnt die Matthiaskirche jene **Bedeutung** zurückzugewinnen, die sie als eine der *Krönungskirchen* der ungarischen Könige besaß. 1308 wurde hier Karl Robert von Anjou zum König gekrönt, 1385 erfolgte die Krönung Sigismunds von Luxemburg. In dessen Regierungszeit bürgerte sich der Brauch ein, die auf siegreichen Kriegszügen erbeuteten Fahnen in der Kirche aufzuhängen. Zudem wurden seit 1444 auch Wappenschilder der Feldherren nahe dem Hochaltar befestigt. Schauplatz bewegender feierlicher Zeremonien war die Kirche 1463, als König Matthias Corvinus mit Katharina Podiebrad und nach deren Tod 1470 mit Beatrix von Aragonien getraut wurde.

Auch die feindlichen Eroberer vereinnahmten die Kirche: 1541 versammelten sich die Türken hier unter Sultan Suleiman zu einem Dankgebet für den geglückten Einzug in Buda. Ein großes politisches Ereignis bildete die Krönung von Franz Joseph I. und Königin Elisabeth im Jahre 1867 – Franz Liszt komponierte dafür die Krönungsmesse. Auch die Krönung des letzten ungarischen Königs, Karl IV. aus dem Hause Habsburg, fand 1916 in der Matthiaskirche statt.

Sehenswürdigkeiten an und in der Kirche: Nach ihrer Wiederherstellung bietet die Matthiaskirche den Anblick einer dreischiffigen Hallenkirche. Die Abfolge von Kapellen an der Nordseite erweckt nahezu den Eindruck eines vierten Kirchenschiffes.

Westfassade: Die zweitürmige, dreifach gegliederte Westfront der Kirche ist als beherrschende Schauseite ausgebildet. Das spitzbogige Westportal mit Weinblattornamentik im äußeren Bogenlauf zeigt im Tympanon eine Madonna zwischen knienden Engeln. Das Relief schuf Lajos Lantai

nach dem Zweiten Weltkrieg in Anlehnung an mittelalterliche Vorbilder. Die frühgotische Fensterrosette ist durch Schulek erneuert worden. Ein Dreiecksgiebel über einem Kranzgesims beschließt die Mitte der Westfassade, seitlich besetzt mit Kriechblumen und einer Kreuzblume auf der Spitze, vertikal durchbrochen von sieben Spitzbogenöffnungen und horizontal gegliedert durch eine Zwergarkadengalerie mit ausgesparten Kleeblattmotiven. Die Wände des nördlichen (linken) **Béla-Turms** stammen aus dem 13. Jh., die Blendarkaden oberhalb des Kranzgesimses einschließlich des Turmhelms mit seinem bunten Dachziegelmuster sind das phantasievolle Werk Frigyes Schuleks. Auch den **südlichen** (rechten) **Turm** hat Schulek gegen Ende des 19. Jh. im Sinne der spätmittelalterlichen Baukunst errichtet. Während die beiden Untergeschosse auf den nördlichen Westturm abgestimmt sind, nehmen die feingliedrigen Achteckgeschosse dem 80 m aufragenden Turm mit seinem filigranen Steinhelm jegliche Schwere. Das *König-Matthias-Wappen* mit der Jahreszahl des Turmbauabschlusses ›1470‹ ist heute im Kircheninnern an der Wand des südlichen Seitenschiffes angebracht (am Turm eine Kopie). Auch die **Südfassade** wird an der stadteinwärts gerichteten Seitenfront wirkungsvoll vom südlichen Westturm begrenzt. Einen weiteren Akzent setzt das *Marienportal*. Es wird durch einen von Schulek entworfenen Vorbau zusätzlich geschützt: In die von einem Kreuzgewölbe überspannte Vorhalle gelangt man von der Straße aus durch ein spitzbogiges Tor, dessen plastischer Schmuck von Ferenc Mikula liebevoll ausgeführt wurde (Rosette mit Fischblasenornament, zwei schwebende Engelsfiguren). Die Ergänzungen am Marienportal mit dem Relief des Marientodes im Tympanon sind durch die bräunliche Farbtönung leicht von den mittelalterlichen Originalstücken zu unterscheiden. Die Südfassade besitzt weiter rechts noch eine zweite Pforte, ein mit Zacken- und Rautenornamenten verziertes Gewändeportal, dem sechs seitlich eingestellte Säulen mit Knospenkapitellen räumliche Tiefe verleihen. Auch in diesem östlichen Südtor wird dem heutigen Betrachter ein ursprünglich um 1250 entstandenes Portal durch eine Nachbildung Schuleks vermittelt.

Das Kircheninnere: Beim östlichen Südtor führt eine Treppe in die ein Lapidarium bergende *Chorkrypta*. Den Krypta-Zugang selbst flankieren die Statuen des hl. Franz von Assisi und der hl. Elisabeth.

Über das Treppenhaus an der Nordseite gelangt man auf die *Galerie* mit dem Kirchenschatz sowie Nachbildungen der ungarischen Königskrone und des Reichsapfels. Auch der neugotische *Hochaltar* ist eine Schöpfung Schuleks. Unter der Kapellenreihe im nördlichen Schiff liegt die *Dreifaltigkeitskapelle* mit dem Grabmal Bélas III. und seiner Gemahlin Anne de Châtillon dem Chor am nächsten. Die Gebeine des ungarischen Königs (1172-1196) wurden 1848 in der Basilika von Székesfehérvár (Stuhlweißenburg) aufgefunden und am 21. Oktober 1898 feierlich in der Budapester Kapelle beigesetzt. In der nach einem beliebten Pilgerort in Italien benannten *Loretokapelle* stehen eine barocke Madonna aus Ebenholz und eine Madonna mit Kind aus rotem Marmor (17. Jh.). Die *Fresken* an den Innenwänden schufen bis 1896 Bertalan Székely und Károly Lotz. Auf beide Künstler gehen auch die Entwürfe zu den *Glasmalereien* im Chor zurück, welche von Ede Kratzmann ausgeführt wurden. Als ›Neuerfinder‹ der Matthiaskirche tauschte Schulek das von ihm entfernte Barockgestühl gegen eine historisierende, am Vorbild der Gotik orientierte und von ihm selbst gestaltete *Inneneinrichtung* aus.

9 Fischerbastei (Halászbástya)

Als Wahrzeichen der Hauptstadt gehört die beliebte Aussichtsterrasse mit ihren sechs runden Türmen zum Pflichtprogramm jedes Budapest-Besuchers.

Das Bravourbeispiel historisierender Baukunst vermag durch sein virtuos gehandhabtes Spiel mit historisch überlieferten Bauformen die Atmosphäre romantischer Ritterburgen und mittelalterlicher Klosterhöfe überzeugend hervorzubringen. Die Fischerbastei entstand zwischen 1899 und 1905. Mit diesem Bau beweist sich Frigyes Schulek (1841-1919) nach seinen Verdiensten in der Restaurierung historischer Baudenkmäler auch als eigenständiger Architekt. Von der mittelalterlichen Baukunst fühlte sich der gebürtige Budapester bereits während seiner Wiener Studienjahre stark angezogen. Als 1872 ein Komitee zur Erhaltung der ungarischen Denkmäler mit Imre Henszelmann (dem Begründer der ungarischen Kunstgeschichte) als Vorsitzenden ins Leben gerufen wurde, erfolgte Schuleks Ernennung zum obersten Landeskonservator. In dieser Funktion restaurierte er zahlreiche Kirchen Ungarns, wobei er in die 1893 ab-

◁ *Der Innenraum der Matthiaskirche glänzt in dunklen Goldtönen*

geschlossenen Arbeiten an der Matthiaskirche die meiste Kraft investierte. Das in alter Schönheit prachtvoll wiedererstrahlte Kirchengebäude verlangte nach einer würdigen Umgebung. Außerdem mußte im Rahmen der Vorbereitung zu den Millenniumsfeierlichkeiten Ungarns für den erwarteten Menschenstrom eine ebenso praktikable wie baukünstlerisch vorzeigbare Lösung für einen verkürzten Aufstieg von der weitschlaufigen unteren Burgstraße (János-Hunyadi-Straße) zur Budaer Hauptkirche hinauf geschaffen werden. Ein dritter Gesichtspunkt seiner Überlegungen, mit denen sich Schulek 1894 in einem Programmentwurf zum Bau der Fischerbastei an den Ministerpräsidenten des Hauptstädtischen Gemeinderates richtete, betraf die Sanierung eines im Verfall begriffenen Teils der donauseitigen alten Stadtmauer auf dem Festungshügel. Dieser strategisch wichtige Abschnitt wurde im Mittelalter von der Zunft der Fischer verteidigt, denn die Fischer hielten hinter der Liebfrauenkirche Markt und wohnten im Südteil der am Berghang liegenden ›Wasserstadt‹. An Stelle dieser einstigen Fischer-Schutzbastei errichtete Schulek im Stil der Jahrhundertwende einen breitangelegten, auf Ensemblewirkung mit der Matthiaskirche bedachten Unterbau. Die 140 m langen Basteiwände belebte er durch eine geschickt gegliederte *Treppenkaskade*. Das dreiteilige Treppensystem besteht aus zwei seitlich auseinanderlaufenden Abschnitten und einer dazwischenliegenden, acht Meter breiten Freitreppen-Brücke, die architektonisch auf die Matthiaskirche ausgerichtet ist. Zwischengefügte Terrassenstationen verlocken den Aufsteigenden immer wieder zum Ausschauen und Ausruhen. Zu beiden Seiten der balkongeschmückten Brüstungsmauer umschließen L-förmige Umgänge jeweils einen nördlichen und einen südlichen Basteihof. Der Treppenaufgang zum Südflügel endet mit dem Blick auf das St.-Stephans-Denkmal, in sechs Nischenbänken flankiert von Kämpfern aus dem Königshaus der Árpáden. Schulek verwandelte die einstige Wehranlage in ein friedliches, Schaugenuß bietendes Kunstobjekt; der unerschöpfliche Formenreichtum seiner zwischen Fensteröffnungen eingestellten Säulen vermittelt lustvoll Architekturgeschichte im Vorübergehen.

Im Laufe der Sanierungs- und Bauarbeiten wurden eine Vielzahl mit hoher Kunstfertigkeit behauener Steine – *Reste mittelalterlicher Bauskulptur* eines ehemaligen Dominikanerklosters – gefunden. Diese

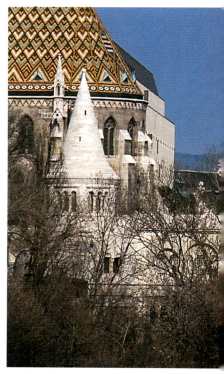

Die Fischerbastei

sind zum Teil im Kreuzgang des Hotels Budapest-Hilton ausgestellt oder – wie das Relief eines Steinlöwen am unteren Tor zur sogenannten Jesuitentreppe – in die Schuleksche Bastei vermauert. In das architektonische Gesamtkonzept ist auch die Aufstellung von *Plastiken* inbegriffen. So sind im unteren, nach Norden verlaufenden Treppenabschnitt eine Kopie der Prager Georgsgruppe der Brüder Martin und Georg Klausenburg (Original: 1373) sowie István Tóths Denkmal für den Türkenbezwinger bei Nándorfehérvár von 1456, János Hunyadi (1899-1903), zu finden. Für das *Reiterdenkmal* des Staatsgründers König Stephan I. (István I.) sah Schulek ursprünglich eine bedeckte Kuppelhalle vor. Doch die von Alajos Stróbl geschaffene Plastik (1898-1903) steht, dreiseitig umschlossen vom Südhof, im Freien. Schulek entwarf für sie die umzäunende ovale Steinbrüstung, den rechteckigen Sockel mit vier Löwen und Reliefs an den Seitenwänden, auf denen Szenen aus dem Leben des hl. Stephan dargestellt sind: die Krönung, die Gesetzesverkündung, die Huldi-

Der Burghügel zu Buda · *Plan Seite 24/25*

gung von Wien, der Kirchenbau (die das Modell der Kirche vorzeigende Gestalt ist ein Selbstporträt des Architekten). Darüber ein zweiter Sockel, auf vergoldeten Medaillons zwischen Doppelsäulen Reliefs mit den Evangelistensymbolen, Agnus Dei und das Doppelkreuz. Zwei Treppenstufen höher schließlich die Bronzestatue König Stephans zu Pferde.

10 Ehem. Dominikanerkloster
im Hotel Budapest-Hilton
Hess András tér 1-2

Gelungene Synthese aus Denkmalschutz und moderner Architektur.

Mit der Eröffnung des Budapest-Hilton am Sylvesterabend 1976 wurde nicht nur ein Hotel der internationalen Luxusklasse seiner Funktion übergeben, sondern auch ein ungewöhnliches denkmalpflegerisches Projekt des modernen Städtebaues in Ungarn verwirklicht. Das von Béla Pinter aus Stahl, Beton und Industrieglas errichtete Gebäude fügt sich in eine traditionsreiche Kulturlandschaft ein. Während sich in den kupfertonigen Scheiben der **Außenfassade** die Architektur-Denkmäler der Umgebung wirkungsvoll spiegeln, integriert der moderne Hotelbau freigelegte und konservierte mittelalterliche Bausubstanz.

Noch vor Errichtung der Liebfrauen-(Matthias-)Kirche war an dieser Stelle zwischen 1243 und 1254 im Rahmen des von König Béla IV. veranlaßten Stadtbauprogramms über quadratischem Grundriß eine zunächst turmlose, dem hl. Nikolaus geweihte Klosterkirche der Dominikaner entstanden. Der Bettelorden aus Bologna hielt bereits 1254 seine erste Kapitelversammlung in Buda ab. Bekanntlich standen die Dominikaner auch mit dem Herrscherhaus der Anjou in gutem Einvernehmen. Da die Pfeiler in der Klosterkirche und in der Anjou-Kapelle des Budaer Königspalastes in ihrer Bearbeitung Analogien aufweisen, schließt die Forschung auf die gleiche Bauhütte (Meister Johann). Zur zweiten Budaer Ordenskapiteltagung im Jahre 1382 standen an der Westseite die unteren Turmgeschosse und ein langgestreckter

Der Burghügel zu Buda · *Plan Seite 24/25*

Fischerbastei, Matthiaskirche und das Hotel Budapest-Hilton bilden ein eindrucksvolles Architekturensemble

Mönchschor zur Verfügung. Einer weiteren Bauperiode im letzten Viertel des 15. Jh. blieb es vorbehalten, die oberen Turmgeschosse aufzuziehen, das Kirchengewölbe und den Kreuzgang zu vollenden. Mönchische Meditation, gepaart mit Kunstsinn und dem Zunftgeist der Bauhütten, kam in der Ordenstradition der Dominikaner auf dem Budaer Burghügel seit Beginn des 14. Jh. in einer die Künste fördernden Hochschule zum Tragen. Diese gedieh unter der Reform von Matthias Corvinus ab 1477 zur international angesehenen Bildungsstätte. Dem königlichen Förderer zum Gedenken wurde 1930 an der Westwand des restaurierten **Nikolaus-Turmes** eine Kopie des *Relief-Bildnisses* des Königs vom Bautzener Schloßturm (Briccius Gauske, 1486) angebracht. Es zeigt den waffengewaltigen und diplomatiebegabten Ungarnkönig, der als Gegner Friedrichs III. auch mit der Reichskrone liebäugelte, thronend und von Engeln gekrönt, einen Löwen als Fußschemel benutzend, im Besitz der Königstitel von Böhmen, Mähren, der Steiermark, Kärnten, Niederösterreich mit Wien, Schlesien und seit 1478 auch der Lausitz.

1539 wurde das Dominikanerkloster zum letzten Mal schriftlich erwähnt. In den folgenden anderthalb Jahrhunderten boten seine Mauern statt kunstfreundlichen Ordensmitgliedern Pferden, Waffenstapeln und Brotgetreide Platz. Zwischen 1688 und 1702 ließen die Jesuiten auf dem Trümmergelände zwischen der Matthias-

Der Burghügel zu Buda · *Plan Seite 24/25*

und der Dominikanerkirche nach Plänen von Konrad Kerschenstein ein Barockkollegium errichten. Seine italienisierend-spätbarocke Fassade vom Ende des 17. Jh. blieb am sechsstöckigen **Südflügel** des 1974 begonnenen Hotelbaues bewahrt, während der vierstöckige Neubaublock nördlich des maßwerkverzierten spätgotischen Kirchturms in Grundriß und Gesimshöhe den historischen Vorgängerbauten aus dem 13. bis 15. Jh. folgt und den Zugang zu den ausgegrabenen Architekturpartien ermöglicht. In einem Teil des mittelalterlichen Kellersystems wurde eine Bar untergebracht.

Der **Kreuzgang** wird als eine Art Wandelhalle genutzt; hier kann sich der Besucher an einem Matthias-Brunnen und ausgewählten Beispielen von Fayence-Kacheln und Architekturfragmenten erfreuen. Der *Dominikanerhof* bietet im Sommer Konzertliebhabern und Opernfreunden ein

Matthias-Corvinus-Relief am Turm des ehemaligen Dominikanerklosters aus dem 15. Jh.

43

Der Burghügel zu Buda · *Plan Seite 24/25*

faszinierendes Ambiente. In der Nähe des puritanischen, durch reichgegliederte Strebepfeiler verstärkten Mönchschores wurde eine Figurengruppe aufgestellt: ›Die Mönche Julianus und Gerardus‹ (1937). Diese Schülerarbeit von Károly Antal befaßt sich mit der Herkunft und Identitätsfindung der Ungarn. Sie erinnert daran, daß es Dominikanermönche waren, die sich 1235 zum ersten Mal auf den Weg ins Wolgagebiet begaben, um die Urheimat und überlebende Ahnen der Magyaren zu suchen. Gerardus starb unter den Strapazen der weiten Reise. Bei seinem zweiten Besuch fand Julianus im Jahre 1237 das Land seiner Väter als Folge des Mongolensturmes verlassen und verwüstet.

11 Hess András tér
(Andreas-Hess-Platz)

Buda war ein Zentrum des Buchdruckes in Europa.

In der Mitte des Andreas-Hess-Platzes erinnert die von Jószef Damkó um 1935 geschaffene **Statue** des Papst Innozenz XI. (das Verdienst des 1956 heiliggesprochenen Papstes wird im Zustandekommen der ›Heiligen Liga‹ gesehen, deren Heer nach 75 Belagerungstagen am 2. September 1686 Buda dem christlichen Europa zurückgewann) den Besucher an die schmerzliche Zäsur in der ungarischen Geschichte, wonach es eine Einteilung in eine Zeit ›vor‹ und eine ›nach den Türken‹ gibt.
In die Zeit ›davor‹ gehört das dem Hotel Hilton gegenüberliegende **Haus Nr. 4**. Der Platz wurde 1954 nach einer vor über 500 Jahren hier wirkenden Persönlichkeit benannt: András Hess. Sein Name ist mit einer wichtigen, in die Regierungszeit von Matthias Corvinus fallenden Erfindung verbunden, mit der des Buchdrucks. Bei all seiner ausgeprägten Vorliebe für kunstvoll gefertigte Handschriften bestellte der König für seine Bibliothek auch gedruckte Buchausgaben, so z.B. in Nürnberg bei Anton Koberger, in Leipzig bei Moritz Brandis und Konrad Kachelofen (Gesetzbuch des Königs, 1486), in Augsburg bei Erhard Ratdold (Thurózy-Chronik, 1488), in Brünn bei Johannes Filipecz sowie in Straßburg und Nürnberg, wo Matthias 1477 und 1485 Flugblätter gegen Friedrich III. drucken ließ. Im Haus Hess András tér 4 jedoch wurde 1473 das erste in Ungarn gedruckte und dem König gewidmete Buch, die ›Chronica Hungarorum‹, fertiggestellt. Der Drucker Andreas Hess hatte in Italien studiert, 1472 berief ihn Vizekanzler Probst László Karai aus Latium nach Buda. Als 1480 in der Druckerei der Ablaßbrief des Domherrn Johannes Han von Preßburg erschien, hatte sie bereits den Besitzer gewechselt. Zu dieser Zeit war das Gebäude schon aus drei kleineren, aus dem 14. Jh. stammenden Häusern zusammengebaut worden. Zwei vierteilige *Sitznischen* im südlichen Torgang aus der Zeit um 1340, *Maßwerkfenster* im Obergeschoß sowie *Tonnengewölbe* in den Räumen eines Kellersystems (vom **Restaurant** ›**Fortuna**‹ genutzt) gehören zu dem mittelalterlichen Restbestand des nach dem Zweiten Weltkrieg restaurierten Gebäudes. Die Tatsache, daß sich hier seit 1830 die Universitätsdruckerei befindet und man sich neuerdings im Innenhof bei LITEA den Kauf von Büchern und Schallplatten durch eine Tasse Tee noch kurzweiliger gestalten kann, dürfen als Hinweis auf das einstige Buda als frühes europäisches Druckerei- und Buchhandels-Zentrum betrachtet werden.

12 Das Haus ›Zum Roten Igel‹
(Vörös sün-ház)
Hess András tér 3

Eines der ältesten Häuser des Viertels mit origineller Gaststätte.

Das an der Stirnseite des Platzes stehende Haus erhielt seinen Namen ›Zum Roten Igel‹ 1696, zehn Jahre nach der Vertreibung der Türken. Ein Jahrhundert hindurch blieb es der einzige Gasthof im Burgviertel, der auch zum Theaterspiel und für Tanzbälle genutzt wurde. Seit 1810 trägt das Gebäude eine klassizistische **Fassade**. Für kurze Zeit beherbergte das Haus die Reliquie des Eremiten Paulus (Schutzheiliger des in Ungarn gegründeten Pauliner-Ordens) aus Budaszentlörinc. Ebenfalls an den Beginn des 19. Jh. wird der rotbemalte Igel auf dem **Hauszeichen** über dem Tor datiert. Doch die Baugeschichte des Hauses reicht wesentlich weiter, bis in das 14. Jh., zurück. Bei jüngeren Restaurierungsarbeiten entdeckte man die Mauern von vier mittelalterlichen Häusern, kreuzgewölbte Räume jenseits des Torgangs sowie gotische Türen und Fenster im Obergeschoß. Das Emblem eines schmiedeeisernen Igels über dem Hauseingang von der Seite der Táncsics-Mihály-Straße her lädt zu moderner ungarischer Gastlichkeit in den historischen Gewölben ein.

Der Burghügel zu Buda · *Plan Seite 24/25*

Hauszeichen ›Zum Roten Igel‹

13 Táncsics Mihály utca
(Mihály-Táncsics-Straße)

Stimmungsvolle Altstadtgasse mit barocken und klassizistischen Häusern.

Seit 1948 trägt die vom Andreas-Hess-Platz zum Wiener Tor führende Straße den Namen eines im ungarischen Freiheitskampf von 1848 besonders engagierten Schriftstellers. Jahrhundertelang hieß sie Judengasse. Dieser sehr alte Teil des Stadtviertels ist mit der Geschichte des jüdischen Bürgertums in Ungarn ebenso verbunden, wie mit der Entstehung der königlichen Budaer Burg. Bemerkenswerte Gebäude:

Haus Nr. 1 (Ecke Ibolya-Gasse): Der spätbarocke Palast wurde 1774 über den Fundamenten zweier mittelalterlicher Wohnhäuser als Haus des Stadtrichters von Buda erbaut. Ab 1922 nutzte die britische Botschaft das Gebäude. 1944/45 ausgebrannt, ist es heute Sitz des Landesamts für Denkmalpflege. In der Ibolya-Gasse erinnert ein *Relief* an den Kunsthistoriker Imre Henszlmann, dessen Wirken um 1900 besonders der Erhaltung und Restaurierung des Budaer Burgviertels galt. Durch die Ibolya-Gasse (mit angrenzendem Parkplatz des Hotels Budapest-Hilton) kann man das Burgviertel über eine gedeckte Holztreppe, welche in einen bei Hundebesitzern beliebten Park führt, hinunter in Richtung ›Wasserstadt‹ verlassen.

Haus Nr. 5: Durch den Torgang des frühklassizistischen Gebäudes gelangt man über einen Innenhof zum *Atelier-* und Wohnhaus des 1983 verstorbenen Bildhauers *Amerigo Tot*. Der Künstler stand den Bauhäuslern von Dessau nahe und verbrachte seine wichtigsten Schaffensjahre in Rom, wo seine Reliefs den Hauptbahnhof schmücken; er genoß die späte Anerkennung in seiner Heimat. In den Räumen seines Budapester Hauses floriert heute der sich für ungarische Gegenwartskunst engagierende private Kunsthandel.

Haus Nr. 7: Das seit einigen Jahren das Institut für Musikwissenschaften der ungarischen Akademie der Wissenschaften, das Bártok-Archiv und das Museum für Musikgeschichte mit einer bedeutenden *Instrumentensammlung* bergende Barock-Palais entstand auf den Fundamenten

Der Burghügel zu Buda · *Plan Seite 24/25*

Die Táncsics Mihály utca führt in Nord-Süd-Richtung durch das Burgviertel. Im Hintergrund die Türme des ehemaligen Dominikanerklosters und der Matthiaskirche

zweier mittelalterlicher Häuser zwischen 1750 und 1769 nach Plänen des leitenden Architekten von Buda, Matthäus Nepauer, mit prächtigen Fassaden zur Hof-, Donau- und Straßenseite. Ludwig van Beethoven wohnte hier während seines Budaer Konzerts im Jahre 1800. Der im ersten Stock liegende Konzertsaal verleiht den Musikveranstaltungen des Hauses einen festlich-exklusiven Rahmen. Zur munteren Farbigkeit des **Hauses Nr. 16** (um 1700 über einem mittelalterlichen Vorgängerbau errichtet und um 1770 umgebaut) bilden Ornamente und Profile aus weißem Stuck einen reizvollen Kontrast. Besonderer Blickfang am Außenbau ist ein barockes *Wandbild* mit einer Szene aus dem Marienleben (Christus und Maria als himmlisches Herrscherpaar von Heiligenfiguren umgeben). In den tonnengewölbten *Torgang* sind Fundstücke älterer bauplastischer Fragmente vermauert. Auch in die Toreinfahrten der **Häuser Nr. 6** und **Nr. 24** lohnt ein Blick. Hier haben sich *Sitznischen* aus der Zeit Kaiser Sigismunds erhalten.

14 Der ehem. Kammerhof
Táncsics Mihály utca 9

Hier saßen Prominente des 19. Jahrhunderts als Gefangene ein.

Das Grundstück befindet sich heute in amerikanischem Privatbesitz. Zu dem sich weit zur Donau hin erstreckenden Anwesen gehört auch die der ursprünglichen Fischerbastei vergleichbare Anlage der sogenannten Erdély-Bastei mit einem verzweigten System unterirdischer Verbindungsgänge. Der an die Straße grenzende Gebäudeflügel entstand 1810 als Teil der Josephskaserne. Er diente in den Befreiungskämpfen von 1848 als Gefängnis, in dem ungarische Politiker, Verfechter der nationalen Unabhängigkeit wie Lajos Kossuth und Lajos Graf Batthyány sowie Schriftsteller wie Mihály Táncsics und Mór Jókai eingekerkert waren.

Die früheste Bebauung des Grundstückes erfolgte während der ersten Besiedlung des Burgberges. Hier, im nördlichen Gebiet der Bürgerstadt, lag eine vermutlich als Residenz der Königin dienende ›Magna

Der Burghügel zu Buda · *Plan Seite 24/25*

Curia›, der Kammerhof. Grabungen der letzten Jahrzehnte bestätigten die Existenz eines nach 1243 errichteten Gebäudes, zu dem eine Martinskapelle und – für das Jahr 1255 urkundlich überliefert – auch die königliche Münze gehörten. Einige Historiker behaupten, daß König Béla IV. nach dem Mongolensturm an dieser Stelle seine erste Wehrburg errichtete, Buda sich deshalb von Norden zur Südspitze des Berges hin entwickelt habe und die Anfänge des Palastbaus in das 14. Jh. unter die Anjou-Könige fielen. Diese These scheint jedoch wenig glaubhaft.

15 Judentum im Burgviertel
Táncsics Mihály utca 21-23, 26

Zwei Erinnerungsstätten: Zwischen Toleranz und Verfolgung.

König Béla IV. gewährte den jüdischen Einwohnern Budas in einem 1251 erlassenen Freiheitsbrief eine Reihe von Privilegien, etwa die freie Religionsausübung, das Selbstbestimmungsrecht bei der Ernennung von Rabbinern und Richtern sowie die Erlaubnis zum Handelsbetrieb.

Die Juden ihrerseits trugen als gute Steuerzahler zur Vermehrung der Einnahmen der ungarischen Staatskasse beträchtlich bei. Sie wohnten im Südwesten der Burg, in der Umgebung des Fehérvárer (Stuhlweißenburger) Stadttors (an der heutigen Szent György utca) und bauten dort 1307 eine erste Synagoge (nicht erhalten). Ludwig I. von Anjou vertrieb 1360 die Juden aus der Stadt. Als die Verbannten 1364 zurückkehren durften, wurde ihnen der nordöstliche Teil des Burgviertels, entlang der heutigen Mihály-Táncsics-Straße, zugewiesen. Das jüdische Ghetto erstreckte sich bis zur Stadtmauer am Wiener Tor (Becsi kapu) und war stadteinwärts durch ein Holzgatter abgegrenzt. Zwischen den Keller-, Erd- und Obergeschossen der einzelnen Gebäude gab es für den Fall der Verfolgung ein weitverzweigtes Netz von Fluchtgängen. In den Zeiten des wirtschaftlichen und finanziellen Aufschwungs der Stadt – so unter König Matthias – lebten die Juden in Buda ruhig und geachtet. Auch die Türken zeigten sich ihnen gegenüber in religiösen Angelegenheiten und kaufmännischen Aktivitäten durchaus tolerant. Sie nannten die Straße Jehudi-mahalle. Nur in diesem Kontext ist zu verstehen, daß der 2. September 1686, an dem Buda von den vereinten christlichen Heerscharen zurückerobert wurde, zu einem schwarzen und blutigen Tag für die seit nahezu einem halben Jahrtausend in Ungarn lebenden Juden geriet.

Táncsics Mihály utca 26. An den Wänden der Synagoge haben sich Zeichnungen mit hebräischer Schrift aus dem 18. Jh. erhalten

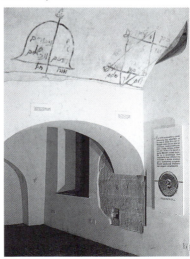

Durch den Torgang des ehem. Zichy-Palastes in der **Táncsics Mihály utca 23** gelangt man in einen kastanienbaumbestandenen Garten mit einer *Herkules-Skulptur* neben dem barocken Tor. Auf diesem Grundstück erbaute die jüdische Gemeinde 1461 ihre Große Synagoge. *Fragmente* dieses spätgotischen Bauwerks – einer zweischiffigen gewölbten Halle nach dem Vorbild der großen Regensburger Synagoge mit den Grundmaßen von 26,5 x 10,7 m und einer Höhe von etwa 9 m – wurden 1964 ausgegraben. Die gefundenen Pfeilerfragmente und der Schlußstein der Großen Synagoge sind Schaustücke im Hof **Táncsics Mihály utca 26** (gegenüber). Im Erdgeschoß dieses barocken Gebäudes haben sich Teile einer zweiten, im Norden des Budaer Burgbergs gelegenen Synagoge erhalten. Das Haus befand sich bereits gegen Ende des 14. Jh. im Besitz der Präfektenfamilie Mendel; der urkundlich überlieferte Name Isaak Kleinmendels führt zu der Benennung ›Kleinmendelhaus‹. Über Jahrhunderte hinweg war es Gebetshaus, Pfandleihe und Gefängnis. Den im Erdgeschoß liegenden *Saal* teilen gotische Pfeiler in drei gewölbte Räume. Aufgrund des türkischen Charakters der an der Wand freigelegten graphischen Darstellungen und der hebräischen Inschriften aus dem 17. Jh. wird angenommen, daß das Kleinmendelhaus während der Türkenzeit von der syrisch-sephardischen Gruppe der Budaer Juden als Bethaus genutzt wurde. Etwa ein Drittel von 75 jüdischen Familien, die ein türkisches Register im Jahr 1547 als Einwohner von Buda verzeichnet, hatten die Türken zusätzlich als Flüchtlinge aufgenommen, sie unterschieden sich rituell von den alteingesessenen aschkenasischen Juden. Dies erklärt auch die Existenz zweier Synagogen im Judenviertel zu Buda.

Das Historische Museum der Stadt Budapest nutzt das Gebäude in der **Táncsics Mihály utca 26** dazu, in Dokumenten und Illustrationen das Leben und die *Geschichte der Budaer Juden* aufzuzeigen, im Gewölbe südlich des Torganges sind Grabsteine der jüdischen Friedhöfe aus dem Mittelalter und aus der Türkenzeit zu sehen.

16 Babits Mihály sétány
(Mihály-Babits-Promenade)

Historische Gasse hinter der nördlichen Burgstraße.

Zwischen den Häusern Táncsics Mihály utca 17 und 21 führt die Babits köz (Babits-Passage) zu einem **Aussichtspunkt**, der einen prachtvollen Blick auf die Budapester Stadtlandschaft bietet. Der Weg endet in südlicher Richtung als Sackgasse – ein Eisentor versperrt den Zugang zum Privatgrundstück der Erdély-Bastei –, nach Norden gelangt man direkt auf die Wiener-Tor-Brücke. Dieser Teil der Burgbefestigung zählte zu den am meisten umkämpften Bereichen des Areals. Die heute meist von Diplomaten bewohnten Häuser stehen zu einem Großteil auf den Mauern zerstörter mittelalterlicher Bauwerke.

Unterhalb der Burgmauer lädt die gepflegte Anlage des **Europaparkes** zum Verweilen ein: Bürgermeister europäischer Hauptstädte pflanzten 1972 – zum 100. Jahrestag der Vereinigung von Buda, Pest und Óbuda – jeweils einen für ihr Land typischen Baum als Symbol friedlichen Wachsens und Gedeihens. Im Burgpark sind auch bildhauerische Auftragswerke aufgestellt, darunter die Porträtplastik Zoltán Kodálys von Imre Varga. Die Popkunst-Effekte aufgreifende Skulptur (1982) ist ein beliebtes Fotomotiv, viele Parkbesucher lassen sich für einen Moment auf der Steinbank neben dem bronzenen Abbild des großen Musikpädagogen, Sammlers und Bearbeiters der ungarischen Volksmusik (1882-1967) nieder. »Eine tiefere Musikkultur konnte sich immer nur dort herausbilden, wo das Singen die Grundlage war. Nur die menschliche Stimme, das allen zugängliche, unentgeltliche und dennoch schönste Instrument, kann der Nährboden der allgemeinen, vielumfassenden Musikkultur sein«, schrieb Kodály 1941. Nach seiner Methode wird inzwischen nicht nur an Ungarns Musikschulen unterrichtet.

17 Bécsi kapu tér
(Wiener-Tor-Platz)

Entree zum Burgviertel.

Die eindrucksvollste Ansicht auf die barocke Platzanlage mit dreieckigem Grundriß bietet sich von der Plattform der Wiener Torschanze aus. Eingriffe in die Intimität und Geschlossenheit der Ensemblewirkung durch die Platzbebauung um die Jahrhundertwende fallen von hier aus am wenigsten störend ins Auge. Rechts das wuchtige neoromanische Gebäude des ungarischen Staatsarchivs (1915-18), dem eine Reihe kleinerer Vorgängerbauten weichen mußte. Links die neoklassizistische

Der Burghügel zu Buda · *Plan Seite 24/25*

Der Wiener-Tor-Platz mit der evangelischen Kirche, die um 1860 entstand

evangelische Kirche (1896 erbaut), in deren Sakristei sonntags auch Gottesdienste in deutscher Sprache stattfinden. Das **Wiener Tor** (Bécsi kapu) entstand als Nordtor zum Burgviertel nach Plänen von Jenö Lechner 1936, im Jahr der 250. Wiederkehr der Befreiung Budas von der Türkenherrschaft. An dieses Ereignis erinnert auch eine *Denkmalsskulptur* von Béla Ohmann aus dem gleichen Jahr, zwischen dem Tor und dem ungarischen Staatsarchiv. Zur Entstehungszeit der befestigten Stadt im 13. Jh. stand hier das ›Samstagstor‹, so benannt nach dem allsonnabendlich abgehaltenen Wochenmarkt. Später hieß das Tor, des nahen Ghettos wegen, ›Judentor‹, und die Bezeichnung ›Wiener Tor‹ ist zuerst für das 1896 abgerissene nördliche Haupttor aus dem 18. Jh. bezeugt.

Glanzpunkt des Wiener-Tor-Platzes ist die in ihrer Zurückhaltung auf aparte Schatteneffekte setzende *Spätbarockarchitektur* an seiner Westseite.

Lobner-Haus (Nr. 5): Ein Schmiedemeister namens János Pál Lobner ließ sich um 1780 auf der Ruine eines mittelalterlichen Gebäudes dieses Wohnhaus mit Rokokogirlanden an der Fassade und breiter Toreinfahrt bauen. Den Eintretenden überrascht ein *Treppenhaus* im Zopfstil und die eigenwillig unbekümmerte Atmosphäre eines typischen Budaer *Innenhofs* mit Freigang am Obergeschoß.

Haus Nr. 6: Schutzpatron des Hauses, das einst dem Budaer Burghauptmann Kristof Szeth gehörte, ist der 1729 heiliggesprochene Johannes Nepomuk. Seine *Statue* steht seit dem letzten Viertel des 18. Jh. in einer Nische zwischen den Fenstern des 1. Obergeschosses. Vom Vorgängerbau aus dem 15. Jh. blieb das gotische *Gewölbe* im Torgang erhalten.

Haus Nr. 7: Teile der Unterkellerung gehören zu einem Bau aus dem 15. Jh. Auch Mauern eines Hauses von 1741 integrierte man 1807 in den prächtigen zweigeschossigen Wohnpalast. Die klassizistischen *Medaillons* mit den Bildnissen der antiken Dichter Vergil, Cicero, Sokrates, Quintilian und Seneca sowie die allegorischen Motive auf den Reliefplastiken über den Obergeschoßfenstern sind wohl als humanistisches Bekenntnis des Piaristenpriesters József Grigely zu werten, dem das Haus zu dieser Zeit gehörte. In der Zwischenkriegszeit wohnte hier Baron Lajos Hatvany, ein wohlhabender Zuckerfabrikant und Förderer von Literatur und Kunst.

Der Burghügel zu Buda · *Plan Seite 24/25*

Der Innenhof des Lobner-Hauses, Bécsi kapu tér 5

Das schmiedeeiserne, josephinische Gitter im Torgang mag vielleicht auch Thomas Mann aufgefallen sein, als er im Januar 1935 sowie im Juni und November 1936 bei diesem Mäzen zu Gast weilte.

Einem verdienstvollen Erneuerer der ungarischen Sprache, Ferenc Kazinczy (1759-1831), ist der 1931 von János Pásztor geschaffene, antikisierende **Brunnen** auf dem Wiener-Tor-Platz gewidmet, der in seiner Formensprache sehr schön mit dem beschriebenen Haus korrespondiert.

Haus Nr. 8: Seinen besonderen Reiz verdankt dieses klassizistische Wohnhaus, das der Budaer Baumeister Mihály Weixelgärtner 1824 für den Schneidermeister Florian Appel fertigstellte, seiner illusionistischen *Fassadenbemalung* am Mezzanin und am Eckerker. Bei einer umfassenden Restaurierung im Jahre 1959 entdeckte man spätgotische Bausubstanz im Erdgeschoß, in der Toreinfahrt und an Fensterrahmen sowie Reste einer Quaderbemalung aus dem 16. Jh.

18 Fortuna utca
(Fortunastraße)

Eine der vier in Nordsüdrichtung parallel verlaufenden Straßenzüge innerhalb der ummauerten Bürgerstadt.

Um 1400 wohnten in dieser Straße französische Handwerker, die für König Sigismund am Bau der königlichen Burg und der Liebfrauenkirche arbeiteten. Das heutige Straßenbild wird weitgehend von einem klassizierenden Barock geprägt. Bestimmend für die Ensemblewirkung ist die warme Farbigkeit der meist mit der Traufseite zur Straße stehenden Häuser, die im 18. Jh. vorwiegend von höheren und mittleren Beamten bewohnt wurden. Neben der optischen Fassadengliederung durch Mittelrisalite und Lisenen vermögen mehrere Gebäude durch handwerklich geschickt ausgeführte, prachtvolle Zutaten wie Stuckrosetten, Blattgirlanden, Wappen und wuchtige, geschnitzte Hausportale zu erfreuen. An einigen Barockhäusern kann man Detailformen ihrer mittelalterlichen Vorgängerbauten sehr gut erkennen: **Haus Nr. 5** (Sitznischen), **7, 9, 11, 13, 25** sowie **Haus Nr. 8** (Torgang), **10, 12, 14, 18**. Als charakteristische Beispiele für den barocken Umbau von Häusern der Sigismundzeit vom Ende des 13. Jh. können die mit dem Giebel zur Straße stehenden Häuser Nr. 12 und 14 betrachtet werden. Am Gebäude Nr. 14 (Fassade und Erker von 1840) öffnete sich anstelle des heutigen Gewändeportals aus dem 18. Jh. im Mittelalter eine enge Gasse, die zu Beginn des 15. Jh. durch eine gewölbte Überdachung als Torgang in das Haus einbezogen wurde. Auch ein Blick hinter andere Haustore der Fortunastraße belohnt den neugierigen Wanderer. Im **Wohnhaus Nr. 6** (um 1820 erbaut) mit dem *Relief* eines Cupido an der Fassade liegt ein besonders stimmungsvoller Budaer *Innenhof* mit klassizistischem *Brunnen*.

19 Ungarisches Handels- und Gastgewerbemuseum
Fortuna utca 4

Man wußte auch anno dazumal die Schleckermäuler zu erfreuen und die Käufer zu umgarnen.

Über drei mittelalterlichen Häusern – von einem haben sich gotische Sitznischen des Torganges erhalten – wurde um 1700 ein dominantes Eckgebäude errichtet, das 1784 von der Budaer Stadtverwaltung zur

Schöne Schnitzereien, Schlußsteine und Gewände gibt es an vielen Toreinfahrten in der Fortuna utca zu entdecken

Nutzung als Hotel und Gasthof gekauft wurde und den Namen ›Fortuna‹ erhielt. Die Räume des Erdgeschosses sind seit 1966 als **Gastgewerbemuseum** (links) und Handelsmuseum (rechts) zugänglich. Zu den Attraktionen gehört die Originalausstattung einer Budaer Konditorei von 1870. Des Gründers des berühmten Kaffeehauses von Pest, Emil Gerbeaud, wird durch eine Büste von Alajos Stróbl gedacht. Im Konditorgewerbe benötigte Handwerksgegenstände, Geschirre und Geräte sind in Vitrinen ausgestellt und vermitteln einen kulturhistorischen Einblick in traditionelle Methoden der Kunst des Honigkuchenbackens wie der Parfait- und Schokoladenherstellung. Imposant die Auswahl an Gußformen für Osterhasen von bis zu einem halben Meter Höhe! Ein Meister seines Metiers war János Rorarius, dessen aus Zucker gegossene Nachbildung der Fischerbastei auf einer Ausstellung 1937 einen silbernen Ehrenkranz erhielt. Im **Handelsmuseum** werden genußvolle Verlockungen aus der Zeit der österreichisch-ungarischen Monarchie auf Werbeplakaten und am Beispiel eines Schokoladen-Karamel-Automaten der Firma Stollwerck von der Jahrhundertwende vorgeführt. Zu den Innovationen der Werbung in den zwanziger Jahren gehörte eine von innen erleuchtete, viereckige Plakatsäule. Von der ersten beweglichen Leuchtreklame, die seit 1926 für Dreher-Bockbier (Dreher Bak Sör) an der Ecke Rákoczi-Straße/Franz-Joseph-Ring warb, ist ebenfalls ein Modell ausgestellt. Gefällig wie belustigend mag auch jene Grammophonwerbung von 1926 an die ungarische Käuferseele gerührt haben: eine elektrisch betriebene, im Schaufenster sitzende Figur eines Hundes, der, mit den Vorderpfoten an die Scheibe klopfend, die Aufmerksamkeit der Passanten erheischt. Fotos informieren über die Entwicklung der großen Pester Kaufhäuser: die Modehalle (Magyar Divatcsárnok) in der Andrassy-Straße, das 1926 mit 33 Schaufenstern nach drei Straßenseiten hin eröffnete Kaufhaus Corvin (Corvin Áruház) oder eine Strumpfabteilung im Gólya-Kaufhaus, in der 1928 die eleganten Damen der Hauptstadt im Sitzen von rührigen männlichen Verkäufern bedient wurden. Welch Kontrast zu einer dörflichen Gemischtwarenhandlung aus der Zeit vor dem 1. Weltkrieg mit Kaffeeröster, Senfgießkanne und Hefeschneider, unverpackter Kernseife und Schuhcreme nach Gewicht!

20 Országház utca
(Parlamentsstraße)

Spuren des mittelalterlichen Buda.

Die Straße erhielt ihren Namen nach einem Spätbarockbau am Nordende, dem **Haus Nr. 28**: Der einstige Trakt eines Klarissenklosters wurde nach der Ordensauflösung zwischen 1783 und 1807 baulich umgestaltet und als Sitz des ungarischen Landtags genutzt. Im repräsentativen, vom Charakter des Empire geprägten Sitzungssaal dieses ehemaligen Parlamentsgebäudes veranstaltet die Akademie der Wissenschaften heute ihre großen, internationalen Kolloquien.

Da in diesem nördlichen Teil der in den Disz tér mündenden einstigen Hauptstraße im alten Buda des 15. und 16. Jh. vor allem Kaufleute, Baumeister und Künstler aus Florenz wohnten, nannte man die

Straße auch ›Olasz utca‹ (Italienische Straße). Zu den in Buda lebenden Italienern gehörten vier Florentiner Buchhändler, die u.a. venezianische Drucke, Handschriften und Bücher vertrieben. Auch andere Erzeugnisse aus der Olasz utca waren am Hof von König Matthias und dessen Gemahlin Beatrix sehr beliebt: Gold- und Silberschmuck, Seidengewebe, Goldbrokat und Tapisserien. Der florentinische Kaufmann Bernardo Vespucci, der 1488 vom Architekten des Palastbaues, Chimenti Camicia, mit der Buchführung der Steinmetzwerkstatt betraut wurde, hatte hier sein Domizil. Zu den damaligen Hausbesitzern in der ›Italienischen Straße‹ gehörten auch jene Vertreter des Bankhauses Medici, die Ungarn 1465 Hilfsgelder des Papstes und der Signoria für den Krieg gegen die Türken vermittelten.
Während der Türkenherrschaft nannte man einen Teil der Straße nach dem hier gelegenen städtischen Badehaus ›Haman Jolu‹ (Badstraße) und einen anderen Abschnitt nach einem Backhaus (Bäckereiinnungssymbol im Torschlußstein des Hauses Nr. 17), ›Bäckerstraße‹.
Den stärksten Eindruck der ›Italienischen Phase‹ erhält man vor den Häusern Nr. 18, 20 und 22. **Haus Nr. 18** bewahrt seine Fassadengestaltung aus dem 15. Jh. Es besitzt einen geschlossenen Erker und drei spätgotische Fenster, von denen zwei rekon-

Der Burghügel zu Buda · *Plan Seite 24/25*

Országház utca 18-22. Die Häuser vereinen Elemente aus der Zeit der Gotik bis zum Barock

struiert sind. Zu den Geschäftsräumen im Erdgeschoß gelangte man durch ein kunstfertig gemeißeltes *Portal* und eine zweite spätgotisch eingefaßte Tür aus dem tonnengewölbten Torweg.

Auch die gotischen Mauern des Nachbarhauses **Nr. 20**, Ende des 14. Jh. erbaut, mit dem geschoßgliedernden Spitzbogengesims, haben die Wirren der Budaer Burggeschichte relativ unbeschädigt überstanden. Neben dem Torweg mit Tonnengewölbe und vier *Sitznischen* mit Kleeblattarkaden hat sich ein Gelaß mit gotischem Kreuzgewölbe erhalten. Die barocke Fassadengestaltung ist eine Zufügung aus dem Jahre 1771.

Innenhof des Hauses Országház utca 5

Der Burghügel zu Buda · *Plan Seite 24/25*

Fassadendetail vom Haus Országház utca 20

Als architektonische Besonderheit blieben vom Wohnhaus aus dem 15. Jh. am **Haus Nr. 22** die den Erker stützenden *Konsolen* und die gemauerte Rahmung des Eingangsportals erhalten. Das Gewölbe in der Kragsteinarchivolte schmückt ein *Sgraffito-Ornament* – der einzige Beleg für diese in der Renaissance an Budaer Häusern sehr beliebte Dekorationsform. Der mittelalterliche Ursprungsbau besaß wesentlich mehr als nur zwei Kragsteine, denn das gesamte Obergeschoß ragte in Erkertiefe in die Straße hinein. Das Jahr, in dem die mit barocker Stuckornamentik geschmückte Fassade entstand, kann an der Erkerbrüstung abgelesen werden: 1751.
Auf der gegenüberliegenden Straßenseite steht das um 1770 aus zwei mittelalterlichen Vorgängerbauten durch eine klassizierende *Rokokofassade* zusammengefaßte **Haus Nr. 5**. Girlandenranken in verschiedensten Materialien schmücken sein Äußeres – in Form von Stuck am wandgliedernden oberen Pilasterabschluß, aus Sandstein gemeißelt an der Portalrahmung und in Holz geschnitzt am Torflügelpaar. Auch der Torgang dieses Hauses führt zu einem echt Budaer Flair ausstrahlenden *Innenhof* mit einer das Obergeschoß umlaufenden offenen Galerie.

Als nationale Eigentümlichkeit und kostbares Kleinod mittelalterlicher Baukunst haben sich, nur ein paar Schritte weiter nördlich, im Torgang des **Hauses Nr. 9**, ungewöhnlich reich mit spätgotischem Blendmaßwerk ausgestattete *Doppelsitznischen* erhalten. Daß dieser ehemals zweistöckige Palast mit einem geräumigen Speisesaal im 1. Stock von König Sigismund zwischen 1389 und 1427 dem mit ihm verbündeten Despoten, dem serbischen Fürsten István Lázárevics geschenkt wurde, ist auf einer an der Fassade angebrachten *Gedenktafel* nachzulesen.
Am Südende der Országház utca hat sich im Kern des Gebäudes **Nr. 3** ein weiterer Palast aus der Sigismundzeit erhalten. Unterwegs dahin, vorbei an den Fassaden der Häuser **Nr. 10** (seit über 100 Jahren ist im Erdgeschoß eine Gastwirtschaft eingerichtet, heute das Restaurant ›Fekete Holló‹, d. h. Schwarzer Rabe) und **Nr. 3** trifft man auf für Buda typische Beispiele einer stimmungsvollen Rokokoarchitektur ohne pedantische Steifheit.

21 Országház utca 2
(Parlamentsstraße)

Ein Palast aus der Sigismundzeit.

›Albárdos‹ (Hellebardier) heißt die Gaststätte im zweigeschossigen, 1960 renovierten Gebäude mit schöner frühklassizistischer Fassade. Der Kern des Baukörpers wird in die Anfangszeit der Burgbergbesiedlung (2. Hälfte des 13. Jh.) datiert. In der Regierungszeit König Sigismunds entstand hier ein repräsentativer Palast im Zeichen der internationalen Gotik. Doch wie in vielen anderen Fällen auch, blieben von diesen Hochleistungen der Baukunst in Buda am Anfang des 15. Jh. nach der Türkenherrschaft nur Fragmente erhalten: Maßwerkverzierte *Spitzbogensitznischen* zu beiden Seiten des tonnengewölbten Torganges, das Erdgeschoß des Hofflügels mit den großzügig angelegten, von achteckigen Pfeilern getragenen *Arkaden* sowie ornamentale *Wandmalerei* im 1. Obergeschoß des Gebäudes. Tief unter dem Hof liegen unterirdische *Gelasse* mit Tonnengewölben, Felsengängen und einem Höhlenkeller mit Brunnen. Der Umbau des ursprünglichen Kellersystems und die Wiederaufstockung des Hauses erfolgten in den Jahren nach 1700. Weitere hundert Jahre vergingen bis zum Anbau des *Säulenganges* am Obergeschoß der Hofseite und zur Neugestaltung der Straßenpassage.

Fiaker vor der Dreifaltigkeitssäule laden zur Rundfahrt durch das Burgviertel ein

Der Burghügel zu Buda · *Plan Seite 24/25*

22   Szentháromság tér
(Dreifaltigkeitsplatz)
mit der Dreifaltigkeitssäule

Beliebte Sehenswürdigkeiten wie die Fischerbastei und die Matthiaskirche lassen diesen Platz zu jeder Jahreszeit zum turbulenten, folkloristischen Herzstück des Burgbergs werden.

Östlich vom Platz erhebt sich die Matthiaskirche, im Norden das wuchtige neugotische Gebäude des ehemaligen Finanzministeriums (heute ist darin u. a. das neue ungarische Zentralarchiv untergebracht). Im Westen schließt das **moderne Eckhaus** der Architekten György Jánossy und László Laczkovich aus dem Jahre 1981 die Platzfassade. Der Zuschnitt des Daches, die kleinteilige Fensterfront, die Betonung der Vertikalen und die Absätze in der Fassadengliederung möchten an die mittelalterliche Parzelleneinteilung und an die einstigen, an italienischer Architektur geschulten Bauwerke erinnern. Daneben nimmt an der Westseite des Platzes die Szentháromság utca ihren Anfang, flankiert vom Alten Budaer Rathaus. Im Süden verliert sich die Einfassung des Platzes in einer kleineren Parkanlage. Bis zum Zweiten Weltkrieg stand hier der Palast des Grafen Josef Brunszvik. In diesem Palast des letzten ungarischen Schatzmeisters (magister tavernicorum) weilte Ludwig van Beethoven mehrmals als Gast und dedizierte dem Sohn und Bruder der »unsterblichen Geliebten« die Appassionata.
Seit nahezu drei Jahrhunderten wird das Zentrum des Platzes durch eine **Dreifaltigkeitssäule** markiert. Vierzehn Meter ragt die Pestsäule in die Höhe, zwischen 1710 und 1713 von den Überlebenden der Seuche des Jahres 1709 aus Dankbarkeit gestiftet, von dem Würzburger Bildhauer Philipp Ungleich entworfen. (Bereits zuvor hatte an dieser Stelle ein Votivdenkmal aus dem Jahre 1706 an die verheerende Pest von 1691 in Buda erinnert.) Wappen, Heiligenfiguren, Engelsköpfe und zuoberst auf dem Kranzgesims die Dreifaltigkeitsgruppe – Christus mit dem Kreuz, Gottvater und die Taube als Symbol des Heiligen Geistes im Strahlenkranz – schmücken einen sechseckigen, auf einen Stufensockel gestellten Obelisken.
Auf dem unteren Sockelgesims stehen Heiligenfiguren – Emmerich, Christopherus, Augustinus, Joseph, Sebastian und Johannes Nepomuk; auf dem Gurtgesims darüber sind die hll. Rosalie, Johannes der Täufer und Franz Xaver, der volkstümlichste Heilige der Jesuiten, dargestellt.

Die ungarischen *Wappen* und *Reliefs* am Pfeilersockel der 1967 restaurierten Dreifaltigkeitssäule sind eine bildhauerische Leistung von Antal Hörger (1713). Sie zeigen König Davids Flehen um die Vergebung seiner Sünden und der Pest Ende, das Grauen der verheerenden Seuche und die Errichtung der Dreifaltigkeitssäule.

23   Altes Rathaus zu Buda
(Régi budai városháza)
Szentháromság utca

Barockbau mit dekorativem Erker.

Das Alte Rathaus ist mit der jüngeren Geschichte Budas, als sich die Stadt nach der Vertreibung der Türken allmählich zur Beamtenstadt österreichischer Prägung entwickelte, eng verbunden. Der zweigeschossige Barockbau grenzt an drei Straßen und umschließt zwei Innenhöfe.
Venerio Ceresola, kaiserlicher Hofarchitekt, nutzte bei der Umsetzung seiner Baupläne zwischen 1702 und 1710 die spärlich erhaltene gotische Bausubstanz von fünf Vorgängerbauten einschließlich des mittelalterlichen Rathauses (z. B. die Fundamente und den tonnengewölbten Torweg mit Sitznischen). Die Bauplastik des (1723 ausgebrannten, 1724 wiederhergestellten) *Erkers* an der Ecke zum Dreifaltigkeitsplatz und der abwechselnd mit Segment- und Dreiecksgiebeln bekrönten Fenster des Obergeschosses trägt die Handschrift des Bildhauers Franz Josef Barbier. Viermal stündlich erinnert die Glocke des kleinen **Uhrturmes** an einen berühmten Almosenspender, den hl. Johannes Elemosynarius, dem im Obergeschoß des Rathauses eine mit Stuckreliefs ausgestattete Barockkapelle geweiht war.
Zwischen 1770 und 1774 erweiterte der oberste Budaer Stadtbaumeister, Matthäus Nepauer, das Rathaus. Der zuvor eingeschossige Westflügel zur Úri-Straße wurde aufgestockt und dem Ostflügel angeglichen. Das Treppenhaus erhielt die doppelläufige Treppe mit Balustrade. Von der ersten Ratssitzung 1710 an blieb das Haus bis zur Vereinigung von Buda, Óbuda und Pest im Jahre 1873 Rathaus. Heute ist hier das Institut für Sprachwissenschaften der ungarischen Akademie der Wissenschaften untergebracht.
In der Lünettennische an der Ecke zum Dreifaltigkeitsplatz fand 1928 Carlo Adamis Statue der *Pallas Athene* einen neuen Platz. Die langgewandete Sitzfigur trägt

Der Burghügel zu Buda · *Plan Seite 24/25*

Das Alte Rathaus von Buda

Sandalen, einen Helm und ein Schild mit dem Budaer Stadtwappen, welches die griechische Kriegsgöttin zugleich als Schutzpatronin der Stadt ausweist. 1785 beendete der aus dem italienischen Ort Como stammende und zeitweilig in Süttö/ Ungarn tätige Bildhauer seine Skulptur, ein Auftragswerk des Stadtrates von Buda für einen rötlichen Marmorbrunnen an der Südwestseite des Dreifaltigkeitsplatzes. Bereits König Matthias hatte für diesen Brunnen sauberes Wasser von den Quellen der Budaer Berge in die Stadt leiten lassen. Ende des vergangenen Jahrhunderts riß man den Brunnen ab, und die Skulptur der Pallas Athene gelangte vorübergehend in Privatbesitz. Nach ihrer neuerlichen öffentlichen Aufstellung am alten Rathaus setzten ihr Krieg und Umweltschäden so weit zu, daß sie im Jahr 1965 durch eine Kopie ersetzt werden mußte (Original im Gebäude des Hauptstädtischen Bürgermeisteramtes, Városház utca, vgl. Nr. 63).

24 Konditorei Ruszwurm
(Ruszwurm cukrászda)
Szentháromság utca 7

Konditorei mit langer Tradition.

Rechtwinklig zu den langen, parallelen Nord-Süd-Straßen des Burgviertels verlaufend und auf den Haupteingang der Matthiaskirche ausgerichtet, stellt die Szentháromság-Straße eine Verbindung zwischen der östlichen und der westlichen Festungsmauer des Burgplateaus dar. Während des Zweiten Weltkrieges wurden viele Häuser dieser Straße schwer beschädigt.
Dem Rathaus gegenüber bewahren zwei Häuser mit schlichten Barockfassaden – die Gebäude Nr. 5 und Nr. 7 – ihren mittelalterlichen Baukörper sowie Fundamente, Keller, gotische Türrahmen und tonnengewölbte Torgänge mit *Sitznischen* vom Anfang des 14. Jh. Bereits im Mittelalter befand sich im Haus Nr. 7 eine Lebkuchenbäckerei. Die bis heute betriebene kleine **Konditorei** ist ein Kind der Budaer Biedermeierzeit und besteht seit 1827. 1890 wurde sie von Vilmos Ruszwurm übernommen, welcher nicht nur das Rezept vielgepriesener Cremeschnitten, sondern auch eine gemütliche Kaffeehauseinrichtung mit Fayenceofen und vom Budaer

Der Burghügel zu Buda · *Plan Seite 24/25*

Empire-Ausstattung der Konditorei Ruszwurm

Tischlermeister Krautsiedler angefertigte Empiremöbel hinterließ. Rechts in der Vitrine neben dem Kuchenbuffet des Verkaufsraumes erhält der Gast eine Lektion in Zeitgeschmack und Verpackungsgeschichte von Konditoreiwaren anhand liebevoll gesammelter Geschenkdosen, Tortenschachteln und Gegenstände, die einst Ur-Omas Kaffeetafel zierten.

25 Reiterstandbild des András Hadik
Úri utca/Szentháromság utca

Husarenherrlichkeit hoch zu Roß.

Vor dem Westflügel des alten Rathauses, an der Kreuzung zur Szentháromság utca, verbreitert sich die Úri utca und bietet seit

1937 einem Denkmal Platz, das die Straße gleichsam in einen nördlichen und einen südlichen Abschnitt unterteilt. Das Reiterstandbild ist ein Alterswerk des ungarischen Bildhauers György Vastagh d. J. (1868-1946) und erinnert an das Dritte K. u. K. Husarenregiment von Arad. Ehemalige Angehörige des zwischen 1702 und 1918 bestehenden Regiments stifteten es ihren gefallenen Kameraden, deren Namen ein in den Marmorsockel eingelassenes Glasgefäß bewahrt. Die künstlerische Konzeption ist von der italienischen Grabmalplastik beeinflußt, besonders den Reiterdenkmälern des Quattrocento. In dem hoch zu Roß sitzenden Reiter ist posthum jener legendäre Budaer Stadtkommandant András Hadik (1710-1790) porträtiert, den die ungarische Königin Maria Theresia wegen seines Heldenmutes vom Husaren in den Rang eines Feldmarschalls erhob. 1756 schickte Maria Theresia in der Absicht, Schlesien zurückzuerobern, Truppen gegen den Preußenkönig Friedrich II.; in dem nun folgenden Siebenjährigen Krieg trat das unter Hadiks Führung stehende ungarische Regiment besonders in Erscheinung, u. a. brandschatzte es die Stadt Berlin. Später bewies Hadik reformerisches Denken, indem er zur Verbesserung der Lage der Bauern in Ungarn die Abschaffung der Leibeigenschaft forderte. Der Feldmarschall bewohnte in Buda mit seiner Familie das (um 1720 erbaute) Barockpalais in der Úri utca 58 (heute Standesamt). Der Bildhauer verwirklichte in seinem Reiterbildnis eine möglichst naturnahe Darstellung im Augenblick statischer, gesammelter Ruhe. Mensch und Tier scheinen miteinander verschmolzen und sind in spürbarer, brillanter Erzählfreude der im Bronzeguß fein herausgearbeiteten Details mit gleicher Wichtigkeit behandelt, ob es sich nun um die historisch getreu nachgebildete Husarenuniform mit dem dazugehörenden Tschako des Reiters oder den prächtigen Schweif und die Schabracke des Pferdes (nach dem Modell eines berühmten ungarischen Zuchthengstes aus dem Gestüt von Bábolna) handelt.

Reiterstandbild des András Hadik

26 Úri utca (Herrenstraße)

Die längste und feudalste Straße des Burgviertels durchzieht die gesamte Bürgerstadt in Nord-Süd-Richtung.

Reste der Pflasterung, erschlossene Kellergewölbe und viele gut erhaltene Mauerteile sowie Torgänge weisen in das 13. Jh. als Entstehungszeit dieser schmalen Straße. Da das Restaurierungsprogramm nach dem Zweiten Weltkrieg auf die Wiederherstellung des mittelalterlichen Charakters größten Wert legte, mag es dem Passanten von heute mit etwas Einfühlungsvermögen tatsächlich gelingen, sich in die Glanzzeit der Straße hineinzuversetzen. Ende des 14. und Anfang des 15. Jh., als König Sigismund Buda durch seine ständige Anwesenheit de facto in den Rang der Hauptstadt des Deutsch-Römischen Reiches erhob, ließen hier Vertreter des ungarischen Hochadels und der Kirche, aber auch vermögende Kaufleute Stadtpaläste erbauen. Viele Kaufmannshäuser mit Ladenfenstern im Erdgeschoß gehörten deutschen Tuchhändlern, die als Hoflieferanten vor allem Veroneser und Nürnberger Tuche vertrieben.

Vom Hadik-Denkmal am alten Rathaus verläuft in Richtung Königsburg der südliche Abschnitt der Úri utca. An der *östlichen Straßenseite* (Nr. 2 bis 28) stehen die Häuser Nr. 6 bis 8 (neugotisches Palais

Der Burghügel zu Buda · *Plan Seite 24/25*

In den Toreinfahrten und Höfen der Úri utca kann man viele Bauteile aus der Zeit vor der türkischen Besetzung finden

nach Plänen von Alajos Hauszmann) und Nr. 14 bis 24 unter Denkmalschutz, an der *westlichen Straßenseite* sind es die Häuser Nr. 5, 9, 13 (Reste mittelalterlicher Wandmalerei im Inneren), 17 und 19. Im Haus **Úri utca 19** wohnte einer der Magnaten Sigismunds, der mächtige Banus (ungarischer Statthalter) von Temes, Filippo Scolari, genannt Pipo von Ozora. Wie die Karriere dieses Mannes italienischer Abstammung begann, schildert seine um 1470 von Jacopo di Poggi Bracciolini verfaßte Vita: »Es geschah einmal, daß Pipo in Gran (Esztergom) den Bischof aufsuchte, bei dem gerade damals auch der König zu Gast weilte. Als der Tisch abgetragen war, begannen die Herren zu beraten, wie man ein aus 12 000 Reitern bestehendes Heer aufstellen müßte, das das Land vor den Einfällen des türkischen Sultans bewahren könnte ... Und da es keinen unter ihnen gab, der etwas vom Rechnen verstanden hätte, der imstande gewesen wäre auszurechnen, wieviel Geld zum Sold der Soldaten notwendig ist, wurde Filippo hereinbefohlen. Dieser jedoch ... war mit den Berechnungen so schnell fertig, daß sich alle wunderten und ihn mit Lob überhäuften. Sigismund, ... der mit Vorliebe Männer von ausgezeichnetem Geist um sich versammelte ... sah den von Verstand glühenden Blick des jungen Mannes und dachte gleich, daß dieser zu größeren Aufgaben berufen ist, als daß er sein Leben als Kaufmann verbringe ... Der König betraute ihn daher mit der Verwaltung der Goldgruben, der wichtigsten Einkommensquelle des Landes.« Vier Jahrhunderte später wurde in diesem Haus Baron Jószef Eötvös (1813-1871) geboren: Gelehrter, Schriftsteller, Staatsmann und Verfasser eines Gesetzes über die Einführung des Volksschulunterrichtes in Ungarn. Als Amtssitz des Komitatsrates erhielt das Gebäude 1829 eine klassizistische Fassade.

Durch eine **Brücke** ist das Haus Nr. 19 mit dem südlichen Nachbarhaus Nr. 17 verbunden. Es ist in dieser Art die einzige erhaltene, für das Stadtbild des mittelalterlichen Buda durchaus charakteristische Brücke. Der schmale Durchgang trägt den Namen ›Balta köz‹ (Beilpassage), zwei mittelalterliche Fensteröffnungen und Schießscharten durchbrechen die Rohsteinmauer. Balta köz 4 ist seit kurzem auch die Adresse einer Ladengalerie für ausgefallene kunstgewerbliche Gegenstände aus Leder. Am Passageneingang sind – zu **Haus Nr. 17** gehörend – die feingefaßte *Konsole* eines Erkers und die aufgemalte *Mauerquadrierung* vom Ende des 14. Jh. zu sehen. Der Zugang zum Haus erfolgt von hier aus über einen Gartenhof. Efeuumrankt, steht an der Grundstücksmauer ein aus Marmorfragmenten der Gotik und der Renaissance zusammengebauter *Zierbrunnen*, an dem einige Details – wie die feingemeißelten, sich um den Mittelfuß lagernden Löwen oder die wasserspeienden Putti – unverkennbar an die hohe Qualität und florentinische Formensprache der Steinmetzwerkstatt unter Chimenti Camicia in Buda (1479-1491) erinnern.

27 Höhlenlabyrinth mit Panoptikum
(Budavári Labirintus Panoptikum)
Eingang im Haus Úri utca 9

Halb lustiges, halb ernstes Museum der Glanzzeiten der Stadt im Inneren des Burgberges.

Das netzartige System von Felsengängen, unterirdischen Brunnen, natürlichen Karsthöhlen und vor rund 700 Jahren angelegten Kellern erstreckt sich in unterschiedlichen Tiefenzonen über etwa 10 Kilometer. Etwa ein Achtel des Labyrinths kann besichtigt werden. Während der alle 20 Minuten beginnenden Führungen hört man von dem lebensrettenden Schutz, den die Höhlen der Budaer Bevölkerung in Zeiten der Belagerung, der Kriege und Katastrophen boten, sowie deren militärstrategischer Nutzung unter der osmanischen Herrschaft und während der Nahkämpfe am Ende des Zweiten Weltkrieges. Es wird gern manche Gruselstory erzählt, wie jene von den weiblichen Knochenfunden in einem Höhlenbrunnen, die zeigen, wie sich Sultan Suleiman der Damen entledigte, derer er überdrüssig geworden war. Eine reichliche Dosis schwarzen Humors ist auch jenen aus Kunststoff geformten ›Wachsfiguren‹ eigen, die in grotesker, makabrer, manchmal auch überspitzt-witziger oder belanglos-gefälliger Weise Episoden aus der ungarischen Geschichte von der mythischen Ursprungslegende bis zum glanzvollen Hofstaat König Matthias' unterhaltsam vorführen. Damit die Besichtigung (Dauer etwa 1 Stunde) zwischen den tropfendnassen Felswänden (Luftfeuchtigkeit 90%, Temperaturen um 15 Grad) nicht als feuchtkühles, sondern eher als feucht-fröhliches Erlebnis zurückbleibt, bieten gleich am Eingang eine Höhlenbar und ein gemütlicher Weinkeller die Möglichkeit innerer Erwärmung.

28 Hölblinghaus
Úri utca 31

Das einzige erhaltene gotische Wohnhaus im Burgviertel.

Das Gebäude wurde nach seinem ersten, im Grundbuch eingetragenen Besitzer nach dem Ende der Türkenherrschaft, Johannes Hölbling, benannt. Die bauliche Kernsubstanz des Hauses, die Kellergewölbe und deren Zugang sind auf Anfang 14. Jh. datiert. Um 1440 wurde das eingeschossige Gebäude um zwei weitere Wohnetagen aufgestockt und mit einer **Fassade** verkleidet. Dabei wurde als auffällige Dominante die Fensterfront des 1. Obergeschosses herausgearbeitet. Zu der kraftvollen Wirkung der Fassade tragen das Wechselspiel von Licht und Schatten, die Steigerung durch farbige Kontraste und der bewußte Einsatz von Ornament und Materialimitation bei. Während auf die gesamte rotverputzte Hauswand die Linien weißer Mörtelfugen zwischen den Quadersteinen aufgemalt sind, wiederholen sich diese als rote, ornamentale Scheinmarkierung im weißverputzten Stichbogenfeld. Dieser die Maueröffnungen von

Das Hölblinghaus stammt aus dem 15. Jh.

Fenstern und Portalen betonende Kolorismus gilt als architektonische Eigenart im mittelalterlichen Buda.

In der Toreinfahrt haben sich auch an diesem Gebäude *Sitznischen* erhalten. Aus der historischen Beschreibung eines ähnlichen hochadeligen Hauses gleicher Entstehungszeit weiß man in bezug auf die Raumverteilung, daß im Erdgeschoß zur Straße meist ein Speisesaal lag, im 1. Obergeschoß das Wohnzimmer sowie Schlafräume mit Kaminen und im 2. Obergeschoß ein mit Wandmalerei geschmückter Raum sowie eine Kapelle. Das Hölblinghaus wurde nach 1945 teilweise rekonstruiert, wobei man eine stark beschädigte Fassade von 1862 entfernte.

29 Úri utca (Herrenstraße) Sitznischen, Wohntürme und andere Besonderheiten

Eigenwillige, typische Budaer Architekturformen aus dem Mittelalter.

Am Torgang **Úri utca 40** sollte man auf keinen Fall einfach vorbeigehen, denn dieser gilt als einer der weiträumigsten und prachtvollsten im Burgviertel. Hinter der klassizistischen *Fassade* (um 1830) blieb originale Bausubstanz zweier gotischer Paläste mit einer langgestreckten *Gartenanlage* aus dem 15. Jh. bewahrt. Von der reichen Ausstattung erhält man in der Toreinfahrt noch eine Vorstellung: Einem feinen steinernen Gespinst gleich sind die Rippen des *Kreuzgewölbes* mit dem bravourös gemeißelten, komplizierten Maßwerk der vielgliedrigen *Sitznischen* verbunden, wobei Lanzett-, Kleeblatt- und Kielbogenformen ineinander verschmelzen. Eines der mittleren Bogenfelder (ohne Sitzbank) wurde als inneres Eingangsportal konstruiert.

Auf die **Sitznischen** in den Toreinfahrten der Häuser wurde im Laufe des Rundganges schon mehrfach hingewiesen. Im nördlichen Abschnitt der Úristraße lohnt es sich schon dieser Bauformen wegen, an der *östlichen Straßenseite* in die Gebäude Nr. 31 sowie 47 hineinzuschauen und an der *westlichen Straßenseite* die Klinken der Hauspforten Nr. 32, 34, 36, 38, 40 und 48 bis 50 herunterzudrücken.

Für das Erscheinen dieser eigenwilligen, thronartigen Sitznischen (Sedilien) seit Ende des 14. Jh. in Buda – 63 davon sind bisher im Burgviertel bekannt – gibt es verschiedene Erklärungsversuche. So wird angenommen, daß in der Úristraße die vornehmlich deutschen Tuchhändler auf den Steinbänken ihre Stoffe ausgelegt hatten. Die Untergeschosse einiger Häuser dürften aber auch einige sarmatische Händler, die kostbare, seltene Pelze einführten, gemietet haben, ebenso natürlich die Goldbrokate, handgewebte Kutschenbeläge und scharlachrote ›De granato‹-Tuche verkaufenden ungarischen Kaufleute, und nicht zuletzt mögen auch jene ab 1488 durch König Matthias in Ungarn Freihandelsrecht genießenden Türken, die mit Teppichen, Lederartikeln, Samt und türkischer Seide ihren Handel betrieben, zu dem vielsprachigen, lebhaften Kolorit in den Toreingängen der mittelalterlichen Budaer Straßen beigetragen haben. Neben dem Tuchhandel sollen wohlhabende Hausbesitzer vom halbbäuerlich-bürgerlichem Stand die Sitznischen zum Weinausschank gebraucht haben. Bei Empfängen in den Wohnpalästen der Aristokraten warteten hier die Dienerschaft und Fuhrmannsleute der Gäste, während die Pferde in den Stallgebäuden des Hofes versorgt wurden. Man könnte sich auch vorstellen, daß hier Nachtwächter saßen. Mit den Budaer Sitznischen werden letztlich Architekturformen aus dem Sakralbau für den profanen Zweckbau vereinnahmt, was von einem neuen bürgerlichen Anspruch auf Repräsentation zeugt.

Druckgrafik aus der Zeit vor der türkischen Eroberung überliefert eine weitere architektonische Besonderheit im Erscheinungsbild der Stadt Buda: mehrere über die Hausdächer deutlich herausragende, jedoch nicht mit Kirchtürmen zu verwechselnde **Wohntürme** nördlich von der Marienkirche. Ein einziger dieser Familientürme hat sich auf dem unterkellerten Hofgelände der **Úri utca 37** erhalten. Der zweistöckige, 16 m hohe Turm (Grundabmessungen etwa 9 x 7 m) ist im alten Mauerkomplex noch recht gut auszumachen. Er entstand vermutlich im 14. Jh., aber einige Forscher setzen die Bauzeit bereits im 13. Jh. an. Ähnlich wie die Sitznischen konnten diese Wohntürme mehrfach genutzt werden und dienten sowohl der Verteidigung als auch der Repräsentation. So wird angenommen, daß sich Widersprüche und Machtkämpfe zwischen hohen ungarischen und den zahlenmäßig überlegenen ausländischen Familien in Buda im Bau derartiger Befestigungstürme manifestierten, in die man sich nach italienischem Vorbild in Gefahrenzeiten zurückziehen konnte. Das Konkurrenzverhalten der einzelnen Bauherren mag beim Wettstreit um den modernsten, komfortabelsten, sichersten oder auch höchsten Turm der

Der Burghügel zu Buda · *Plan Seite 24/25*

Stadt eine nicht unwesentliche Rolle gespielt haben.
Die *Arkaden* im Innenhof des Hauses Úri utca 37 wurden im Zuge seiner Barockisierung und der mit dem Nachbarhaus Nr. 39 gleichgerichteten Fassadengestaltung angelegt.
In Richtung Kapisztrán-Platz verdienen noch weitere denkmalgeschützte Gebäude Aufmerksamkeit:
Úri utca 38: Der zweistöckige Bischofspalast mit dem klassizistischen Merkmale aufweisenden *Fassadeneck* (Plan: Hugo Máltás) birgt wertvolle Bausubstanz aus dem 13. und 14. Jh.: tonnengewölbte Räume im Erdgeschoß hinter den mit Rund- und Spitzbogenabschluß versehenen Nischen im Torgang. Der barocke *Arkadenhof* schließt an der Südwand dekorativ mit gotischen Blendbögen.
Úri utca 33 und 35: Auf dem Grundstück der beiden um 1710 erbauten und später variierten Wohnhäuser befand sich im 14. Jh. ein Nonnenkloster. Von ihm blieben an der Hofseite *gotische Obergeschoßfenster* erhalten.
Úri utca 48 bis 50: Zwei ursprünglich durch eine schmale Passage getrennte Handelshäuser mit Ladenfenstern im Erdgeschoß und *Sitznischen* im Torgang aus dem 15. Jh., wurden um 1600 durch eine gewölbte Überdachung verbunden und um 1740 zu einem Barockgebäude zusammengefügt, dessen Gesamtwirkung aufwendige *Steinmetzarbeiten* an zwei Portalen und an der Fensterbekrönung des Obergeschosses bestimmen.

Detail vom Tor des Hadik-Hauses, Úri utca 58

Gotische Sitznischen am Haus Úri utca 32

Úri utca 41: Der Neubau enthält Bausubstanz eines weiträumig und palastartig angelegten, in späteren Epochen mehrfach umgebauten Eckhauses vom Ende des 13. Jh. Die alte südliche Grundstücksgrenze markiert ein Mauerrest mit *Steintor* in der Dárda utca, ein Relikt aus der Zeit der türkischen Belagerung.
Úri utca 49: Das Gebäude umschließt einen großen *Innenhof* und bildet mit der Orszaghaz utca 28 eine bauliche Einheit. Wie bereits bei der Beschreibung der Orszaghaz-Straße erwähnt, stand auf dem Grundstück seit 1718 das Ordenshaus der Klarissen, deren Kloster zwischen 1743 und 1748 beträchtlich erweitert und 1782 auf Verfügung Josephs II. aufgelöst wurde. Da kurz darauf, 1784, die höchsten Regierungsämter der königlichen ungarischen Statthalterei von Preßburg nach Buda – welches zu dieser Zeit rund 22000 Einwohner zählte – umsiedelten, wo auch die königliche Kurie seit 1723 ihren Sitz hatte, baute Franz Anton Hillebrandt das Kloster 1784 im österreichischen Spätbarock als Parlament und Oberstes Landesgerichtum. Auch nach dem Ausgleich (1867) waltete in den Kanzleistuben der sprichwörtlich gewordene Amtsgeist nüchterndienstbeflissener K.u.K. Administration. Vor einigen Jahren sind die Geisteswissenschaftler der ungarischen Akademie der Wissenschaften in die Räume eingezogen.
Úri utca 58: Ehemaliger Wohnpalast des Feldmarschalls András Hadik (1710-1790), Neobarock mit barocken und mittelalterlichen Baufragmenten.
Úri utca 53: Das Grundstück um das barocke Wohnhaus (1701-22) gehörte bis zum Ende des 18. Jh. zu einem Franziskanerkloster.

30 Maria-Magdalenen-Kirche
(Magdolna templom)
Úri utca 55

Beeindruckende Überreste der ersten Pfarrkirche für die ungarische Gemeinde von Buda.

Zweimal in ihrer 700jährigen Baugeschichte wurde die Kirche auf das empfindlichste beschädigt: bei der Rückeroberung Budas 1686 und bei den Kämpfen gegen Ende des Zweiten Weltkrieges 1944/45. Nach der letzten Zerstörung entschied man sich 1952 für die Abtragung des barockisierten Langhauses und die Erhaltung des fünfgeschossigen Westturmes, der 1984-86 – im Zuge der Sicherung der Kirchenreste als Ruinengarten – rekonstruiert wurde.
Die in der Mitte des 13. Jh. erbaute, einschiffige Basilika wird 1276 zum ersten Mal urkundlich erwähnt. Die Nähe der zunächst dörflichen Pfarrkirche zur Liebfrauenkirche löste einen mehrere Generationen währenden Streit bezüglich des Unterstellungsprinzips und der damit verbundenen Steuerabgabepflicht an die Budaer Hauptkirche aus, der erst 1390 mit der Festlegung der Gemeindebezirke im Burgviertel geschlichtet wurde. Von nun an verlief in Höhe des Dominikanerklosters (heute: Hotel Budapest-Hilton) eine territoriale (und damit auch nationale) Grenzlinie; die in der nördlichen Zone wohnenden ungarischen Christen wurden der Maria-Magdalenen-Kirche eingemeindet. Die zu dieser Zeit zahlenmäßig noch unterlegenen ungarischen Einwohner Budas ließen ihre Kirche um 1400 zur dreischiffigen gotischen Hallenkirche mit abschließendem Chor umbauen. Fast ein Jahrhundert darauf wurde an der Westseite der mächtige, quadratische, von Außenwandpfeilern (Diensten) gestützte und in den beiden Obergeschossen als Achteck ausgebildete **Turm** vollendet, dem sich an der Nord- und Südseite jeweils eine *Sakristeikapelle* anschloß. Das die Wandfläche auflösende Stabwerk der spitzbogigen *Turmfenster*, das behutsame und mit bildhauerischem Gespür bearbeitete *Westportal* und die zu den beiden Seitenkapellen führenden Portale zeugen ebenso wie die feingemeißelten Rippen des *Sternengewölbes* im Erdgeschoß des Turmes von einem aufwendigen Architektur-Auftrag. Daß das Kircheninnere Ende des 15. Jh. mit Freskenmalerei versehen war, belegen erhaltene Wandfragmente im Historischen Museum von Budapest. Im ersten Drittel der Türkenzeit wurde sie als einzige christliche Kirche nicht in eine Moschee verwandelt und erlaubt, daß die protestantischen Anhänger im Kirchenschiff und die katholischen Gläubigen im Chor der Maria-Magdalenen-Kirche bis 1596 ihre Gottesdienste abhielten. Ab 1602 jedoch gaben die neuen mohammedanischen Benutzer der Kirche den Namen Fethijje-Moschee (Siegesmoschee).
Des zerstörten Bauwerks nahmen sich vom Ende des 17. Jh. bis zu ihrer Ordensauflösung 1782 die Franziskaner an. Nur kurzzeitig war das ungarische Landesarchiv in dem inzwischen barockisierten Gebäude untergebracht, denn bereits 1790, nach dem Tod Josephs II., erfolgte eine neue Weihe und Bestimmung der Kirche als Krönungsstätte. In der Vorbereitung auf die Krönung Franz' I. zum König von Ungarn (1792) entwarf Josef Tallherr eine das Vorfahren von Karossen erleichternde, an den Westturm gebaute Empfangshalle im klassizierenden Spätbarock. Nachdem im Jahre 1817 Herzog Ferdinand von Estei die Übergabe als ›Garnisonskirche‹ veranlaßt hatte, trug die Kirche diesen letzten Namen bis zu ihrem Abriß. So betrachtet, mischen sich in die Geschichte der Maria-Magdalenen-Kirche manch dissonante Töne. Wen wundert's da noch, wenn pfiffige junge Ungarn die klassische Architekturkulisse des verbliebenen Reliktes, des Westturmes, als Kaufhaus ausprobieren, in dem sie Geschenkartikel gehobenen Niveaus, vom Spielzeug über den Aktenkoffer bis zum Mineralienosterei, an die Touristen bringen wollen.

31 Kriegshistorisches Museum
(Hadtörténeti Múzeum)
Kapisztrán tér 2-4

Kriegerisches aus vier Jahrhunderten. Freiheitskämpfe, K. u. K. und Erster Weltkrieg.

Von seinen mittelalterlichen Proportionen, die dem Platz an der Maria-Magdalenen-Kirche einst eine anheimelnde, geschlossene Atmosphäre verliehen und ihm zugleich durch die Mündung der wichtigsten Burgstraßen die Bedeutung eines zentralen Lebensnerves als Markt- und Kirchplatz der ungarischen Bevölkerung zukommen ließen, ist hier schon lange nichts mehr zu spüren. Die Gebäude der **Staatlichen Druckerei** (Kapisztrán tér 1, 1834 von Lajos Kimnach als klassizistisches Wohnhaus erbaut, 1876 erweitert und durch das Budaer Schatzamt zur Druckerei umgestaltet) und die ehemalige **Ferdinand-Kaserne** (1847, zuletzt 1926-29 umgebaut und seit 1938 als kriegsgeschichtli-

Ruine der Maria-Magdalenen-Kirche

ches Archiv und Museum genutzt) schließen nach Nordwesten das Burgviertel ab. Zu den Versuchen, die Dimensionen des Platzes zu verbessern, gehörte im Jahr 1922 die – mit der neuen Namensgebung verbundene – Aufstellung des **János-Kapisztrán-Denkmals**, eines plastischen Werkes von József Damkó (Sockel: Ernő Foerck). Der 1724 heiliggesprochene Franziskanermönch aus Italien – Giovanni Capistrano – handelte in päpstlichem Auftrag, als er eine Vielzahl von Söldnern für ein Kreuzheer gegen die Türken anwarb und auch persönlich 1456 in der Burg von Nándorfehérvár an der Seite János Hunyadis kämpfte. Der errungene Sieg ließ bekanntlich die osmanischen Eroberungspläne vorerst scheitern, an ihn wird noch heute mit dem täglichen Mittagsläuten der Kirchenglocken in Ungarn erinnert. Das Werk József Damkós steht in der bildhauerischen Tradition französischer Revolutionsdenkmale des 19. Jh. In naturalistischer Durchbildung und bewegter pyrami-

Der Burghügel zu Buda · *Plan Seite 24/25*

Die alten Geschütze an der Toth-Árpád-Promenade schrecken heute niemanden mehr ab

daler Komposition führt er den fahnetragenden, rosenkranzgegürteten mönchischen Helden voll mitreißender Gestik vor Augen.

Der Eingang zum **Kriegshistorischen Museum** befindet sich an der Tóth-Árpád-Promenade 40.

Sammlungsschwerpunkte: Objekte und historische Zeitdokumente zur ungarischen Kriegsgeschichte seit 1600, wobei die Zeit der Freiheitskämpfe von 1848/49, die Österreichisch-Ungarische Monarchie und der Erste Weltkrieg Akzente setzen. Wer sich für *Waffen* verschiedenster Gattungen vom türkischen Säbel über die spanische Schnapphahnpistole bis hin zum sardinischen Kanonenrohr interessiert, wird bei der Besichtigung sicher auf seine Kosten kommen. Die Ingenieurleistungen der bisweilen mit hoher Kunstfertigkeit ausgeführten *Kanonen- und Kampfwagen* sind auch vor dem Museum auf dem Esztergomer Rondell als einem authentischen Kriegsschauplatz der Bestürmungen Budas in den Jahren 1686, 1849 und 1945 aufgestellt, sowie im Museumshof, wo 1987/88 bei Grabungen eine Bastei aus dem 13. Jh. und Teile der Burgmauer ans Tageslicht kamen. Die Vitrinen der *numismatischen Sammlung* sind mit Gedenkmedaillen, Plaketten, Abzeichen und hohen militärischen Orden (seit der Herrschaftszeit von Maria Theresia) gefüllt. Stolz der *Fahnensammlung* sind die Honvéd-Fahnen der Revolution von 1848/49 und die im Ersten Weltkrieg mitgeführten Truppenfahnen. Innerhalb der Sammlung der *Uniformen* hat sich als frühestes einheitliches Heeresgewand ein Kleidungsstück aus dem ersten Drittel des 17. Jh. erhalten. Unter den Ausstellungsstücken sind auch Uniformen der Ungarisch-Königlichen Landwehr (1868-1918) zu sehen. Für die Erarbeitung von Dokumentationen wird gern auf das wertvolle *Fotoarchiv* des Museums zurückgegriffen. Unter thematischem Gesichtspunkt wurde auch bildende Kunst gesammelt; vorrangig Gemälde und Druckgrafik mit Porträts berühmter Persönlichkeiten und der Darstellung historischer Ereignisse (insbesondere *Schlachtenbilder*) ergänzen die Schauräume.

32 Die Anjou-Bastei
(Anjou bástya)

Beredte Zeugnisse des nationalen Freiheitsdrangs der Ungarn wie auch ihres Respekts für den würdigen Gegner.

Nicht nur die Ausstellungsstücke des Kriegshistorischen Museums künden vom zähen Kampf der Ungarn um Selbstbestimmung und Unabhängigkeit. Besonders im Burgviertel stößt der Besucher immer wieder auf Hinweistafeln, die dem unbändigen nationalen Freiheitsdrang und der Genugtuung über errungene Siege im Kampf gegen die Fremdherrschaft Ausdruck geben. »Hier wehte erstmals nach 1½ Jahrhunderten am 27. Juli 1686 die ungarische Fahne« – ist in einen der Burgmauer aufliegenden Stein gemeißelt. Hier, wo die Anjou-Bastei in das Wiener Tor einbiegt, markiert auch ein Metallzaun die Einstiegstelle der Heiducken bei der Rückeroberung von Buda. Etwa in der Mitte dieser alten, baumbestandenen Promenade, wo sich die Burgmauer rondellartig ausweitet, wurde auch dem Feind ein Ehrenmal gesetzt: »Der letzte Budaer Statthalter der 143 Jahre währenden türkischen Herrschaft, Wesir Abdurrahman Abdi Arnaut Pascha fiel in der Nähe dieses Ortes am Nachmittag des 2. Tages des Sommerendmonats 1686 in seinem 70. Lebensjahr. Er war ein heldenhafter Gegner, Friede sei mit ihm« – erzählt auf dem turbanbekrönten *Grabstein*, den im Quadrat vier miteinander verkettete, steinerne Kanonenkugeln tragende Podeste umstellen, eine Inschrift in ungarischen und türkischen Kuran-Buchstaben. Der bereits hochbetagte türkische Burgkommandant genießt die Verehrung der siegreichen Ungarn vor allem deshalb, weil er nicht feige die ihm eingeräumte Möglichkeit zur Flucht nutzte, sondern bis in den Tod die Stellung hielt. Das bescheidene **Denkmal**, entworfen von dem Maler Kálmán Zsille, wurde von den Nachfahren eines Veszprémer Heiducken, der ebenfalls hier bei den Kämpfen um die Rückeroberung Budas am 2. September 1686 sein Leben ließ (die Bodenplatte nennt seinen Namen: György Szabó), 1936, im 250. Gedenkjahr, aufgestellt. Auf der Anjou-Bastei, dem Festungsabschnitt zwischen dem Wiener Tor und dem Esztergomer Rondell, erlitten die Türken nach 75 schweren Belagerungstagen durch die Truppen der ›Heiligen Liga‹ die vernichtendste Niederlage ihrer Geschichte. In diesem von Norden her die Budaer Burg bestürmenden Heeresverband, welcher dem Feldherrn Karl von Lothringen unterstand, kämpften 15 000 Ungarn um die Befreiung ihrer Heimat. Wie mögen die Überlebenden der versammelten europäischen Nationen am Abend des 2. September 1686 im Anblick des brennenden Königspalastes und der verwüsteten Bürgerstadt Buda die Nachricht vom Tod des letzten türkischen Burgkommandanten aufgenommen haben?

33 Tóth Árpád Sétány
(Árpád-Tóth-Promenade)

Herrlicher Ausblick von den ehem. türkischen Bastionen.

Eine der türkischen Hinterlassenschaften in Budapest ist das bis heute gut erhaltene Burgbefestigungssystem. Auch wenn der breite Spazierweg entlang der westlichen Basteimauer – der Árpád-Tóth-Promenade – heute im wesentlichen eine denkmalpflegerische Leistung des ausgehenden 19. Jh. und jüngerer Sanierungen ist, so erinnert noch manches an den im 17. Jh. geprägten Festungscharakter. Aus der ›Langen Mauer‹ ragen vier Bastionen von halb- bzw. dreiviertelkreisförmigem Grundriß hervor: das Esztergomer-, das Veli-Bej-, das sog. Saure Suppe- und das Fehérvárer-(Stuhlweißenburger-) Rondell (Bauabschluß unter Pascha Kasim 1666/67). Diese von Tortürmen flankierten Bollwerke waren die militärtechnische Antwort auf neue, veränderte Geschützsysteme in Europa.

Heute breitet sich hier beschauliche Stille aus und die Vorbauten dienen als Aussichtsplätze mit grandiosem Rundblick. Vom **Esztergomer-Rondell** aus erkennt man in der Ferne gut den Aussichtsturm auf dem 529 Meter hohen János-hegy (Johannesberg), nach Süden zu folgen der Szabadság-hegy (Freiheitsberg), der Sashegy (Adlerberg), der Nap-hegy (Sonnenberg) mit den Sendeanlagen des ungari-

Ehrenmal für den letzten türkischen Statthalter Budas

Der Burghügel zu Buda · *Plan Seite 24/25*

Das Kriegshistorische Museum

schen Nachrichtendienstes MTI und schließlich der bis in die 2. Hälfte des 19. Jh. von Weinstöcken bedeckte Gellértberg mit der Zitadelle. Rechts vom Johannesberg beginnt die Kette der Budaer Berge mit dem Hárs-hegy (Lindenberg), um sich nach Norden zu mit dem Remetehegy (Eremitenberg) fortzusetzen. Dem Beschauer zu Füßen liegen das Gelände des Südbahnhofs sowie die Grünzone des Erholungsparkes und der Jakobiner-Gedenkstätte ›Vérmező‹ (Blutwiese). In diesen Stadtteil, *Kristinenstadt*, kann man von der Mitte der Árpád-Tóth-Promenade aus auf einer an die Basteimauer gebauten, überdachten Holztreppe hinabsteigen. Unübersehbar in der Nähe dieser Treppe ist das 1934 von Lajos Petri (1884-1963) geschaffene *Reiterdenkmal* des Zweiten Siebenbürger K. u. K. Husarenregiments, zur Erinnerung an die Gefallenen des Ersten Weltkriegs von Regimentsoffizieren gestiftet. Seine exponierte Aufstellung am äußersten oberen Rand des **Veli-Bej-Rondells** steigert noch die Kühnheit und Dynamik seines Ausdrucks. Wer den Basteipromenadenweg bis zu dessen Mündung im **Fehérvárer Rondell** hindurchläuft, wird in der Nähe des Disz tér zum Thema Husar noch einer weiteren bildhauerischen Arbeit begegnen: Zsigmond Kisfaludi-Stróbls *Bronzeplastik* (1926; Aufstellung 1932) bereichert das von Brunnen und Plastiken akzentreich gestaltete Burgviertel um ein historisierendes, bewußt genrehaft, unmonumental und volkstümlich angelegtes Werk, dessen kleinplastische Ausgabe in Herender Porzellan hohe Auflagen erzielte (Abb. S. 32).

Wenn der Besucher nach diesem Rundgang das Burgviertel mit dem Auto, dem Burg- oder Stadtbus, dem Lift (F-Flügel des Burgpalasts), mit der Standseilbahn oder über eine der zahlreichen Treppen verläßt, fühlt er sich unter dem Eindruck seiner persönlichen Erlebnisse und seines gewachsenen Verständnisses hoffentlich geneigt, den Beschluß der UNESCO von 1988 zu bekräftigen: Das Ensemble des Budaer Burgviertels als eines der schönsten Beispiele für eine harmonische Verbindung von Landschaft und Stadt sowie von Natur und menschlicher Schöpfung verdient den Schutz und die Bewahrung für die Nachwelt. Verpflichtend wurde es in die Liste des Weltkulturerbes aufgenommen.

Buda außerhalb der Burg

34 Kaiserbad (Császár fürdő)
Frankel Leó utca

Für Budapest typisches türkisches Bad mit römischer Vorgeschichte.

Schon die Römer hatten die Quelle des Kaiserbades genutzt. Im 13. Jh. wurde die nördliche Stadtgrenze »inter Budam et calidas aquas« (zwischen Buda und den Heilquellen) festgelegt.

Vor allem die Türken nahmen sich der warmen Quellen mit Vorliebe an und bereicherten die Badekultur durch schöne Badehäuser. Das **Kaiserbad** wurde im 16. Jh. von Sultan Suleiman ausgebaut und entwickelte sich im 17. und 18. Jh. zum beliebtesten Bad in Buda. Die damals außerordentlich reiche Architektur mit bequemen Bade- und Massageräumen und vor allem die heilende Quelle haben Reisende stets zu Lobsprüchen veranlaßt. So schrieb Edward Brown, der berühmte Arzt Seiner Majestät der Queen, 1763: »Man findet in Buda hervorragende Bäder, ich habe acht gezählt, in einigen habe ich auch gebadet. Aber das schönste von allen ist das Dampfbad des Begén Veli, wo auch für die äußere Verschönerung vieles getan wurde.«

Das westlich vom Kaiserbad stehende klassizistische Gebäude ist ein Werk József Hilds (1837-1844). Während der Sommermonate finden im Hildhof – den Kurbad-Charakter wahrend – Konzerte statt.

35 Türbe des Gül Baba (Gül Baba türbéje)
Mecset utca 2

Von dem türkischen Grabmal am Rosenhügel hat man einen schönen Ausblick auf die Donau.

Vom Budaer Brückenkopf der Margaretenbrücke (siehe Nr. 48) führt die malerische Gül Baba utca zum **Grabmal** des später heiliggesprochenen türkischen Verwalters von Ungarn, Gül Baba. Das Grabmal (die Türbe) wurde zusammen mit einem Kloster zwischen 1543 und 1548 erbaut. Gül Baba gehörte zu den wenigen, die in der Zeit der türkischen Herrschaft von den Ungarn geschätzt wurden. Ihm verdankt man der Legende nach die Einführung der Rosenzucht, was ihm den Namen ›Vater der Blumen‹ einbrachte. Bis zum Zweiten Weltkrieg war die Türbe islamischer Wallfahrtsort. Heute ist das Grabmal auf dem Rosenhügel ein Zeugnis islamischer Kultur inmitten Europas.

Der Hildhof verbindet das Lukacsbad mit dem Kaiserbad. In den Sommermonaten finden hier Freiluftkonzerte statt. Der Hof ist nach seinem Architekten, József Hild, einem hervorragenden Meister des ungarischen Klassizismus, benannt

Buda außerhalb der Burg · *Plan Seite 6/7*

36 Batthyány tér (Batthyány-Platz) und Umgebung

Der stimmungsvolle Platz spiegelt auf engem Raum Jahrhunderte ungarischer Geschichte: Hier finden sich Türkenbad und Barockkirche, Markthalle und Metrostation.

Ein Besuch des Batthyány-Platzes lohnt nicht nur wegen seiner reizvollen Bauwerke, der Annenkirche oder des Königsbades. Hier ist noch anderes zu entdecken. Die Markthalle etwa bietet gute Einblicke in das Alltagsleben der ungarischen Hauptstadt, und vom Donauufer aus hat man einen besonders schönen Blick auf das Parlamentsgebäude jenseits des Flusses. Von der Metrostation unter dem Platz fahren die Vorortzüge zu den beliebten Ausflugszielen Aquincum (vgl. Nr. 100) und Szentendre (s. S. 176).

Die Geschichte des Platzes ist eng mit der Entstehung Budas verbunden. Unterhalb der königlichen Burg hatte sich bereits im Mittelalter ein Stadtsystem herausgebildet, das dann im 18. Jh. überbaut und erweitert wurde. Die sog. **Wasserstadt** (Víziváros) umfaßt das Gebiet von der Fő utca (Király-Bad) bis zur Kettenbrücke, halbkreisförmig abgeschlossen von der heutigen Mártírok útja. Der Stadtteil erhielt seinen Namen durch die ständigen Überschwemmungen, die das Gebiet am Donauufer heimsuchten. Die Wasserstadt folgte in der sozialen Hierarchie gleich auf die Königliche Burg. Während ›oben‹ vornehmlich der Adel und die Beamten wohnten, ließen sich ›unten‹ bereits zur Türkenzeit Händler und Handwerker nieder. Der Wasserweg begünstigte den Handel und sicherte Zolleinnahmen. Die Bodenbeschaffenheit der umliegenden Hügel eignete sich vorzüglich für den Weinanbau, und der hier gekelterte Rebensaft erfreute sich großer Beliebtheit.

Die früheste noch sichtbare Bauperiode ist die der Türken, die bereits bestehende Gebäude oder deren Fundamente aus dem Mittelalter und der Renaissance für ihre Bauabsichten nutzten. Solch ein mehrfach umgestalteter Bau ist die *Stiftskirche der Elisabethinerinnen* (Fő utca 30-32), die vor der türkischen Belagerung Teil eines Kapuzinerklosters war und im ausgehenden 16. und frühen 17. Jh. in ein Dschami (Freitagsmoschee) umgewandelt wurde. Nach dem Ende der türkischen Herrschaft ließ der Erzbischof von Esztergom 1703-1716 hier wieder eine christliche Stätte errichten. Der anschließende *Hospitalbau* entstand im frühen 19. Jh.

Die ältesten Häuser des Platzes, das Haus ›Zum Weißen Kreuz‹ und das ›Hikisch-Haus‹, liegen heute weit unter dem Niveau der Straße

Buda außerhalb der Burg · Plan Seite 6/7

Von den einstmals zahlreichen türkischen Bädern in Budapest hat sich das Königsbad in weitgehend ursprünglichem Zustand erhalten

Der Batthyány-Platz und seine Umgebung zeugen von reger Bautätigkeit vor allem in der Barockzeit. In interessantem Kontrast hierzu stehen einige großstädtische Miethäuser in der angrenzenden Mártírok útja, schöne Beispiele der ungarischen Architektur aus der Zwischenkriegszeit.

Vollständig erhalten ist das **Königsbad** (Királyfürdő) in der Fő utca 82-86. In den Jahren 1553-56 ließ der türkische Stadtverwalter Suleiman das auch für damalige Verhältnisse kleine Bad unmittelbar an der Stadtmauer errichten. Es befand sich innerhalb der Mauern im Wohngebiet der Türken. Im Jahr 1827 ließ die damalige Besitzerfamilie König – die später ihren Namen ungarisch führte (Király) – nach Plänen von Mátyás Schmidt das anschließende *Gast- und Kurhaus* errichten. Im Hof befindet sich ein Trinkbrunnen, ein wichtiger Bestandteil jeder Kur.

Das kleine Bad mit dem oktogonalen Mittelbecken und den rekonstruierten türkischen Türmen versteckt sich bescheiden zwischen den großen Wohnhäusern der lauten Hauptstraßen. Das stimmungsvolle Thermalbad ist auch an kalten Wintertagen eine Oase der Wärme und Behaglichkeit. Hier zu baden, ist zu allen Jahreszeiten ein faszinierendes Erlebnis.

Besuch im Königsbad: Eine Wendeltreppe führt uns, so wir stets der Aufschrift ›Gőzfürdő‹ folgen, in den Umkleideraum. Nachdem wir einen Leinenkittel, den man uns reicht, angelegt haben, verschließen wir unsere Kabine mit dem dort vorgefundenen Schlüssel und prägen uns – ganz wichtig! – die Nummer unserer Kabine ein. Nach dem Baden kann man noch den Ruheraum aufsuchen. Zum Öffnen der Umkleidekabine benötigt man dann einen zweiten Schlüssel, den man vom Bademeister erhält, der dafür ein kleines Trinkgeld erwartet.

In der Kuppel über dem mittleren Becken sind noch die ursprünglichen Beleuchtungs- und Entlüftungsöffnungen zu erkennen

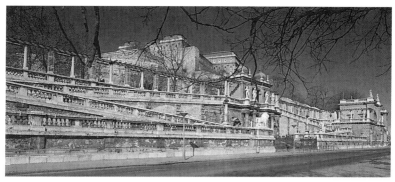

Der Burggarten-Basar

37 St.-Annen-Kirche
(Szent Anna templom)
Batthyány tér 7

Die schlanken Kirchtürme mit den charakteristischen Helmen sind bei Stadtwanderungen in Buda ein wichtiger Orientierungspunkt.

An der südlichen Seite des Batthyány-Platzes steht die schöne, zweitürmige Annenkirche mit dem ehemaligen Kloster, in dessen Erdgeschoß seit Mitte der siebziger Jahre ein sehr angenehmes *Kaffeehaus*, das ›Angelika‹, untergebracht ist.

Die hochbarocke **Kirche** entstand 1741-61 nach Plänen der Baumeister Matthäus Nepauer und Miklós Hamon, die sich auf italienische Vorbilder stützten. Über dem Hauptportal sind die Statuen der hl. Anna und Maria zu sehen, darüber das Stadtwappen von Buda und am Giebelgesims eine Engelsgruppe. Der **Innenraum** wird von dem prachtvollen *Baldachin-Altar* beherrscht, der als Skulpturengruppe die hl. Anna und das Marienkind zeigt. Wahrscheinlich ist der Altar um 1771-73 entstanden und, genauso wie die *Kanzel*, ein Werk des Budaer Bildhauers Carlo Bebo. Die Wände wurden erst 1935 mit Kunststein verkleidet, aus dieser Zeit stammt auch das *Fresko* von Pál Molnár C. und Béla Kontuly. Eine Besonderheit dieser Kirche ist ihr ovaler Grundriß, eine in Ungarn selten ausgebildete Bauform.

Am Batthyány tér 4 befindet sich das einstige Gasthaus ›**Zum Weißen Kreuz**‹ (Fehér kereszt fogadó), ein Bauwerk aus dem frühen 18. Jh. Es war berühmt für seine Faschingsbälle und Theatervorstellungen. Heute kann man sich hier in einer Bar mit dem vielversprechenden Namen ›Casanova‹ vergnügen.

Das benachbarte **Hikisch-Haus** wurde auf mittelalterlichen Mauern errichtet, sein Erdgeschoß liegt weit unter dem heutigen Straßenniveau. Vier Putten, die Jahreszeiten darstellend, schmücken die um 1795 entstandene Fassade.

38 Tabán und Burggarten-Basar

Ehemals prachtvolle Treppenanlage der Budaer Burg.

Zwischen dem Südabhang des Burgberges und dem Gellértberg lag der stimmungsvolle Stadtteil **Tabán**, heute erstrecken sich hier ausgedehnte Parkanlagen. Das ›Bindeglied‹ zwischen Burg- und Gellértberg ist bereits um die Jahrhundertwende Sanierungsarbeiten zum Opfer gefallen; von dem einstigen Armenviertel sind lediglich die Pfarrkirche, das Rácz fürdő (Raitzen-Bad) und einige Wohnhäuser erhalten geblieben. Tabán galt als Handwerker- und Handelsstadtteil. Die Lage zur Donau bestimmte die Bevölkerungsstruktur, sie begünstigte durch den Schiffsverkehr den Handel und förderte das Handwerk, auch Weinausschank wurde rege betrieben.

Das **Rácz fürdő** war die bevorzugte Thermalquelle von König Matthias Corvinus gewesen. Beschreibungen nach gab es einen Tunnel zwischen dem ursprünglichen Bad und der Burg, der dem König jederzeit ungestörten Zugang zum Bad ermöglichte. Zur Zeit der ungarischen Hochrenaissance war er der wichtigste Förderer der Budaer Badekultur.

Zu den imposantesten Arbeiten des Architekten Miklós Ybl gehört der 1875-82 errichtete **Burggarten-Basar**. Die terrassenartige *Treppenanlage* sollte die königliche Burg mit dem Donauufer verbinden. Entlang der Treppen waren Geschäfte vorgesehen, und an ihrem Fuß sollte ein Restaurant die Besucher einladen.

◁ *An der Annenkirche, besonders in ihrem ovalen Grundriß, wird süddeutscher Einfluß spürbar*

Buda außerhalb der Burg · *Plan Seite 6/7*

Die Empire-Einrichtung einer Apotheke im Museum für Medizingeschichte

Ybl lehnte sich an Vorbilder der italienischen und französischen Terrassengestaltungen an, aber auch die Orangerie in Potsdam (1850-56) steht der Gestaltung nahe. Der heutige schlechte Zustand läßt nur schwach den einstigen mediterranen Charakter und Glanz der Anlage erahnen. Die Skulpturen der Balustraden fehlen, und in den ehemaligen Läden sind Bildhauerateliers untergebracht.

39 Museum für Medizingeschichte
(Semmelweisz Orvostörténeti Múzeum) Apród utca 1-3

Ignaz Semmelweis gewidmetes Museum mit interessanten medizingeschichtlichen Exponaten.

In dem kleinen, nach 1810 im Zopfstil überarbeiteten Bürgerhaus wurde am 1.7.1818 *Ignaz Semmelweis* geboren, der 1847 die Ursachen des Kindbettfiebers entdeckte. Er war im St.-Rochus-Krankenhaus (Blaha Lujza tér) tätig.
Das Museum gibt in angenehm überschaubarer Form einen Überblick über die Geschichte der Heilmethoden und ihrer Instrumente. Zu den Raritäten des Museums zählt eine weibliche *Wachsfigur* – im 18. Jh. in Florenz entstanden –, die Kaiser Joseph II. 1789 der Pester Universität schenkte. Dieses kunstvolle Modell einer liegenden Frau zeigt die inneren Organe und diente anatomischen Studien. Ihr männliches Pendant befindet sich im Medizinhistorischen Museum in Wien.

40 St.-Gellért-Denkmal
Szent Gellért hegy

Das Kreuz hoch emporgehoben, blickt der steinerne Bischof zornig auf die sündige Großstadt.

Der Überlieferung nach hat hier der aus Venedig stammende Bischof Gerhardus, von den Ungarn Gellért genannt, seinen missionarischen Eifer mit dem Leben bezahlt. Er wurde von den Magyaren in ein Faß eingenagelt und den Berg hinuntergestürzt, auf dem sein Denkmal heute über der Stadt thront.
Es entstand mit Hilfe einer Geldspende Kaiser Wilhelms I., der nach einem Ungarnbesuch im Jahr 1896 beschlossen hatte, die Aufstellung von Denkmälern historischer Persönlichkeiten in Budapest finanziell zu fördern. Den Auftrag für das Gellért-Denkmal erhielt der Bildhauer Gyula Jankovits, 1904 konnte es feierlich enthüllt werden.
Empfehlenswert ist der Anstieg – am steinernen Bischof vorbei – zum Gipfel des Gellértberges, man wird mit einer zauberhaften *Aussicht* auf die Donau, das Parlament und den Burgberg belohnt.

41 Zitadelle (Citadella)
Szent Gellért hegy

Nicht immer wurde in dieser Festung so ausgelassen getafelt wie heute.

Auf kaiserliche Anweisung wurde 1850 diese Festung in mittelalterlicher Manier errichtet, sie diente als Kaserne. Die stel-

Buda außerhalb der Burg · *Plan Seite 6/7*

Die Statue des hl. Gellért über einem künstlichen Wasserfall wurde ein Wahrzeichen der ungarischen Hauptstadt

lenweise 4 m hohe und 3 m starke Mauer umschließt ein ca. 200 m langes Gelände, im westlichen Teil befanden sich die Unterkünfte der Soldaten.

Die Zitadelle sollte militärische Überlegenheit und Stärke zum Ausdruck bringen. Dem dienten ständige Appelle und Paraden, auch die Kanonenschüsse, die als Gruß für die vorbeifahrenden Schiffe abgefeuert wurden.

1899 ging die Zitadelle in städtische Verwaltung über. Sie wurde aber nicht geschleift, sondern für friedliche Zwecke genutzt. Heute gehört die weiträumige Anlage vor allem den Touristen, die von hier den herrlichen Ausblick auf die Stadt genießen, besonders nach Einbruch der Dunkelheit, wenn die Pester Innenstadt sich in ein gleißendes Lichtermeer verwandelt.

Die Parkanlage mit dem **Freiheitsdenkmal** von Zsigmond Kisfaludi-Stróbl wurde 1947 als Mahnmal gegen den Krieg angelegt. 40 Jahre lang begleitete dieses Denkmal alle Festlichkeiten des Staates, es war ein Symbol für die ungarische sozialistische Nachkriegsgesellschaft. Zur Zeit bewegt die Diskussion, was mit dem Denkmal geschehen soll, die Gemüter der Budapester.

Márta Lessenyei: ›Königliches Paar‹, Skulptur auf dem Wasserspeicher des Gellértberges

42 Gellértbad (Gellért gyógyfürdő)
Szent Gellért tér

Das phantasievollste und erotischste Bad der Stadt in den schwingenden Formen des Wiener Jugendstils.

Mit der Stadtsanierung des verkommenen Tabánviertels war die Errichtung einer neuen Brücke nötig geworden, die den Zoll-Platz in Pest auf dem kürzesten Weg mit Buda verbinden sollte. 1898 entstand die in Originalform erhaltene, zweitälteste **Brücke** der Stadt, ursprünglich benannt nach Kaiser Franz Joseph (heute Szabadság híd – Freiheitsbrücke). Daraufhin konnte mit der Errichtung eines Neubaus des Gellértbades begonnen werden. Ein erstes **Bad** war 1687 vom Hofarzt des Königs Leopold I., Friedrich Illmer, eingerichtet worden. Wie die meisten Budapester Bäder erlebte auch das Gellértbad im ausgehenden 19. Jh. abenteuerliche Besitzverhältnisse und 1904, nach Abriß des verwahrlosten Badehauses, fand schließlich eine Ausschreibung für den Neubau statt. Zwei Pläne, von Sebestyén Hegedüs und Isidor Stark, wurden angenommen. Beide Entwürfe unterzog man einer Bearbeitung, deshalb verschob sich der Baubeginn bis zum Jahr 1911. Das Gestaltungskonzept des Bades entstammt der klassischen römischen Bad-Auffassung. Dem zentralen *Kuppelraum* sind die einzelnen Bäder-Abteilungen angegliedert, das *Wellenbad* im Freien ist in Anlehnung an mediterrane Tradition von weißen Putzmauern umgeben.

Am beliebtesten dürfte wohl das *Hallenschwimmbad* sein. Der mit Marmor reichlich ausgestattete Jugendstilraum ist mit vergoldeten Säulen geschmückt und mit türkisfarbenen Kacheln ausgekleidet. Die gläserne Dachkonstruktion der Halle läßt sich bei schönem Wetter öffnen.

Als 1918 das *Hotel* mit 240 Zimmern und mit dem anschließenden Bad der Öffentlichkeit übergeben wurde, befand sich der Jugendstilbau stilistisch nicht mehr auf der Höhe seiner Zeit. Die Budapester störte das nicht, bis heute ist das Gellért eine Budapester Institution.

Unter den *Villen und Wohnhäusern* der Umgebung findet man weitere elegante Beispiele des ungarischen Jugendstils, z.B. Kelenhegyi út 11. Allerdings sind die meisten dieser Häuser in schlechtem Zustand.

Neckische Putti im Gellértbad

Das große Becken im Gellértbad

43 Technische Universität
(Műszaki Egyetem)
Műegyetem rakpart

Das Ensemble der Universität prägt das Budaer Donauufer zwischen Freiheitsbrücke und Petőfibrücke.

Die Einrichtung technischer Schulen in Ungarn geht auf den Bildungserlaß Maria Theresias zurück. Sie förderte – wenn auch in bescheidenem Maße – die Gründung spezialisierter höherer Schulen, in denen meist Ordenslehrer unterrichteten. Buda verfügte bereits 1782 über ein ›Institutum Geometricum‹, welches 1856 zu einem Polytechnikum umgewandelt und 1871 durch den königlichen Kultusminister, Baron József Eötvös, zur Universität ernannt wurde.

Das jetzige **Hauptgebäude** der Technischen Universität entstand zwischen 1903 und 1909 und befindet sich in der Budafoki út. Die pavillonartig angelegten **Bauten der Universität** vom Gellért tér bis zur Bertalan utca und der Zentralbau auf dem Műegyetem rakpart 1-3 sind Arbeiten von Alajos Hauszmann, die anderen Institutsgebäude entstanden bis 1936.

Die römisch-katholische Kirche in Pasarét beherrscht eine mediterran wirkende Platzanlage

44 Römisch-katholische Kirche in Városmajor
Városmajor utca

Moderne Sakralarchitektur in einem bürgerlichen Wohnviertel.

Während zu Beginn der dreißiger Jahre Bürger- und Kommunalbauten im funktionalistischen, durch das Bauhaus beeinflußten Stil in Ungarn rasche Verbreitung erfuhren, blieb der Kirchenbau traditionell. Beim Bau einer Kirche hatte die Gemeinde ein Mitspracherecht, was meist dazu führte, daß Entwürfe, die man als zu modern empfand, abgelehnt wurden.
Der Bezirk Városmajor (Stadthain) war um diese Zeit ein vor allem von Angehörigen des Mittelstandes und des Bildungsbürgertums bewohntes Villenviertel. Dies ist wohl eine der Ursachen, daß in den dreißiger Jahren hier und in dem anschließenden 2. Bezirk nicht nur eine Reihe moderner Profanbauten, sondern auch zwei funktional gestaltete Kirchenbauten entstehen konnten. Die kleine **Kapelle** rechts neben der Kirche errichtete Aladár Árkay 1923 in Anlehnung an die Formauffassung des Deutschen Werkbundes. Knapp zehn Jahre danach beendete Árkay mit seinem Sohn den Bau der **Hallenkirche** mit zwei schmalen Seitenschiffen. Der streng kubisch aufgefaßte Bau findet eine elegante Auflösung durch den freistehenden Glokkenturm.

45 Römisch-katholische Kirche in Pasarét
Pasaréti tér

Ein hervorragendes Beispiel ungarischer Architektur der dreißiger Jahre.

Die kleine, einschiffige Kirche mit Ordenshaus ist die erste eigenständige Arbeit des Architekten Gyula Rimanóczy, eines Schülers des Architekten Aladár Árkay, mit dessen Namen sich die Kirche in Városmajor (Nr. 44) verbindet.
Der freistehende Glockenturm, die feingegliederte Fassade der Kirche und des Ordenshauses sowie die schlichte Innenausstattung zeigen die enge Verbindung des Architekten zum deutschen Bauhaus, belegen aber zugleich die eigenständige Verarbeitung dieser Stilrichtung.
Mit der gesamten Platzgestaltung – einschließlich der Busstation – schuf Rimanóczy ein Architekturensemble, das in glücklicher Korrespondenz mit den landschaftlichen Gegebenheiten steht.

Donaubrücken und Margareteninsel

46 Elisabethbrücke (Erzsébet híd)

Die elegante Kabelbrücke ist ein Symbol für den gelungenen Wiederaufbau der Stadt nach dem Zweiten Weltkrieg.

Die erste Elisabethbrücke (die dritte feste Brücke über der Donau) wurde 1898-1903 gebaut. Sie galt – wie auch die Unterpflasterbahn zum Stadtwäldchen – als technische Sensation, war sie doch damals die längste Kettenbrücke der Welt. In nur einem Bogen, mit je einem Pfeiler an den beiden Ufern, überspannte sie die ca. 260 m breite Donau. Die Brücke wurde ausschließlich mit einheimischen Materialien errichtet.
Während des Krieges erlitt sie schwere Schäden. Erst Anfang der sechziger Jahre begann man einen **Neubau**. Nach Plänen von Pál Sávoly entstand 1964 unter Nutzung der alten Pfeiler die weiße ›futuristische‹ Kabelbrücke, die den Gellértberg mit der Pester Innenstadt verbindet.

47 Kettenbrücke (Lánchíd)

Die erste feste Brücke zwischen Buda und Pest: eine Meisterleistung der Ingenieurkunst des 19. Jahrhunderts.

Die Idee, die beiden Städte Buda und Pest durch eine feste **Brücke** über der Donau miteinander zu verbinden, ist in den zwanziger Jahren des 19. Jh. entstanden. Graf István Széchenyi (1791-1860), einer der wichtigsten ungarischen Reformer des 19. Jh., trug die Idee über die Errichtung einer Brücke dem ›Verein zur Stadtverschönerung‹ vor. Über zwanzig Jahre sollte es dauern, bis das Projekt verwirklicht werden konnte. Graf Széchenyi betrieb Studien über den Brückenbau in Europa und beauftragte den englischen Konstrukteur der bekannten Themsebrücke in Hammersmith, Tierney William Clark, mit der Realisierung der Donaubrücke. 1836 wurde auch ein Verein zur Förderung des Brückenbaus gegründet, vier Jahre später setzte man den ersten Pfeiler. Die Leitung der Bauarbeiten übernahm ein Namensvetter und Landsmann des Konstrukteurs, Adam Clark. Die Brücke mit der Kettenkonstruktion – eine hervorragende Ingenieurleistung – wurde am 20. November 1849 für den ständigen Verkehr freigegeben. Damit entstand eine allen Funktionen gerechte Brücke, die Pest – das Zentrum des politischen Lebens und der Verwaltung – mit der königlichen Burg verband.
Adam Clark ließ sich in Budapest nieder und wirkte noch an weiteren technischen Bauten mit. Unter anderem ist der 350 m lange **Tunnel** sein Werk, mit dem eine einfache und schnelle Verbindung zwischen der Kristinenstadt und Tabán geschaffen wurde. Der Tunnel mit dem klassizistischen Toreingang an der Ost- und romantischen Portal an der West-Seite war 1856 fertiggestellt. Platz und Tunnel sind nach Adam Clark benannt. Mit diesen Bauten setzte in Pest-Buda die Entwicklung zur europäischen Großstadt ein.
Im Jahr des hundertjährigen Bestehens der Brücke, 1949, wurden die Kriegsschäden beseitigt und die Brücke um 1 m verbreitert.

Nächtlicher Blick über die Elisabethbrücke nach Pest

Donaubrücken und Margareteninsel · *Plan Seite 6/7*

Die Freilichtbühne gehört zu den vielfältigen Unterhaltungsmöglichkeiten auf der Margareteninsel

48 Margareteninsel
(Margitsziget)

Grünes ›Donauschiff‹ im Herzen der Stadt.

Die Insel – im Norden durch die Árpádbrücke und im Süden durch die Margaretenbrücke mit beiden Donauufern verbunden – hat eine Länge von etwa 2,5 km und ist etwa 500 m breit. Mehr als 10000 Platanen bestimmen den Charakter der weitläufigen **Parkanlagen**. Vielfältige Blumenrabatten, der gepflegte Rasen und die großen schattenspendenden Bäume laden zum Flanieren oder zum Ausruhen vom ›Pflastertreten‹ ein.

Grundmauern des Dominikanerinnenklosters und Reste eines Brunnens aus dem 14. Jh.

Im Norden der Insel wurde nach der Entdeckung einer heilkräftigen Thermalquelle im 19. Jh. ein Kurhotel errichtet. Sein Nachfolgebau, das ehrwürdige **Grand Hotel** (heute Hotel Ramada) und das moderne **Hotel Thermal** locken Kurgäste aus aller Welt an. Aber auch Spaziergänger verweilen gern auf der Café-Terrasse des Grand Hotels; hier kann man sich trefflich von der Hektik und dem Verkehrslärm der Großstadt erholen. Bis zu den Hotelparkplätzen wird den Autofahrern von der Árpádbrücke aus die Zufahrt gestattet, ansonsten ist die Insel für Kraftfahrzeuge gesperrt.
Jenen, die aktive Erholung suchen, bietet die Insel viel: **Tennisplätze**, die **Sportschwimmhalle** (erbaut 1935) und das beliebte **Palatinus-Strandbad** (mit Thermalbecken). Aber auch der Rosengarten, der japanische Garten oder der Skulpturenpark lohnen einen Besuch.
Die Insel war schon zur Römerzeit durch eine Pfahlbrücke mit dem Budaer Ufer verbunden. Im Mittelalter diente sie u. a. als königliches Jagdrevier, was ihr den Namen ›Haseninsel‹ einbrachte.
Im Nordosten steht auf den Fundamenten eines Prämonstratenserklosters aus dem 12. Jh. seit 1931 eine kleine **Kapelle**. Von einem durch König Béla IV. errichteten **Dominikanerinnen-Kloster**, in dem auch seine Tochter, die hl. Margarete, lebte, sind nur *Fundamente* erhalten. Überliefert

◁ *Vom Budaer Brückenkopf der Kettenbrücke (dem Clark Ádám tér) führt eine Standseilbahn (Sikló) hinauf zur Burg*

Donaubrücken und Margareteninsel · *Plan Seite 6/7*

Die Freiheitsbrücke, einst Franz-Joseph-Brücke, war die dritte feste Verbindung über die Donau. Sie entstand nach Plänen der Ingenieure Aurél Czekélius, János Feketeházy und Virgil Nagy

sind jedoch viele Legenden über das Leben und die guten Taten der Heiligen, der die Insel ihren Namen verdankt.

Erhalten sind Teile der *Westfassade* und des *Turmes* einer **Franziskanerkirche** aus dem 13. Jh.

Die **Margaretenbrücke** (Margithíd) wurde 1872-76 nach Plänen des Franzosen Ernest Gouin errichtet. In der Mitte bildet die Brücke ein Knie, von dem aus eine kleine Flügelbrücke auf die Insel führt. Von hier aus hat der Besucher einen schönen Blick auf beide Donauufer.

Im November 1944 detonierten die von der deutschen Wehrmacht unter der Brücke installierten Sprengsätze – am hellichten Tag und ohne jegliche Warnung. Die Zahl der Opfer dieser Katastrophe wurde nie bekannt. Die Erneuerung der Brücke dauerte bis in die sechziger Jahre.

Außer den bereits beschriebenen Brücken (Elisabeth- [Nr. 46], Ketten- [Nr. 47], Margaretenbrücke und Árpád híd) überspannen im Süden der Stadt zwei weitere Brücken die Donau: die Freiheitsbrücke (Szabadság híd) und die Petőfibrücke (Petőfi híd). Die **Freiheitsbrücke** verbindet den Budaer Gellért tér mit dem Pester Kleinen Ring (unweit des Pester Brückenkopfes befindet sich die Große Markthalle, Nr. 50). Die 1894-96 errichtete Eisenkonstruktion ruht auf zwei Pfeilern im Flußbett. Damals hieß sie ›Franz-Joseph-Brücke‹, und der Kaiser ließ es sich nicht nehmen, symbolisch die letzte silberne Niete festzuschlagen. Die Nachbildung des gestohlenen Originals mit dem Monogramm F. J. ist unter einer Glasscheibe zu bewundern.

Hoch über den eisernen Brückentoren sitzen auf goldenen Kugeln vier *Turul-Vögel* mit ausgebreiteten Schwingen. Dieser ›Urvogel‹ hat der Legende nach die Stammesmutter der Árpáden (ungarisches Königsgeschlecht zur Zeit der Landnahme) befruchtet und bevölkert seit der Zeit des nationalen Romantizismus in der 2. Hälfte des 19. Jh. in vielerlei bronzenen Exemplaren das ganze Land.

Die **Petőfibrücke** überspannt die Donau am südlichen Ende des Großen Ringes. Die 1937 errichtete Balkenbrücke wurde 1980 modernisiert und verbreitert.

Pest innerhalb des Altstadtrings

49 Universität für Wirtschaftswissenschaften
(Közgazdaság Tudományi Egyetem)
Fővám tér 8

Das ehemalige Hauptzollamt wurde auf Anweisung des verdienstvollen Wirtschaftsministers Menyhért Lónyay 1870-1874 errichtet.

Miklós Ybl, dem Baumeister des Opernhauses (vgl. Nr. 73), gelang mit diesem Bau eine architektonische Leistung, die auf viele nachfolgende öffentliche Bauvorhaben Budapests vorbildhaft wirkte. Typisch für seine Arbeit war das harmonische Zusammenfügen von Formen und Gestaltungsprinzipien verschiedener Stilepochen.

Der **Bau** ist 170 m lang und 56 m breit. Die Dreifach-Gliederung – ein barockes Gestaltungsprinzip – beinhaltet eine großzügige Hallengestaltung mit eleganten Treppenaufgängen.

Die *Donaufassade* ist in 33 Achsen gegliedert. Die Ornamentik stützt sich auf antike Dekorelemente. Am nördlichen und südlichen Hauptgesims symbolisieren *Reliefs* die vier Erdteile. Die *Skulpturen* an der Fassade zur Donau-Seite sind allegorische Darstellungen des Flusses, der Eisenbahn, der Dampfschiffahrt, der Malerei und Bildhauerei.

50 Große Markthalle
(Központi Vásárcsarnok)
Vámház körút 1-3

Buntes Markttreiben unter Gußeisen und Glas.

Das bunte Treiben und das reichhaltige Lebensmittelangebot sind so recht nach dem Geschmack von Leuten, die der feinen und geordneten Warenwelt der Supermärkte überdrüssig sind. Hinter dem ehemaligen Zollhaus (vgl. Nr. 49) entstand 1897 die größte Markthalle in Budapest (gleichzeitig waren vier weitere eröffnet worden). Die 150 m lange Stahl- und Eisenkonstruktion ist in ein erhöhtes ›Mittelschiff‹ und zwei ›Seitenschiffe‹ gegliedert. Auf den Galerien bieten vor allen Dingen Blumenverkäufer ihre Waren an.

Einer der neun Innenhöfe des gewaltigen Baus der Universität für Wirtschaftswissenschaften

Pest innerhalb des Altstadtrings · *Plan Seite 6/7*

Von den fünf großen Markthallen Budapests ist die am Vámház körút die beliebteste

51 Ungarisches Nationalmuseum
   (Magyar Nemzeti Múzeum)
   Múzeum körút 14-16

Museumstempel mit nationalem Pathos, Heimstatt der legendären Krönungsinsignien Stephans I.

1802 übergab Graf Ferenc Széchenyi der Stadt einen Teil seiner Sammlung, den späteren Grundstock des Museums: eine reichhaltige Bibliothek und eine Münzsammlung. Palatin Joseph von Habsburg, der sich mit Ungarn verbunden fühlte und stets für die Förderung des Landes einsetzte, trug dem Wiener Hofbauamt den Plan zur Gründung eines Nationalmuseums 1807 vor. Ein Jahr später wurde auch ein Gesetz über die Errichtung des Museums erlassen, die Napoleonischen Kriege verursachten jedoch Verzögerungen – erst 1836 kam der Plan zur Realisierung. Mihály Pollack hatte schon 1802 den Auftrag erhalten, den **Museumsbau** zu entwerfen. 1836 mußte er gegenüber seinem früheren Plan einige Änderungen vornehmen, und der Standort wurde endgültig festgelegt. Trotz der Änderungen kommt in Pollacks Entwurf der Geist des europäischen Klassizismus unverfälscht zum Ausdruck. Vorbild ist der antike Tempelbau, ähnlich wie für Schinkels Altes Museum in Berlin (1825-30) oder Klenzes Glyptothek in München (1816-30). Alle diese Museumsbauten drücken eine geradezu ehrfurchtsvolle Haltung gegenüber den Künsten und den Wissenschaften aus. Der Bau ist um zwei Binnenhöfe geordnet, die Seitenflügel sind organisch miteinander verbunden. Hinter der *Säulenhalle* im Erdgeschoß führen seitlich breite, elegante *Treppen* zu den oberen Geschossen. Die mit einer Kuppel abgeschlossene *Rotunde* und der anschließende *Festsaal*, von dem aus man die Ausstellungsräume erreicht, entsprechen ebenfalls dem Gestaltungsprinzip klassizistischer Museumsbauten. Die *Fresken* in den Treppenhäusern stammen von Mór Than und Károly Lotz.

Charakteristisch für den Außenbau ist der stark hervortretende Porticus, über acht korinthischen Säulen kann man im Giebelfeld das Relief des Münchener Bildhauers Schaller bewundern, ausgeführt von dem Mailänder Raffaello Ponti.

Pollacks Bau ist wohl die beste Leistung des ungarischen Klassizismus. Aufgrund dieses Bauwerkes wurde der Architekt zum Ehrenmitglied der Wiener Akademie ernannt.

Das ungarische Nationalmuseum wurde am 15. März 1848 zum Ort des Auftaktes der Revolution. Hier trug Sándor Petőfi sein ›National-Lied‹ vor, und die Versammelten lauschten den Reden der ›Märzjugend‹.

Die Sammlung: Der Bestand des Museums wurde schon in der 1. Hälfte des

Frühmittelalterliches Aquamanile aus dem Bestand des Ungarischen Nationalmuseums

19. Jh. durch Privatsammlungen bereichert (Kubinyi, Marczibányi, Jankovich, Pyrker). Ende des 19. Jh. entwickelten sich die naturwissenschaftliche und die ethnographische Sammlung zu selbständigen Abteilungen, die Bildersammlung ging 1906 in den Bestand des Museums der Bildenden Künste über. Die reiche Mineraliensammlung ging in den Kämpfen 1956 verloren.

Erdgeschoß – Saal 1-8: Archäologische Abteilung. Funde auf dem Territorium Ungarns aus Urzeit, Neolithikum, Bronzezeit, Römerzeit, ungarische Landnahme.
1. Obergeschoß – Saal 1-2: Mittelalter. Von der Landnahme über die Zeit des Königs Sigismund und die Epoche König Matthias Corvinus' bis zur türkischen Herrschaft.
2. Obergeschoß – Saal 4-7: Neuere Abteilung. Ferenc Rákóczi und seine Zeit, Reformzeitalter, Freiheitskampf.

Alle Abteilungen zeigen ungarisches Kunsthandwerk, Goldschmiedekunst, Keramik, Textilien, Möbel, Waffen und Reliquien. Im **Prunksaal** unter der Rotunde sind die seit dem Ende des Zweiten Weltkrieges bis 1978 in den USA bewahrten ungarischen *Krönungsinsignien* – Krone, Zepter und Reichsapfel – zu sehen. Als letzter ungarischer König hatte Karl IV. von Habsburg 1918 die Krone erhalten.

Die Stephanskrone, vermutlich erst nach König Stephans Regierungszeit entstanden, besteht aus zwei Teilen. Der untere Teil, die sog. Corona graeca, ist eine byzantinische Arbeit. Der obere Teil, die sog. Corona latina, wurde erst später in die Krone eingefügt

Pest innerhalb des Altstadtrings · *Plan Seite 6/7*

Der Hauptaltar der Universitätskirche mit einer Darstellung der Geburt Mariens entstand 1746. Sie wird von den Figuren der heiligen Eremiten Paulus und Antonius flankiert. Alle Skulpturen stammen von dem Bildhauer József Hebenstreit

52 Universitätskirche
(Egyetemi templom)
Eötvös Lóránd utca

Der schönste, noch sehr gut erhaltene barocke Kirchenbau Budapests ist eine Gründung des Paulinerordens.

Die Pauliner waren die einzige ungarische Eremitenkongregation, ihr Orden bestand bis 1949.
In den zwanziger Jahren des 18. Jh. begannen die in Pest niedergelassenen Orden mit größeren Bauunternehmungen. Der nach Beendigung der Türkenherrschaft seit 1688 wieder tätige Paulinerorden errichtete seine **Kirche** an Stelle einer türkischen Moschee (Baubeginn 1725, Weihe 1742, Türme 1771). Die Pläne stammen vermutlich von dem Salzburger Andreas Mayerhoffer, einem Schüler Johann Lukas von Hildebrands und Anton Martinellis.
Die *Deckengemälde* schuf Johann Bergl (1776, an der rechten Seite des Chors signiert), die *Schnitzarbeiten* sind Werke der Paulinermönche. Die barocke *Kanzel* ist die herausragende Arbeit eines unbekannten ungarischen Meisters.
Am *Hauptaltar* mit einer Figurengruppe der Geburt Mariä befindet sich eine *Kopie der Schwarzen Muttergottes* aus Tschenstochau (um 1720).
Ende 18. und Anfang 19. Jh. war die Kirche eine Hochburg der ungarischen Reformbewegung, die gegenüber dem Wiener Hof nationale Eigenständigkeit einforderte. 1831 wurde hier zur Pflege der ungarischen Sprache die erste ›Praktische Schule‹ begründet.

Pest innerhalb des Altstadtrings · *Plan Seite 6/7*

53 Universitätsbibliothek
(Egyetemi könyvtár)
Ferenciek tere 10

Hier werden elf mittelalterliche Handschriften aus der weltberühmten Sammlung des Königs Matthias Corvinus aufbewahrt.

Die Bibliothek wurde von Kardinal Péter Pázmány (1570-1637) in Nagyszombat begründet, wo der Gelehrte neben einem Priesterseminar auch die Grundlagen für die erste ungarische Universität schaffen konnte. Der Buchbestand dieser Universität gelangte hundert Jahre darauf, zur Zeit der Königin Maria Theresia, die auch die Verlegung der Universität veranlaßte, nach Buda. Ein wesentlicher Teil des Bestandes stammte von den Jesuiten. Diese hatten im 16. Jh. viele Bücher von Adelsfamilien erhalten, die vor den Türken geflohen waren.

Joseph II. ordnete schließlich 1784 die Verlagerung von Buda nach Pest an.

Zu den Inkunabeln gehören 11 Corvinas, weitere 160 Kodices mit Miniaturen aus dem 11. Jh., darunter der in griechischer Sprache verfaßte *Dante-Kodex*, sowie der vor allem aus medizinischer Sicht interessante *Abucasis-Kodex*. Der fast 2 Millionen Bände umfassende Buchbestand ist besonders für geisteswissenschaftliche Studien von Bedeutung.

Haupteingang der Universitätsbibliothek. Links daneben befindet sich das Restaurant Kárpátia mit neogotischer Ausmalung

Pest innerhalb des Altstadtrings · *Plan Seite 6/7*

Im Lesesaal der Universitätsbibliothek

Der **Bibliotheksbau** im Neorenaissance-Stil ist ein Werk der Architekten Antal Szklaniczky und Henrik Koch (1873-1876). Die *Fresken* im Lesesaal stammen von Károly Lotz, die Sgrafitti von Mór Than, die Skulpturen von Ágoston Sommer.

54 Serbische Kirche
(Szerb templom)
Szerb utca

Die serbische Kolonie von Pest ließ 1698 diese kleine Kirche errichten.

Die Pläne für diesen Bau stammen vermutlich von Andreas Mayerhoffer. 1733 wurde die Kirche erweitert. Der *Ikonostas* ist ein Werk Károly Sterios. An der Mauer, die den Garten umfaßt, findet man *Grabplatten* aus dem 18. und 19. Jh. mit kyrillischen Inschriften. Zu Beginn des 19. Jahrhunderts war fast jedes vierte Haus in Pest im Besitz einer serbischen Familie.
Die Kirche, heute ein Ruhepunkt in der lauten Innenstadt, erlebte im 19. Jh. bewegtere Zeiten. Hier bildete sich um Mihály Vitkovics, einen Juristen serbischer Herkunft, eine Reformbewegung, die sich für die Entwicklung der ungarischen Sprache und des ungarischen Journalismus einsetzte.

Pest innerhalb des Altstadtrings · *Plan Seite 6/7*

55 Franziskanerkirche
(Pesti ferences templom)
Ferenciek tere

Stammsitz der Franziskaner in Ungarn, geprägt von einer wechselvollen Geschichte.

Nach dem Tatarenüberfall errichteten die Franziskaner 1288 an Stelle der heutigen Kirche das Kloster St. Petrus. 1298 konnte hier die ungarische Verfassung des historisch bedeutsamen Landtages von Rákos verkündet werden. Die ursprüngliche gotische Kirche haben die Türken zu einer Moschee umgebaut, die die Franziskaner, als sie 1690 zurückkehren konnten, zunächst wieder als Gotteshaus nutzten. Zwischen 1727 und 1758 schließlich wurde die einschiffige **Basilika** mit dem Tonnengewölbe errichtet. Nach barocker Bauweise ist das Mittelschiff sehr breit, in den

Die Passage im Pariser Hof mit Geschäften und einem beliebten Café. Die maurischen Architekturformen und das farbige Licht verleihen ihr eine ganz besondere Atmosphäre

Pest innerhalb des Altstadtrings · *Plan Seite 6/7*

sechs Seitennischen befinden sich die Nebenaltäre, über dem Eingang eine Orgelempore. Die *Fresken* schuf Károly Lotz 1894/95. Die Skulpturen des Hauptaltars entstanden 1741 und 1851. Die Nebenaltäre mit Gemälden und die Kanzel sind auf die Jahre 1851/52 datiert.

Den **Turm** an der Südseite des Chores erhielt die Kirche 1858 nach Plänen von Ferenc Wieser. Dieser Turm zählt zu den schönsten architektonischen Lösungen der ungarischen Romantik, einer Stilepoche, die in Budapest durch die damalige politische Situation keine großen Entfaltungsmöglichkeiten hatte.

An der Außenmauer zur Kossuth Lajos utca erinnert eine **Gedenktafel** von 1905 an die große Hochwasserkatastrophe in Pest von 1838, als Baron Miklós Wesselényi viel für die Rettung der Bevölkerung tat. Ähnliche Gedenktafeln, mit denen die Budapester den Wohltätern von damals ihren Dank ausdrücken, findet man an zahlreichen Häusern der Stadt.

Auf dem Kirchenvorplatz steht der hübsche **Nereidenbrunnen** von 1835. Die Skulpturen der Nereiden, Töchter des Meeresgottes Neptun, schuf Ferenc Uhrl, die Sockel stammen von József Feszl. Im Klassizismus erlebte die Brunnenplastik in

Zum Gedächtnis an die große Hochwasserkatastrophe von 1836 wurde an der Nordseite der Franziskanerkirche ein Relief von Barabás Hollós angebracht

Budapest eine Blüte. Die großen bepflanzten, atriumartigen Innenhöfe und die warmen Budapester Sommer ließen viele reizvolle Brunnenanlagen entstehen, sowohl in freistehender Form als auch als kleine Brunnenplastiken oder Wasserspeier in Hofeingängen und Treppenhäusern. Entlang der Váci utca und an der Radialstraße Andrássy sind noch einige schöne Beispiele dieser Gattung zu sehen.

56 Klothilden-Paläste und Pariser Hof
Szabadsajtó út

Die Zwillingspaläste zu beiden Seiten der Straße wirken als imposantes Tor zwischen der Pester Innenstadt und der Elisabethbrücke.

Die Architekten dieser **Zwillingsbauten**, Kálmán Giergl und Flóris Korb, gehörten zu den bedeutendsten ungarischen Architekten der Jahrhundertwende. Sie studierten, wie die meisten ihrer ungarischen Berufskollegen damals, im Ausland, so auch in Berlin. Für die beiden historistischen Bauten von 1902 stand die spanische Barockarchitektur Pate. Ursprünglich hatten diese palastartigen Wohnbauten, wie auch der Pariser Hof, Arkaden mit Durchgängen und Geschäften im Erdgeschoß.

Pest innerhalb des Altstadtrings · *Plan Seite 6/7*

Die Klothildenpaläste entstanden 1902 im Auftrag der Herzogin Klothilde aus dem Hause Habsburg. Die Zwillingsbauten nach den Plänen der Architekten Flóris Korb und Kálmán Giergl waren schon damals Mietshäuser

Folgen wir der Szabadsajtó út stadteinwärts, gelangen wir nach wenigen Schritten auf der linken Straßenseite zum **Pariser Hof** (Párizsi udvar). Das Mietshaus entstand 1911 nach Plänen von Henrik Schmal. Das Besondere an diesem Jugendstilbau ist die Y-förmige Passage. Im Halbdunkel unter den farbigen Glasgewölben tritt die byzantinisch anmutende, reiche Gliederung der Wände erst langsam zutage. Elegante Geschäfte und Buchläden mit ausländischer Literatur und gutem Reisebuch-Sortiment laden zum Schauen und Kaufen ein. Beliebter Platz für Rendezvous sind die Sitzgruppen vor der Piccolo-Drinkbar.
Im Sommer sind in manchen Schaufenstern der Passage die ›Maturandentableaux‹ zu sehen, die Porträtfotos der Abiturienten des Jahres und ihrer Lehrer.

57 Innerstädtische Pfarrkirche (Belvárosi plébániatemplom) und Contra Aquincum
Március 15. tér

An der Hauptkirche von Pest verbinden sich Gotik und Barock in erstaunlicher Harmonie.

Die Innerstädtische Pfarrkirche ist ein interessantes Beispiel für die Vielfalt der Stilrichtungen in der Baukunst Budapests und auch für die dem Zeitgeschmack entsprechenden Änderungen, die an bedeutenden Gebäuden vorgenommen wurden. Der älteste Kirchenbau an dieser Stelle wurde im 12. Jh. über einem römischen Castrum in spätromanischem Stil errichtet. Während des Tatarenüberfalls von 1243 erlitten die Stadt und die Kirche schwere Schäden. Auch der gotische Nachfolgebau aus dem 15. Jh. wurde bis

Pest innerhalb des Altstadtrings · *Plan Seite 6/7*

Blick über die Ausgrabungen von Contra Aquincum zur Innerstädtischen Pfarrkirche.

auf den Chor zerstört und im 17. Jh. von den Türken zur Moschee umgestaltet. Die noch erhaltene **Gebetsnische**, die sog. Mihrab, ist Zeugnis aus dieser Zeit.
Ihr heutiges Gesicht erhielt die dreischiffige Hallenkirche mit je drei Seitenkapellen in der Barockzeit, die **Doppelturmfassade** entstand nach Plänen von György Paur 1725-39. Der harmonische Zusammenklang von barockem Westteil und gotischem Ostteil bestimmt heute den Charakter des Kirchenbaues. Unter dem Mittelschiff findet sich eine **Krypta**, deren Steine noch aus dem römischen Castrum stammen. Hier wurde ein *Lapidarium* eingerichtet, in dem die Architekturfragmente aufbewahrt werden, die bei den Bauarbeiten zum Vorschein kamen. Die Kirche beherbergt auch Kunst unseres Jahrhunderts: den Hauptaltar von László Gerő (1947) mit Gemälden von C. Pál Molnár und den Taufstein des bedeutenden ungarischen Bildhauers Béni Ferenczy. An der **Außenfassade**, in einer Wandnische des südlichen Turmes, befindet sich eine *Plastik* des hl. Florian, der bekanntlich für den Feuerschutz zuständig ist. Der Bildhauer Antal Hörger schuf die Figur im Jahre 1723.
Die Donau bildete viele Jahrhunderte die östliche Grenze des Römischen Reiches. Die Budaer Seite mit der Stadt Aquincum gehörte zur Provinz Pannonien, das heutige Pester Ufer war ›Barbarenland‹. Hier errichteten die Römer einen befestigten Brückenkopf, den sie entsprechend seiner Lage **Contra Aquincum** nannten.
Heute ist die Anlage mit den sorgfältig konservierten Mauerresten und dem rekonstruierten *Wachtturm* im Sommer ein beliebter Studenten- und Touristentreff.

Das Fresko aus dem 15. Jh. im Chor der Innerstädtischen Pfarrkirche befand sich ursprünglich im Kreuzgang. Es stammt aus dem 15. Jh. und zeigt italienische Einflüsse

58 Griechisch-orthodoxe Kirche
(Görög ortodox templom)
Petőfi tér 2b

Ein Symbol für die nationale Vielfalt der Donaumetropole.

Jahrhundertelang lebten in Budapest Angehörige vieler Nationen mehr oder weniger friedlich zusammen. Im 18. Jh. erlangte die Kolonie der griechischen Kaufleute Bedeutung und beschloß die Errichtung einer eigenen Kirche in der Innenstadt. Der dreischiffige **Bau** entstand 1790-94 nach Plänen von József Jung. Der architektonische Schmuck und der *Ikonostas* sind Arbeiten des Bildhauers Miklós Jankovich (1797-99), die *Gemälde* stammen von dem Wiener Maler Anton Kochmeister. Ein Brand beschädigte 1810 die Türme stark. Zur Erneuerung kam es aber erst 60 Jahre später, als der Architekt Miklós Ybl den Rekonstruktionsauftrag erhielt. Er verband die Barockelemente der Fassadengestaltung mit klassizistischen Formen. Der im Zweiten Weltkrieg zerstörte Südturm konnte bisher nicht wieder aufgebaut werden.

Das **Petőfi-Denkmal** auf dem gleichnamigen Platz entstand nach einer Kleinplastik des Bildhauers Miklós Izsó. Adolf Huszár, der Meister des ungarischen Akademismus, führte nach diesem Vorbild 1881 das Denkmal aus.

Das Restaurant ›Százéves‹

59 Péterffy-Palais und Restaurant ›Százéves‹ (Das Hundertjährige)
Pesti Barnabás utca 2

Barockes Bürgerhaus mit gut geführtem Traditionslokal.

Das schöne barocke **Bürgerhaus** – heute wirkt es im Vergleich zu den großen umliegenden Gebäuden geradezu winzig – vermittelt einen guten Eindruck von der Bebauung dieses Stadtteils im 18. Jh., als Pest noch von einer Mauer umgeben war. Es liegt heute weit unter dem Niveau der Straße, sein Erdgeschoß entspricht der Lage nach den Kellern der umgebenden Häuser. 1755 hatte die Familie Péterffy das Bürgerpalais von Andreas Mayerhoffer errichten lassen. Im Bogenfeld (Tympanon) über dem breiten *Eingangstor* kann man das Familienwappen sehen.

Seit 1831 beherbergt das Haus das **Restaurant ›Százéves‹**. In der traditionsreichen Gaststätte gehobener Preisklasse gibt es neben internationaler auch ungarische Küche.

Die griechisch-orthodoxe Kirche verlor durch Luftangriffe im Zweiten Weltkrieg ihren Südturm

Hauptfassade der Redoute

Die Skulpturen an der Redoute stammen von Károly Alexy

60 Redoute (Vigadó)
Vigadó tér 2

Das Ballhaus ist eines der schönsten und reifsten Werke der ungarischen Romantik.

Das Hauptwerk des Architekten Frigyes Feszl entstand zwischen 1821 und 1884. Der klassizistische Vorgängerbau war während der Befreiungskriege 1848 zerstört worden, aber man wollte nicht nur das Ballhaus wiederhaben, sondern auch das beschädigte Panorama der Uferstraße wiederherstellen, und so entschloß man sich rasch zum Neubau. Der Architekt Frigyes Feszl nahm in diesem **Bau** den etwa 30 Jahre später auftretenden ungarischen ›Nationalstil‹ vorweg. Die reiche Fassadendekoration und die Innenraumgestaltung schöpfen aus Elementen der Folklore und verbinden verschiedene Stileinflüsse zu einer prachtvollen, romantischen Architektur.

Seit seiner Neueröffnung 1980 dient die Redoute wieder Konzerten und Ausstellungen, der *Große Saal* kann auch für Bälle u.a. gemietet werden. Im Erdgeschoß wurden eine *Bierstube* und eine *Kunstgalerie* eingerichtet.

Pest innerhalb des Altstadtrings · *Plan Seite 6/7*

61 Kaffeehaus Gerbeaud
(Gerbeaud cukrászda)
Vörösmarty tér

Im Herz der Innenstadt, wo die Kleine U-Bahn (Kis földalatti) und die schönsten Promenaden- und Einkaufsstraßen beginnen, steht eines der traditionsreichsten Kaffeehäuser Budapests.

Der Konditor Henrik Kugler schnitt hier am 14. Oktober 1858 seine erste Torte an und eröffnete damit ein Konkurrenzunternehmen zur Konditorei Ruszwurm im Budaer Burgviertel. Gerbeaud, der nachfolgende Besitzer, ließ das jetzt noch weitgehend erhaltene **Interieur** gestalten. Der reiche Stuck, Lüster, die Marmortische, Holzverkleidungen und Brokattapeten orientieren sich an Wiener Vorbildern.

Die Wiener und Budapester Kaffeehäuser sind im Gegensatz zu den elitären englischen Clubs charakteristische Produkte der großstädtischen Gesellschaft. Eleganz, gemischt mit einem bestimmten Maß an Gemütlichkeit, sorgte für Anonymität und Geborgenheit zugleich, die der Großstadtmensch sucht. Das hat sich bis heute kaum geändert, und so nimmt es nicht wunder, daß das ›Gerbeaud‹ zu allen Tageszeiten gut besucht ist (auch wenn das Niveau der Bedienung wohl nicht mehr dem von damals entspricht). Wenn es das Wetter erlaubt, empfiehlt es sich, auf der Terrasse vor dem Kaffeehaus einen Platz zu suchen und die intime und zugleich geschäftige Atmosphäre des Vörösmarty-Platzes zu genießen (Abb. S. 159).

Gleich hinter dem berühmten Kaffeehaus Gerbeaud beginnt die Váci utca, eine beliebte Einkaufsstraße

95

Pest innerhalb des Altstadtrings · *Plan Seite 6/7*

Vielfältiges Leben in der Innenstadt: Zigeunermusikanten, Frauen aus Siebenbürger, die Stickereien anbieten, Straßenkünstler aus allen Teilen der Welt

62 Evangelische Kirche und Landesmuseum
(Evangélikus Országos Múzeum)
Deák Ferenc tér 4-5

Das puritanisch-strenge Bauensemble beherbergt die ›Zentrale‹ der ungarischen Lutheraner.

Joseph II. erließ 1781 den sog. Duldungsbeschluß, der die Tätigkeit der reformierten Kirchen in den ungarischen Städten legalisierte. Der Erlaß besagte, daß dort, wo mehr als 100 evangelische Familien zusammenlebten, eigene Kirchengemeinden gegründet werden konnten.

1791 beauftragte die Lutherische Gemeinde von Pest den Baumeister János Krausz mit der Errichtung einer Kirche, eines Pfarrhauses und einer Schule auf dem Kohlmarkt. Nach dem Tode des Architekten setzte Mihály Pollack die Bauarbeiten fort. 1808 war der **Kirchenbau** vollendet, und 1856 gestaltete József Hild den klassizistischen strengen *Portikus* mit dorischen Halbsäulen, wie er heute noch zu besichtigen ist.

Das **Evangelische Landesmuseum** spiegelt die Geschichte der ungarischen Lutherischen Kirche. Während der Reformationszeit hatte die neue Konfession in Ungarn zunächst viele Anhänger, erst die Gegenreformation und die Vertreibung vieler protestantischer Familien Ende 16. Jh. brachten der katholischen Kirche ihre ursprüngliche Vormachtstellung zurück. Unter den Emigranten von damals befanden sich auch die Vorfahren von Albrecht Dürer und Johann Sebastian Bach. Zur Zeit bekennen sich etwa 4% der ungarischen Bevölkerung zum Luthertum (etwa 16% sind kalvinistisch-reformiert). Zum wertvollen Bestand des Evangelischen Landesmuseums zählt das 1542 in Wittenberg geschriebene *Testament Dr. Martin Luthers*. Der Archäologe Miklós Jankovich hatte das wertvolle Dokument 1804 bei einer Auktion in Helmstedt ersteigert. Die *Ausstellung* zeigt aber auch die erste ungarische Bibelübersetzung, Lehrbücher, Chroniken und Bildnisse berühmter ungarischer Protestanten.

Eine *Gedenktafel* weist darauf hin, daß einst der romantische Dichter Sándor Petőfi (1823-1849) die alte **Evangelische Schule** besuchte. So konnte er in den Genuß fortschrittlicher pädagogischer Methoden kommen: 1816 hatte der Direktor der Schule, Lájos Schedius, in seiner Schrift ›Die Schule der evangelischen Gemeinde A.C. in Pesth‹ die Lehren des Schweizers Johann Heinrich Pestalozzi übernommen und seinem Lehrplan zugrunde gelegt. Die Evangelische Schule bestand bis zu ihrer Zwangsauflösung durch die Kommunisten 1952. Heute gibt es starke Bestrebungen, die Grundschule und das traditionsreiche Gymnasium wieder ins Leben zu rufen.

Die strenge Fassade der evangelischen Kirche am Deák tér

Pest innerhalb des Altstadtrings · *Plan Seite 6/7*

Die Atlasfigur und die allegorischen Frauengestalten über dem Portal des Invalidenkrankenhauses sind Arbeiten des Wiener Bildhauers Johann Christoph Mader

63 Zentrales Rathaus
(Központi Városháza)
Városház utca 9-11

Im ehemaligen Kriegsversehrtenasyl residieren heute Budapests Stadträte.

Wichtigster Bau aus der Regierungszeit Karls III. (1711-1740) ist das ehemalige Invalidenhospital in der Innenstadt, in dem heute das Zentrale Rathaus untergebracht ist. Zu Bauzeiten war es ein freistehendes monumentales Gebäude am nördlichen Rand der Innenstadt, heute steht es eingezwängt in den engen Gassen und mehrstöckigen Wohnhäusern aus der Budapester Gründungszeit. 1716 hatten die Entwurfsarbeiten unter dem Wiener Architekten Fortunato de Prati begonnen, bald jedoch übernahm der ebenfalls in Wien tätige Anton Erhard Martinelli die Bauplanung. Er orientierte sich an barocken italienischen Stadtpalästen. Der Grundriß geht vom Rechteck aus. In der Verlängerung der Hauptachse stand eine reich gestaltete Kapelle (heute Kultursaal); toskanische Pilaster fassen die drei Stockwerke der Hauptfassade zusammen. Die Tore

Das prachtvolle Jugendstilmosaik am ehemaligen Bankhaus Török

Detail von der Westfassade der Großen Synagoge

mit den herausragenden Giebeln, das stark profilierte Gesims und die Skulpturen an den Eingängen sind Meisterstücke ihrer Zeit. Aber die funktionale Perfektion der Einrichtung übertraf noch die baukünstlerische Gestaltung. Knapp ein halbes Jahrhundert lang haben vor allem Kriegsversehrte in diesem Bauwerk gelebt, etwa 2000 Personen fanden Aufnahme. Außer den Unterkünften befanden sich zwei Krankenhäuser, Verbandsräume, eine Schule und eine Kapelle für 3000 Gläubige (heute als Konzertsaal genutzt) im Gebäude. Es gab auch eine Metzgerei, eine Bäckerei und kleinere Läden für den täglichen Bedarf, so daß die Insassen das Gebäude kaum verlassen mußten. Später wurde es zur Karls-Kaserne für die Grenadiere umgebaut, seit 1894 hat sich hier die Budapester Stadtverwaltung etabliert.

Die Városház utca mündet in Richtung zur Donau in den Martinelli tér. Hier stehen zwei interessante Wohn- und Geschäftshäuser aus der Zeit vor dem Ersten Weltkrieg (Nr. 3 und 5). Das 1906 erbaute ehemalige **Bankhaus Török** wird von einem auffälligen Jugendstilgiebel bekrönt. Das stark farbige *Glasmosaik* zeigt die ›Verklärung der Hungria‹. Das benachbarte **Rózsavölgyi-Haus** entstand 1912 für eine Schneiderei. Geschäft, Büro und Wohnbereiche sind deutlich voneinander getrennt, im Dekor lehnte sich der Architekt Béla Lajta an den Wiener Jugendstil und die Werkbund-Architektur an. Seinen Namen bekam das Haus nach der heute noch bestehenden Musikalienhandlung, deren alte Ausstattung leider 1955 einem Brand zum Opfer fiel.

64 Große Synagoge
(Dohány utcai zsinagóga)
Dohány utca 2-8

Bis heute geistiges Zentrum des liberalen Judentums in Ungarn und zweitgrößte Synagoge der Welt.

Nach Alt-Ofen und Preßburg erhielten die Juden aufgrund des Duldungserlasses Josephs II. 1783 auch in Pest Wohnrecht, allerdings blieb ihnen die Innenstadt verwehrt. Sie ließen sich also so nah wie möglich am Stadtkern nieder, in der Elisabeth- und in der Theresienstadt. Die beiden Stadtteile wurden zu Beginn des 19. Jh. fast ausschließlich von Juden bewohnt, ein

Pest innerhalb des Altstadtrings · Plan Seite 6/7

Glockenstab (Rimon) aus dem Bestand des Jüdischen Museums neben der Großen Synagoge

Ghetto hat es aber in Pest vor der Zeit des Faschismus nie gegeben (Buda vgl. Nr. 15). Nachdem in Wien 1826 eine repräsentative Synagoge gebaut worden war, sollte auch für die große Gemeinde der Elisabethstadt eine Synagoge errichtet werden. Vom Beschluß bis zur Realisierung vergingen knapp 20 Jahre, eine Hochwasserkatastrophe, die Revolution von 1848 und fünf Choleraepidemien verzögerten den Bau. Bis zur Errichtung des Gotteshauses hatten Schulen und Privatwohnungen in den Wohnhäusern der umliegenden Straßen als Betstuben gedient.

Am Wettbewerb für die neue Synagoge beteiligten sich namhafte Architekten, angenommen hat man die Pläne des Deutschen Ludwig Förster, der gerade in der Tempelgasse in Wien den Bau einer Synagoge beendet hatte (1854). Der kurze zeitliche Abstand zwischen den beiden Bauten – 1857 entstand die Pester Synagoge – erklärt ihre Formenverwandtschaft. Beide greifen in historischer Weise auf Elemente der maurischen Baukunst zurück. Försters **Bau** ist auch stark von christlichem Denken geprägt: dem **Langhaus** sind seitlich über zwei Stockwerke die **Frauenemporen** zugeordnet, was dem räumlichen Eindruck nach durchaus der christlichen Basilika entspricht. Der 8,2 m hohe **Thorenschrank** (die Bundeslade) steht nicht, wie üblich, in der Mitte des Raumes, sondern im Chor – also an der Stelle, die in christlichen Kirchen der Altar einnimmt. Die Synagoge bietet 1492 Männern und 1472 Frauen Platz. Gußei-

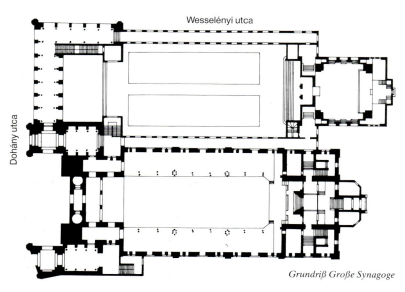

Grundriß Große Synagoge

Pest innerhalb des Altstadtrings · *Plan Seite 6/7*

Mahnmal für die Opfer des Holocaust im Innenhof der Großen Synagoge von Imre Varga. Die mehreren Tausend kleinen Silberblätter sind den Opfern gewidmet

serne Pfeiler und Träger stützen den weiten Raum, der dadurch sehr elegant wirkt. An der Nordseite des Tempels umschließt ein **Arkadengang** den Hof, der wie ein christlicher Kreuzgang wirkt. Hier wurde 1990 das *Mahnmal* von Imre Varga zum Gedächtnis an den Holocaust aufgestellt.

1929-31 ist die größte Synagoge Europas durch zwei weitere Bauten erweitert worden. Der **Heldentempel** (Hősöktemploma) wurde zu Ehren der gefallenen jüdischen Soldaten im Ersten Weltkrieg errichtet.

Das **Jüdische Museum** entstand 1931 nach Plänen von László Vágó. Hier wird die Geschichte des ungarischen Judentums von der Römerzeit bis in die Gegenwart dokumentiert. Zur Sammlung gehören auch *Autographen* des ungarischen Philosophen Theodor Herzl (1860-1904), des Begründers des modernen Zionismus. Sein Geburtshaus befand sich auf diesem Grundstück, daran erinnert eine **Gedenktafel** im Treppenaufgang des jetzigen Eckgebäudes.

65 Orthodoxe Synagoge
(Zsinagóga)
Rumbach Sebestyén utca 11-13

Ein früher Bau des berühmten Wiener Architekten Otto Wagner.

Nachdem in der 2. Hälfte des 19. Jh. der Einfluß des liberalen Judentums immer größer geworden und die Gemeinde der Großen Synagoge (vgl. Nr. 64) zunehmend an Einfluß gewonnen hatte, beschlossen die Vertreter der orthodoxen Glaubensrichtung den Bau einer eigenen Synagoge. Als Baumeister gewannen sie den Wiener Architekten Otto Wagner.

Die ›orientalischen‹ Rankenornamente der **Fassade** nehmen Dekorelemente des Jugendstils vorweg. Der **Innenraum** ist in traditioneller Weise gestaltet: Der Vorraum und der oktogonale Betraum, dessen Mittelpunkt das Lesepult bildet, sind deutlich voneinander getrennt.

Die während des Zweiten Weltkrieges stark beschädigte Synagoge wird zur Zeit restauriert.

Pest außerhalb des Altstadtrings

66 Rákóczi út (Rákóczistraße)

Die lebhafte Geschäftsstraße ist vor allem durch Häuser aus der zweiten Hälfte des 19. Jahrhunderts und dem frühen 20. Jahrhundert geprägt.

Der Straßenzug führt in östlicher Richtung aus Pest hinaus, vor dem Fall der Pester Stadtbefestigung endete er am Hatvaner Tor und hieß Innere Kerepeser Straße. Seinen heutigen Namen erhielt er 1906 nach dem Fürsten und Heerführer Ferenc Rákóczi II. (1657-1735).
Das älteste Bauwerk ist die **St.-Rochus-Kapelle** (Szent Rókus Kápolna, Haus Nr. 31) von 1797. Die im Gedenken an die Opfer der Pestepidemie von 1711 errichtete kleine Votivkirche wurde 1958 in ihrer ursprünglichen Form wiederhergestellt.
Das **Haus Nr. 18** ist ein Werk von Béla Lajta (1911), von dem auch das Rózsavölgyi-Haus am Martinelli tér (vgl. Nr. 63) stammt. Die von ihm eingeführte *Fassadengestaltung* mit Arkadengängen für den Geschäftsbereich fand auch bei den Neubauten der fünfziger Jahre Anwendung.

Die Fassade des **Hauses Nr. 19** schmückt eine *bronzene Statue* des Königs Matthias Corvinus von 1902.
Haus Nr. 21 ist ein kulturhistorisch interessanter Bau des Historismus. Das 1893 errichtete Gebäude war der Sitz der ungarischen Urania-Gesellschaft, die nach Berliner und Wiener Vorbild wissenschaftliche Erkenntnisse in populärer Form vermitteln wollte.
Das **Hotel Palace** (Haus Nr. 43) an der Kreuzung zum Großen Ring entstand 1911 in den typischen Formen des ungarischen Jugendstils.
Jetzt haben wir bald den **Ostbahnhof** (Keleti pályaudvar) erreicht, dessen prachtvolle *Neorenaissance-Fassade* schon von weitem zu sehen ist. Der große Kopfbahnhof entstand 1884, und im Jahr 1969 wurde er im Zuge der Umgestaltung des *Vorplatzes* (das Niveau des Platzes wurde weit unter das der umliegenden Straßen abgesenkt und als Fußgängerzone eingerichtet) mit der Untergrundbahn (Metrolinie 2) verbunden.

Abendlicher Verkehr in der Rákóczi út

Pest außerhalb des Altstadtrings · *Plan Seite 6/7*

Die sog. französischen Innenhöfe mit offenen Umgängen sind ganz charakteristisch für die großen Mietshäuser der Pester Innenstadt des ausgehenden 19. Jh. Sie schützen nicht nur vor dem Lärm der Straße, sondern waren und sind beliebte Orte der Kommunikation

67 Museum für Kunsthandwerk
(Iparmüveszeti Múzeum)
Üllői út 33-37

Dieser 1896 vollendete Museumsbau im sog. ungarischen Nationalstil ist der schönste und interessanteste der Stadt.

Der ›Nationalstil‹ strebte den Bruch mit dem Historismus an, übernahm die Ornamentfreudigkeit der Volkskunst und orientierte sich an der islamischen Architektur und dem deutsch-österreichischen Jugendstil. Sein Hauptmeister, Ödön Lechner, hatte fast zehn Jahre in vielen Ländern Studien betrieben, bevor er mit dem **Museumsbau** begann. Die *Fassade* besteht aus glasierten Backsteinen, die mit Pyrogranit-Kacheln aus der Fabrik Zsolnay in Pécs geschmückt sind. Diese Kacheln stellte Zsolnay aus einer Mischung von Schamotte und Ton her, die bei hoher Temperatur gebrannt wurde. Der metallische Glanz der Kacheln und die reiche Bauornamentik bestimmen das äußere Bild des Bauwerks. Im schneeweißen **Inneren** fühlt man sich in den Orient versetzt: *Maurische Bögen* öffnen sich von der hohen Mittelhalle zu den Ausstellungsgeschossen. Eine *Kuppel* aus leuchtend farbigem Glas überspannt die Halle.

Die **Sammlung** umfaßt alle großen Stilepochen. Einheimische Haban-Keramik ist ebenso vertreten wie Meißner Porzellan, orientalische Teppiche, französische Goldschmiedekunst oder deutscher Jugendstilschmuck.

Blick in die Mittelhalle des Museums für Kunsthandwerk von Ödön Lechner

68 Kaffeehaus New York

Erzsébet körút 9-11

Die grandiose Innenausstattung ist weitgehend erhalten geblieben und lohnt einen Besuch.

Der im Jahre 1954 unter der Bezeichnung ›Café Hungaria‹ wiedereröffnete einstige Treffpunkt der literarischen Welt trägt seit den neunziger Jahren wieder seinen ursprünglichen Namen. ›New York‹ hieß das Palais einer Lebensversicherungsgesellschaft, in dem 1894 ein Kaffeehaus im Fin-de-siècle-Dekor eingerichtet wurde. Reiche Innenausstattung mit Leuchtern und Spiegeln, Marmor und Bronze von Gusztáv Magyar-Mannheimer und Ferenc Eisenhut (Deckengewölbe, Ölgemälde) sowie Károly Lotz (Fresken). Auf der theaterähnlich mit Logen versehenen Galerie sind Karrikaturen von Schriftstellern

Pest außerhalb des Altstadtrings · *Plan Seite 6/7*

und Künstlern zu sehen, die in diesem Hause als illustre Stammgäste auf literarischen Ruhm hofften und bei den nachsichtigen, da poesiebegeisterten Zahlkellnern betreffs ihrer Kaffee-Rechnung oft »tief in der Kreide standen«. Der Dramatiker Ferenc Molnár soll am Eröffnungstag den Schlüssel des Kaffeehauses in die Donau geworfen haben als Symbol dafür, daß dieses den Literaten und Künstlern stets offenstehen möge. Ernö Osvát, von 1908-29 Chefredakteur der Literatur-Zeitschrift ›Nyugat‹, nahm gleich hier die frischen Manuskripte entgegen. Auch heute sind in diesem filmkulissenreifen Ambiente neben den Touristen Schriftsteller, Journalisten und bildende Künstler anzutreffen.

69 Musikakademie
(Zeneakadémia)
Liszt Ferenc tér 6

Das Hauptwerk der beiden Architekten Kálmán Giergl und Flóris Korb ist 1904-07 entstanden.

Der **Konzertbau** mit anschließenden Lehr- und Übungssälen ist ein schönes Beispiel für den ›Nationalstil‹, die ungarische Variante des europäischen Jugendstils (zum ›Nationalstil‹ vgl. auch Nr. 67). Vor allem orientierte man sich an der damals beliebten Ornamentik der Assyrer, die in stilisierter Form sowohl die *Fassade* als auch den **Innenraum** überzieht. Das *Foyer* ist mit Pécser Zsolnay-Keramik ausgestattet.

Monumentale Formen aller Stilepochen vereinen sich zur üppigen Innenausstattung des Kaffeehauses New York

Pest außerhalb des Altstadtrings · *Plan Seite 6/7*

Das Vestibül der Musikakademie mit dem Fresko ›Jungbrunnen‹ des Jugendstilkünstlers Aladár Kőrösfői-Kriesch

Die *Fresken* sind Arbeiten des Jugendstilkünstlers Aladár Kőrösfői-Kriesch, der auch an den Glasfenstern des Parlaments mitwirkte. Der *Konzertsaal* in der Musikakademie ist für seine hervorragende Akustik bekannt. Während der Unterrichtszeit kann man durch den Nebeneingang in der Király utca in das Gebäude gelangen.

70 Modehalle (Divatcsarnok)
Andrássy út 39

Großkaufhaus mit glanzvoller Vergangenheit.

Das ursprüngliche Großkaufhaus nach Pariser Vorbild wurde 1882 von Gustav Petschacher erbaut, ist aber um die Jahrhundertwende ausgebrannt. Daraufhin erhielt es 1909 eine ›moderne‹ Bundfassade und eine neue Raumeinteilung nach Plänen von Zsigmond Sziklai. Der Bau ist ein wichtiges Beispiel für den ungarischen *Eisenbetonbau*. Die Konstruktion entwickelte das Budapester Bureau ›Gut und Gergely‹, von dem auch die Pläne für den Wasserturm auf der Margareteninsel (vgl. Nr. 48) stammen.
Im hinteren Teil des Kaufhauses ist ein alter *Ballsaal* mit *Fresken* des ungarischen Malers Károly Lotz erhalten geblieben. Der Raum war 1911 in den Neubau des Kaufhauses integriert worden.

71 Ernst-Museum
Nagymező utca 10

Das Ernst-Museum zeigt heute vor allem zeitgenössische Kunst aus Ungarn und dem Ausland.

Lájos Ernst, ein bekannter Sammler seiner Zeit, suchte und fand 1912 dieses Haus für seine umfangreiche Kollektion. Ernst sammelte vor allem progressive Kunst und veranstaltete in den zwanziger Jahren wichtige Ausstellungen. 1932 mußte der ständige Bestand an andere Museen als Leihgabe weitergegeben werden; so gingen Werke älterer Meister an das Ungarische Nationalmuseum und an das Museum der Bildenden Künste, die Musikaliensammlung gelangte in das Museum des Opernhauses.
Eingang und Treppenhaus dieses schönen Jugendstilhauses wurden von Ödön Lechner gestaltet.

72 Arany-János-Theater
Paulay Ede utca 35

Der Innenraum strahlt die Atmosphäre der zwanziger Jahre aus und prangt in faszinierendem Art déco.

Diese Gegend war vor und nach dem Ersten Weltkrieg die Hochburg der ungarischen Unterhaltungskunst. Die Lokale

Pest außerhalb des Altstadtrings · *Plan Seite 6/7*

›Arizona‹ und ›Parisiana‹ waren Begriffe für kultiviertes Nachtleben und für die Modernität in der Unterhaltungskunst. Das heutige Arany-János-Theater war dieses ›Parisiana‹, ein Bau aus dem Jahre 1909 von Béla Lajta, der in Budapest zahlreiche Gebäude im Wiener Jugendstil errichtet hat (vgl. Nr. 63 und 66).

Seit 1921 erlebte das Haus mehrere Umbauten, und auch nach dem Zweiten Weltkrieg blieb es nicht von Besitzerwechsel verschont. Dies bewirkte eine ständige Verschlechterung der architektonischen Substanz. Nach langer Schließzeit und aufwendiger Restaurierung wird das Haus nun als Theater genutzt (Abb. S. 165).

73 Ungarische Staatsoper
(Magyar Állami Operaház)
Andrássy út 22

Bei diesem Bauwerk standen die Baukunst der Toskana und der deutschen Romantik Pate.

Die 2. Hälfte des 19. Jh. war in Ungarn eine Zeit der Theater- und Opernbauten. Das war vor allem den kulturellen Bedürfnissen des Bürgertums zu verdanken; in den Ländern der Habsburger Monarchie kamen noch die Stärkung des nationalen Selbstbewußtseins und die Pflege der Muttersprache hinzu. Damit wurde die nationale Musik- und Theaterkunst bewußt gefördert. Seit 1722 gab es in Pest ein deutsches Theater, das ungarische wurde 1837

Treppenaufgang im Opernhaus

Die Hauptfassade des Opernhauses. Standbilder berühmter Komponisten rahmen die offene Loggia im Obergeschoß

Die Deckenmalereien in der Staatsoper täuschen auf illusionistische Weise eine plastische Kassettendecke vor

eröffnet. Auch Ordensschulen waren bemüht, Theatervorstellungen zu inszenieren, doch ein Opernhaus gab es nicht.
Noch vor der Vereinigung der Städte Buda, Pest und Altofen hatte der Rat für Gemeinnützige Arbeiten 1871 die Ausschreibung für ein Opernhaus erlassen. Das Projekt fand auch die Unterstützung des Kaisers Franz Joseph. Nach Paris, Wien und Dresden sollte auch die Stadt Buda-Pest eine Oper erhalten. Den Wettbewerb gewann von sechs Bewerbern Miklós Ybl. Die Bauarbeiten dauerten knapp zehn Jahre. Am 27. September 1884 wurde das Opernhaus in Anwesenheit der königlichen Familie und des Ministerpräsidenten Kálmán Tisza mit der feierlichen Aufführung der ungarischen Nationaloper ›Bánk Bán‹ von Ferenc Erkel eröffnet.
Die **Fassade** ist streng symmetrisch aufgebaut und nimmt in ihrer Gliederung viele Elemente der Renaissance-Baukunst auf. In den Nischen zu beiden Seiten des Haupteinganges sieht man *Franz Liszt* (links) und *Ferenc Erkel* (rechts), den Begründer der ungarischen Nationaloper. *Musenfiguren* schmücken die Nischen im 1. Obergeschoß, über der Balustrade stehen *Figuren berühmter Komponisten*.
Die ganze Pracht der Neorenaissance entfaltet sich im **Vestibül**. Ybl hat hier vom *Mosaik* des Fußbodens bis hin zum Gewölbeornament eine vollkommene Ausstattung erreicht. Alle *Deckengemälde* stammen von den wichtigsten ungarischen Malern der Zeit: Károly Lotz, Bertalan Székely und Mór Than. Der sich über drei Geschosse erstreckende **Zuschauerraum** wird von einer *Kuppel* mit Fresken von Károly Lotz überwölbt.
Im **Székely-Saal** befindet sich die *Kunst- und Archivsammlung* des Opernhauses. Diese ist aus dem Bestand des Sammlers Lájos Ernst hervorgegangen und zeigt eine bildkünstlerische und schriftliche Dokumentation des Hauses.

Der Oper gegenüber steht ein imposanter Bau im Stil der französischen Renaissance-Schlösser, das ehemalige Palais Drechsler, in dem heute das Ballettinstitut untergebracht ist. Dieses Frühwerk von Ödön Lechner ist im Auftrag der Staatsbahnkasse 1883 entstanden. Das Gebäude verrät noch wenig von der späteren Eigenständigkeit des großen Meisters des ungarischen Jugendstils. Im Untergeschoß, wo sich ursprünglich ein Kaffeehaus befand, verwendete er schon damals Ornamente der ungarischen Volkskunst. Ein besonderer Reiz dieses Baus liegt im Widerspruch zwischen Standort und Stil des Gebäudes. Ödön Lechners Architekturvorbilder für dieses Schloß waren auf den Bezug zu Natur und Landschaft komponiert, statt dessen steht dieses Bauwerk inmitten der Großstadt.

74 Basilika St. Stephan
(Szent István templom)
Szent István tér

Hochverehrte Reliquie im größten Kirchenbau Budapests.

Nur aufgrund ihrer Größe und nicht ihrer Baugestalt wegen erhielt die Leopoldstädter Pfarrkirche die Bezeichnung Basilika.
József Hild hatte 1845 den Auftrag für den Kirchenbau erhalten. Er war der herausragende Architekt des ungarischen Klassizismus, die monumentalen Dome in Esztergom und Eger waren unter seiner Leitung entstanden.
1851-67 errichtete Hild die Kirche über dem Grundriß eines griechischen Kreuzes.

Neugotischer Reliquienschrein

Pest außerhalb des Altstadtrings · *Plan Seite 6/7*

Westfassade der Stephans-Basilika

Die beiden West-Türme bilden ein Gegengewicht zur zentralen Kuppel, die ein Werk Miklós Ybls ist. Ybl hatte die Bauleitung nach Hilds Tod 1867 übernommen. Seine Arbeit bestand im wesentlichen im Wiederaufbau einer neuen Kuppel, denn die erste war eingestürzt. Ybl wich zunehmend vom klassizistischen Gestaltungsprinzip ab. Die von ihm bevorzugte Neorenaissance kam besonders bei der **Innenausstattung** zur Geltung. Die wichtigsten Meister der Zeit, Gyula Benczúr und Károly Lotz führten die *Mosaik-* und *Freskenarbeiten* aus. Ybl starb 1891, erst 1905 konnte József Krauser den Bau vollenden. Die Kirche ist dem ersten getauften ungarischen König, dem hl. Stephan, geweiht. In einem vergoldeten gotischen Reliquienschrein in der Szent Jobb Kápolna (Kapelle der Heiligen Rechten) wird die rechte Hand des heiligen Königs als kostbare **Reliquie** verwahrt. An seinem Festtag, dem 20. August (als König Ladislaus die Hand angeblich unversehrt fand), wird seit der Regierungszeit Maria Theresias die Reliquie in einem liturgischen Umzug dem Volke vorgeführt.

Die neue *Glocke* mit elektrischem Zugwerk erhielt die Basilika als Geschenk der bayerischen Stadt Passau am 20. August 1990 zur Erinnerung an das Jahr zuvor, als die ungarisch-österreichische Grenze für Tausende von DDR-Bürgern geöffnet wurde.

75 Gresham-Palast
Roosevelt tér 5

Der Jugendstilbau ist ganz auf das Repräsentationsbedürfnis einer großen Firma ausgerichtet.

Die englische Versicherungsgesellschaft Gresham ließ durch den Architekten Zsigmond Quittner 1907 dieses Gebäude er-

Der Giebel des Gresham-Palastes

Pest außerhalb des Altstadtrings · *Plan Seite 6/7*

Festsaal in der Akademie der Wissenschaften. Hier werden die Auszeichnungen der Akademie verliehen

richten. Fassadendekoration und technische Einrichtung sind in wertvollem Material ausgeführt; die arkadenartige Erdgeschoßgestaltung mit den Treppenaufgängen, die schmiedeeisernen Tore, Fliesen und Bleiglasfenster boten Adäquates zu den technischen Neuerungen. Fahrstühle und Zentralheizung trugen gehobenen Ansprüchen Rechnung. In dem Haus befand sich früher ein Café, Treffpunkt der ungarischen Avantgarde der zwanziger Jahre, des sog. Gresham-Kreises.

76 Akademie der Wissenschaften
(Tudományos Akadémia)
Roosevelt tér 9

Der erste Bau im Stil der Neorenaissance in Budapest.

Die Gründung der Ungarischen Akademie der Wissenschaften fiel in die Zeit der ungarischen Reformbewegungen, einen Bau erhielt die Akademie jedoch erst 1861. Der Berliner Architekt Friedrich August Stüler gewann die Ausschreibung. Miklós Ybl übernahm die Bauleitung. Die *Fresken* im Festsaal stammen von Károly Lotz. Am 11. Dezember 1865 konnte der Bau übergeben werden. In der ›Pester Sonntagszeitung‹ wurde sofort die Ähnlichkeit mit dem Stockholmer Museum – einem anderen Werk Stülers – festgestellt. Vor der Akademie steht das **Denkmal** ihres Begründers *István Széchenyi*, ihm gegenüber, auf der anderen Seite des Platzes, ein Denkmal für *Ferenc Deák* (1803-1876), einen bedeutenden ungarischen Politiker des 19. Jh., der sich um den sog. Ausgleich mit Österreich besonders verdient gemacht hat.

Die Bibliothek der Familie Teleki bildete den Grundstock des **Buchbestandes** der Akademie. Nach 1840 kamen wichtige Autographen hinzu. Ende 19. Jh. schenkte György Ráth seine wertvolle Sammlung ungarischer Unikat-Bücher der Akademie, und der Elische Nachlaß bereicherte den Bestand mit Manuskripten und Büchern der Goethezeit. Am bedeutendsten ist die Sammlung des orientalischen Schrifttums. Sie umfaßt auch den Nachlaß von Sándor Körösi Csoma (1784-1842), der sich um die Erforschung der Herkunft des ungarischen Volkes bemüht hatte.

Die Postsparkasse, ein wichtiger Bau Ödön Lechners, wird bald seiner ursprünglichen Bestimmung zurückgegeben

77 Szabadság tér
(Freiheitsplatz)

Der hufeisenförmige Platz mit einheitlich geplanter Bebauung gilt als einer der schönsten in Budapest.

Nachdem das Lipotstädter Gefängnis, das sog. Neugebäude, 1786 abgerissen worden war, begann man 1898 mit der architektonischen Umgestaltung des Platzes zu einem Zentrum der Börsen und Banken. Als das Gefängnis noch stand, verlief hier die Staatsgrenze. Auf dem Platz vor der Strafanstalt wurde nach dem Niederschlag der Revolution am 6. Oktober 1849 der erste Ministerpräsident der unabhängigen ungarischen Regierung, Lajos Batthyány, hingerichtet. Das ›Ewige Licht‹ zum Gedenken an den ungarischen Patrioten brennt seit 1926.
In dem ehemaligen **Börsenpalast** (Szabadság tér 17) hat heute das ungarische Fernsehen sein Domizil. Er ist ein Werk des herausragenden Architekten des ungarischen Historismus, Ignác Alpár (1902-1905). Gegenüber steht das schöne Gebäude der ungarischen **Nationalbank**, ebenfalls ein Werk Alpárs. Im Süden schließt seit 1937 die Zentrale des früheren Geldinstituts den Platz ab.

78 Postsparkasse
(Postatakarékpénztár)
Hold utca 4

Jugendstilbau mit sehenswertem Majolika-Zierat.

Nach Vollendung des Museums für Kunsthandwerk (1896) und des Geologischen Instituts (1899) setzte Ödön Lechner seine Bemühungen um den ungarischen ›Nationalstil‹ mit dem **Bau** der Postsparkasse (1899-1902) fort. Ob es die Eigenständigkeit der Lechnerbauten erlaubt, von einem ›Nationalstil‹ zu sprechen, soll hier nicht diskutiert werden. Unumstritten ist, daß Lechner einen wichtigen Beitrag zum europäischen Jugendstil leistete, und es sein Verdienst ist, die vielfältigen ornamentalen Motive der ungarischen Volkskunst in die Architektur integriert zu haben. Das ist besonders schön an dem Dach aus sechseckigen farbigen Ziegeln ablesbar.
Die Ornamentik in der *Schalterhalle* enthielt ursprünglich Darstellungen von Bienen und Bienenwaben in Mosaiken, an den Säulen und auf geätzten Glasfenstern. Heute sind solche Motive nur noch im *Dach*- und *Giebelbereich* zu entdecken.

79 Parlament (Országház)
Kossuth Lajos tér

Das Wahrzeichen der ungarischen Hauptstadt.

Nach dem ›Ausgleich‹ mit Wien von 1867 war die politische und wirtschaftliche Situation in Ungarn soweit liberalisiert, daß man daran denken konnte, ein Parlamentsgebäude zu errichten. Am 4. Dezember 1880 erhoben Kaiser Franz Joseph und Ministerpräsident Kálmán Tisza dieses Vorhaben zum Gesetz. Der Landtag (das Parlament) hatte bis 1847 seinen ständigen Sitz in Preßburg, dann zog er auf Széchenyis Vorschlag in die damalige Redoute nach Pest um. 1866 erhielt Miklós Ybl den Auftrag, ein *vorläufiges Abgeordnetenhaus* zu errichten. Dieses Gebäude (Bródy Sándor utca 8) gehört heute dem Italienischen Kulturinstitut.

An der **Ausschreibung** für das neue Parlament nahmen mehrere berühmte ungarische und ausländische Architekten teil, u. a. Alajos Hauszmann, Albert Schickedanz, Imre Steindl und Otto Wagner. Mit Ausnahme von Steindls Entwurf, der dann auch angenommen wurde, waren alle Eingaben im Stil der Neorenaissance gestaltet. Steindl, der Schüler des Wiener Architekten Friedrich von Schmidt, stützte sich inhaltlich wie stilistisch auf das Londoner Vorbild (Sir Charles Barry, beg. 1836), was auch ein Bekenntnis zum traditionsreichen, englischen Parlament bedeutete.

Charakteristisch für den Bau (1885-1902), in dem Steindl barocke Grundrißgestaltung mit Eisenkonstruktion und neugotischem Aufbau verband, ist die mächtige **Kuppel**. Ihre Höhe allein beträgt 96 m. »Als hätte man einer gotischen Kirche ein türkisches Dampfbad aufgepfropft« – so lästerte der Dichter Gyula Illyés.

Um die *Kuppelhalle* sind symmetrisch die Säle angeordnet, die zehn Innenhöfe einschließen. Der Haupteingang, das sog. *Löwenportal*, liegt am Kossuth Lajos tér.

Kuppelsaal des Parlaments

Pest außerhalb des Altstadtrings · *Plan Seite 6/7*

Für die **Innenausstattung** wurden die anerkannten Künstler der Zeit ausgewählt. Im *Großen Sitzungssaal* befindet sich Munkácsys *Historiengemälde* ›Landnahme‹, die *Fresken* stammen von Károly Lotz, die *Glasfenster* mit Motiven aus der ungarischen Geschichte sind Werke von Aladár Kőrösfői-Kriesch, die schmiedeeisernen *Gitter* schuf Gyula Jungfer, der sich damals auch an der Ausstattung der Oper und der Basilika beteiligte. Architektur und Innendekoration entsprechen dem englischen Decorated Style, bzw. sind eine vorzügliche spätere Adaption.
Steindls Entscheidung für die Neugotik blieb nicht unwidersprochen. Manche Kritiker lehnten den sakralen Charakter des Bauwerkes ab, der zu der klassischen Strenge des Wiener Parlaments in starkem Gegensatz steht. Steindls Bau erstreckt sich 268 m am Donauufer entlang. Er erfüllt damit zwei wesentliche Aspekte: Das Parlament sollte ein Gegengewicht zu der königlichen Burg am anderen Ufer bilden und die Bedeutung des Flusses für das Stadtbild hervorheben. Im Gebäude befindet sich die *Parlamentsbibliothek* mit einem ausgezeichneten Bestand vor allem zur Rechts- und Geschichtswissenschaft, die der Öffentlichkeit zugänglich ist.

Grundriß Parlament

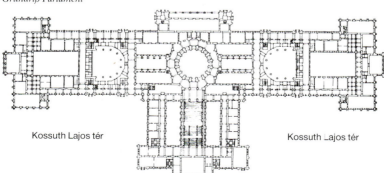

Pest außerhalb des Altstadtrings · *Plan Seite 6/7*

Von der Donau aus werden die gewaltigen Proportionen des Parlamentsgebäudes eindrucksvoll sichtbar. Zu beiden Seiten der Kuppel befanden sich ursprünglich die Sitzungssäle des Ober- und des Unterhauses

Die Skulpturen im neugotischen Treppenhaus des Parlaments stammen von György Kiss

80 Ethnographisches Museum
(Néprajzi Múzeum)
Kossuth Lajos tér 12

Anschauliche Sammlung ungarischer und fremdländischer Kulturschätze.

Dem Haupteingang des Parlaments (vgl. Nr. 79) gegenüber stehen zwei monumentale Bauten im Stil des Historismus: das Landwirtschaftsministerium und die sog. Kurie, das heutige Ethnographische Museum. Die Pläne für beide Häuser stammen von Alajos Hauszmann, einem vielbeschäftigten Baumeister des Historismus. Die 1893-96 errichtete Kurie diente zunächst als Sitz des obersten Gerichtshofes, ihr Äußeres erinnert auch an Gebäude wie den Berliner Reichstag oder den Münchner Justizpalast. Eine Kuppel erlaubte die Lage gegenüber dem Parlament nicht.

Pest außerhalb des Altstadtrings · *Plan Seite 6/7*

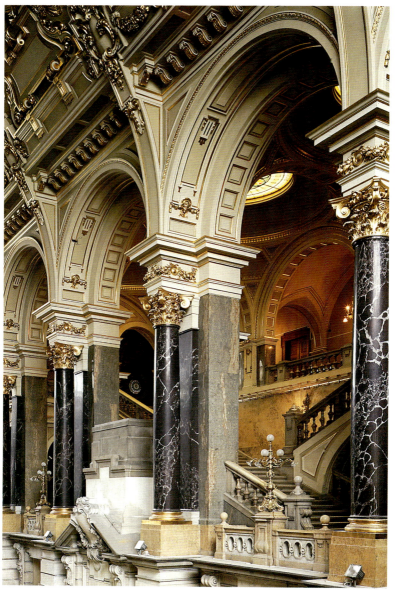

Treppenhalle im Ethnographischen Museum, der sog. Kurie. Das Gebäude war bis 1945 Sitz des Obersten Gerichts

Die pompöse **Innenausstattung** des großen Saales und der Treppenhalle mit den in Pastelltönen gehaltenen *Fresken* von Károly Lotz ist äußerst sehenswert.

Die **Sammlungen** des Ethnographischen Museums gehen auf den Ostasienforscher János Xantus (1825-1894) zurück. Dieser Diplomat sammelte auf seinen Reisen wertvolle völkerkundliche Gegenstände. Eine große Bereicherung der Sammlung bedeutete die Übernahme der *Ungarischen Volkskunstausstellung*, die mit großer Akribie anläßlich der Millenniumsfeiern 1896 zusammengestellt worden war.

Pest außerhalb des Altstadtrings · *Plan Seite 6/7*

Hirtenjacke aus Filz mit Flachstickerei

Im **1. Obergeschoß** befindet sich die Sammlung der ungarischen *Volkskunst- und -kultur,* einschließlich eines *Musikarchivs* zur Volksmusik. Die mit originalen Gegenständen (Möbel, Hausrat, Kleidung) eingerichteten *Schauzimmer* vermitteln ein realistisches Bild vom Leben in den ungarischen Dörfern der Vorkriegszeit. Es gibt auch kunstvolle volkstümliche Stickereien aus fünf Jahrhunderten zu bewundern.

Im **2. Obergeschoß** befindet sich die Sammlung der *außereuropäischen Kulturen.* Man kann hier neben archäologischen Funden aus der Stein- und Bronzezeit Gebrauchs- und Kultgegenstände der Indianer, der Völker aus Melanesien und Indonesien und afrikanischer Stämme betrachten.

Eine dritte Quelle des Bestandes bilden Zeugnisse, Dokumente und Gegenstände aus *Sibirien,* die Forscher im 19. Jh. von dort mitbrachten, als sie versuchten, die Herkunft des ungarischen Volkes zu ergründen.

Maske aus dem Kongo

81 Westbahnhof
(Nyugati pályaudvar)
Teréz körút 109-111

Elegante Glas- und Eisenkonstruktion der weltberühmten Firma Eiffel.

Am 15. Juli 1846 rollte der erste Eisenbahnzug von hier nach dem 60 km entfernten Vác. Der erste ungarische Schienenweg war eröffnet! Den anfänglichen, sehr einfachen Bahnhofsbau löste 1877 der jetzige *Sackbahnhof* ab. Seine Bauzeit fiel insofern in eine günstige Phase, als man damals mit viel Feingefühl und Einfallsreichtum versuchte, mehr Unabhängigkeit von Wien zu erreichen und die Stadt durch großzügige und weitsichtige Projekte zur Weltstadt zu entwickeln.

In diesem Zusammenhang stand eine Ausschreibung des ›Rates für gemeinnützige Arbeiten‹ (Fővárosi Közmunkák Tanácsa) unter der Leitung des Grafen Gyula Andrássy für die grundsätzliche Gestaltung der Stadt. Der schon vorhandene Kleine Ring sollte durch Radialstraßen (heute Bajcsy Zsilinszky, Andrássy, Rákóczi, Baross, Üllői út) mit dem Großen Ring verbunden, und der künftige Westbahnhof zum zentralen Punkt der Zufahrtsstraßen werden. Den Wettbewerb zur neuen Bahnhofsgestaltung gewann das später weltberühmte Pariser Architekturbüro Eiffel.

Die Länge der **Bahnhofshallen** beträgt je 146 m, ihre Spannweite 42 m. Die Mittelhalle ist knapp 25 m hoch. Die ersten Eisensäulen wurden aus Paris geliefert, aber bald konnte eine ungarische Firma die Produktion übernehmen und wesentliche

Pest außerhalb des Altstadtrings · *Plan Seite 6/7*

Die Pläne für den Bau des Kopfbahnhofes entstanden im Büro des berühmten französischen Architekten Gustave Eiffel

Teile der Eisenkonstruktion in Ungarn herstellen.

Der vorbildlich restaurierte Budapester Westbahnhof ist eine Glanzleistung der Ingenieurbaukunst. Die *Eisenkonstruktion* liegt hinter einer eleganten Glasfassade. Im östlichen Flügel befinden sich der *große Spiegelsaal* und der *kleine Saal*. Ersterer wurde für die Anreise des königlichen Ehepaars zu den Millenniumsfesten 1896 erbaut. Dort sind die Wappen der Komitate, die vom Westbahnhof aus erreichbar sind, an der Decke abgebildet. Im ehemaligen *Bahnhofsrestaurant* befindet sich heute eine moderne Gaststätte nach amerikanischem Vorbild. Vom Westbahnhof fuhr die erste Straßenbahnlinie Budapests, seit 1887 mit elektrischem Antrieb, bis zur Király utca.

82 Ferenc-Hopp-Museum
Andrássy út 103 und
Gorkij fasor 12

Ostasiatika in zwei Häusern.

Der Bestand ging aus der Sammlung des bedeutenden Ostasien-Reisenden Ferenc Hopp hervor. Hopp (1833-1919) war zunächst bei der Optik-Firma Calderoni tätig, die er später erwarb. In seinem Wohnhaus befindet sich heute das Museum, dem er 1923 seine Sammlung interessanter *Kleinkunstwerke* aus verschiedenen Kulturepochen Indiens, darunter schöne erotische Kleinplastiken, vermachte. Der **Bestand** umfaßt rund 20000 Gegenstände.

Nachbildung einer ostasiatischen Gartenarchitektur im Hof des Ferenc-Hopp-Museums

Pest außerhalb des Altstadtrings · Plan Seite 6/7

Am umfangreichsten sind die *japanische* und die *chinesische Sammlung*. Beide befinden sich heute im zweiten Bau des Museums, in der Gorkij fasor 12. Neben herausragenden Einzelstücken gibt es schöne Sammlungen japanischer Kämme und chinesischer Fächer. Ein besonderer Reiz des Museums besteht sicher darin, daß hier nicht ausschließlich aus wissenschaftlichen Interessen gesammelt wurde, sondern mit dem Blick des Kenners und Liebhabers.

83 Hősök tere (Heldenplatz)

Geschichtsträchtiger Platz, umgeben von bedeutenden Museen. Anziehungspunkt für Einheimische und Touristen.

Die schönste und in ihrer architektonischen Gestaltung eleganteste Radialstraße von Budapest, die Andrássy út, mündet in den Heldenplatz, ein Meisterwerk des ungarischen Historismus. Zur eintausendjährigen Feier des Beginns der ungarischen Geschichte wurde der Platz mit dem **Millenniumsdenkmal** und den umliegenden Bauten gestaltet. Der Architekt Albert Schickedanz und der Bildhauer György Zala sind die Schöpfer dieses Ensembles. Die Skulpturen stammen von unterschiedlichen Bildhauern. Die beiden Flügel der halbkreisförmigen Säulenordnung trennt in der Mitte eine 36 m hohe korinthische Säule, von einer Figur des *Erzengels Gabriel* bekrönt. Dieser hatte der Legende nach dem hl. Stephan die ungarische Königskrone selbst überreicht. Den Sockel umstehen die sieben *Stammesfürsten* Ungarns (Árpád, Előd, Ond, Kond, Tas, Huba und Tétény). Im linken Halbrund sieht man die *ungarischen Könige* des Árpáden-Geschlechts und aus dem Hause Anjou; von links nach rechts: hl. Stephan (István I.), hl. Ladislaus (László I.), Koloman der Bücherfreund (Kálmán Könyves), Andreas II., Béla IV., Karl Róbert (Róbert Károly) und Ludwig I. (Lajos I.). Rechts standen ursprünglich Statuen der Habsburger, doch wurden sie aber durch Darstellungen ungarischer *Freiheitskämpfer* ersetzt. Unter den Skulpturen beschreiben Relieftafeln wichtige, mit der jeweiligen Persönlichkeit zusammenhängende Geschichtsepisoden.

Gleichzeitig mit dem Millenniumsdenkmal war das sog. *Feszty-Panorama* entstanden, ein 120 m langes und 15 m hohes Monumentalgemälde mit der Darstellung der Landnahme. Erhalten sind nur die Entwurfskartons in der Nationalgalerie (vgl. Nr. 3). Da Budapest weder einen Triumphbogen noch ein Heldenpantheon besaß, sah man im Millenniumsfest eine Herausforderung, ein solches *Nationaldenkmal* zu schaffen. Wie überall bestimmten nicht die modernen Stilströmungen, sondern der Akademismus die Formsprache dieses Vorhabens. Das Millenniumsfest wurde in unserem Jahrhundert sehr kontrovers beurteilt. Die marxistische Geschichtsschreibung lehnte die Feierlichkeiten und die damit verbundenen Bauten als präfaschistisch ab und übersah geflissentlich, daß gerade in diesem Zusammenhang die Stadt zahlreiche künstlerisch wertvolle und technische Neuerungen erhielt, die Budapest damals zur europäischen Großstadt machten und noch heute den Charakter der Stadt maßgeblich bestimmen. Der Heldenplatz war und ist einer der schönsten Budapester Plätze. Denkmäler kommunistischer Größen, die in den letzten Jahren entfernt wurden, sollen nur durch solche anerkanntermaßen verdienter Persönlichkeiten aus der ungarischen Geschichte ersetzt werden. Der jüngste ist Lajos Kossuth, der 1894 starb. Und daß der Platz vor dem Denkmal heute ein beliebter Treff der Skateboard- und Rollschuhfahrer ist, schmälert das historische Fluidum nicht, sondern macht uns

Pest außerhalb des Altstadtrings · *Plan Seite 6/7*

Das Millenniums-Denkmal auf dem Heldenplatz versammelt die bedeutendsten Persönlichkeiten der ungarischen Geschichte

Die Esterhazy-Madonna des Raffaello Santi (1483-1520)

diesen Ort noch sympathischer – und menschlicher.

Ganz dem Zeitgeist des ›Fin de siècle‹ entsprechend, entstanden am Heldenplatz zwei Musentempel. Links vom Denkmal steht das Museum der Bildenden Künste (Szépművészeti Múzeum) und rechts die Kunsthalle (Műcsarnok). Das **Museum der Bildenden Künste** ist aufgrund des sog. Millenniumsgesetzes entstanden und wurde 1906 vollendet. Vom letzten großen Aufschwung des europäischen Museumsbaues im 19. Jh. getragen, ist es dem Wiener Kunsthistorischen Museum vergleichbar. Albert Schickedanz und Fülöp Herzog, die beiden Baumeister des Museums, arbeiteten ganz im Sinne der klassischen Tempelbauten und der italienischen Renaissance. Dem *Hauptbau*, in dem sich die Gemäldegalerie und Verwaltungsräume befinden, setzten sie drei *tempelartige Bauten* vor, die durch niedrigere Trakte miteinander verbunden sind. Acht korinthische Säulen tragen das Giebeldreieck

Pest außerhalb des Altstadtrings · *Plan Seite 6/7*

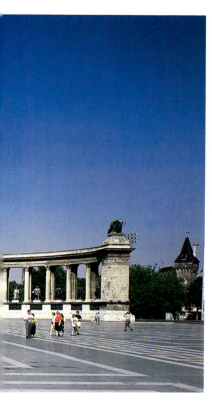

mit dem Relief ›Der Kampf der Kentauren und Lapithen‹, eine Kopie der Kentauromachie des Zeustempels von Olympia.

Die Sammlung: Den Grundstock des Bestandes bildete die 1870 angekaufte *Sammlung Esterházy,* die bis dahin unter dem Namen ›Landesgalerie‹ in der Akademie der Wissenschaften ausgestellt worden war. Ursprünglich besaß das Museum nur Gemälde, Zeichnungen und Druckgraphik, aber schon der erste Direktor, Károly Pulszky (1881-1896), begann Skulpturen zu erwerben. Nach der Eröffnung des neuen Hauses wurden weitere Abteilungen zugefügt. Mit dem Ankauf der Sammlung Paul Arndt ist 1908 die *Antikensammlung* gegründet worden, 1934 entstand die *Ägyptische Sammlung*. Sie befindet sich im unteren Bereich, die Antikensammlung in der sog. Antikenhalle, rechts vom Haupteingang, die *Sammlung moderner Gemälde und Skulpturen* in der sog. Pergamonhalle links vom Haupteingang.

Berühmt ist das Budapester Museum für seine Abteilung *Spanischer Malerei*. Neben dem Madrider Prado gilt sie als umfangreichste und qualitätvollste der Welt. Allein von El Greco sind sieben großformatige Gemälde ausgestellt, aber auch Werke von Murillo, Velazquez und Goya (›Mädchen mit Krug‹). Auch die *Italienische Malerei* ist mit wichtigen Werken vertreten, etwa von Ambrogio Lorenzetti, Tizian und Guardi. Schließlich verdient noch die Sammlung *Altdeutscher Malerei* Beachtung. Neben Werken von Altdorfer

Reger Andrang vor dem Haupteingang zum Museum der Bildenden Künste

121

Pest außerhalb des Altstadtrings · *Plan Seite 6/7*

Die Kunsthalle zeigt aufregende Wechselausstellungen zur bildenden Kunst der Gegenwart

und Cranach begeistert immer wieder Albrecht Dürers ›Bildnis eines jungen Mannes‹ die Kunstfreunde aus aller Welt.
Wie in anderen aufstrebenden Großstädten bestand auch in Budapest der Bedarf nach einer **Kunsthalle**, um zeitgenössische Kunst in Form von Wechselausstellungen zeigen zu können. Die erste Kunsthalle befand sich im Haus Andrássy út 69, der Bau war nach Plänen von Adolf Lang 1877 fertiggestellt worden. Dieser alte Bau erwies sich nach knapp zehn Jahren als zu klein; das sich nähernde Millenniumsfest war auch hier willkommener Anlaß, über einen Neubau am Heldenplatz nachzudenken. Albert Schickedanz gestaltete die Kunsthalle (Műcsarnok) als Pendant zum gegenüberliegenden Museum der Bildenden Künste. Von der Empfangshalle öffnen sich die Ausstellungssäle, eine halbrunde ›Apsis‹, die Skulpturenhalle, schließt den Bau ab. Heute ist man bestrebt, den ursprünglichen Zustand des Baus wiederherzustellen, die Renovierungsarbeiten sehen auch die Erneuerung der Glasüberdachung vor. Die Kunsthalle ist der wichtigste Ort für repräsentative *Ausstellungen zeitgenössischer Kunst* in Ungarn. Auch von ausländischen Künstlern und Wissenschaftlern wird die Kunsthalle sehr geschätzt, viele Ausstellungen wurden eigens für diesen Bau konzipiert. Zum Verwaltungsbereich der Kunsthalle gehören das Ernst-Museum (vgl. Nr. 71) und die Galerie in der Dorottya utca.

84 Kleine Untergrundbahn
(Kis földalatti)

Direkte Verbindung vom Zentrum zum Stadtwäldchen.

Vom 13. August 1894 bis 2. Mai 1896 dauerte der Bau der ›Franz-Joseph-Untergrundbahn‹. Die Strecke führt vom Vörosmarty tér in der Innenstadt zum Stadtwäldchen (Endstation Mexcói út). Sie war die erste elektrisch betriebene Untergrundbahn auf dem Kontinent.
In London hatte es bereits eine U-Bahn gegeben. Sie wurde allerdings mit Dampfloks betrieben, was erhebliche Belüftungsprobleme mit sich brachte, z. B. mußte man an jeder Station einen Dampfabzug einbauen. Um solche Schwierigkeiten auszuschließen, konzentrierte man sich in Budapest von Anfang an auf den elektrischen Betrieb. Auch in der Bauausführung war die Budapester U-Bahn-Strecke moderner als die in London. Sie liegt relativ dicht unter der Straßenoberfläche, was die Bauarbeiten erleichterte. Die flachen Wagen mit ›versenkten‹ Rädern gewährleisteten eine effektive Raumausnutzung. Über 50 Jahre lang erfüllte die kleine U-Bahn auf der knapp 4 km langen Strecke in ursprünglicher Form ihre Funktion, die Waggons wurden erst in den sechziger Jahren ausgetauscht.
Im **U-Bahn-Museum** in der Unterführung am Deák tér kann man einige der alten Waggons besichtigen.

Stadtwäldchen (Városliget) und Umgebung

Ende des 18. Jh. »ruft das Gewissen der Stadt nach Begrünung, denn der Staub auf der Pester Seite nimmt unerträgliche Ausmaße an« – so die Chronik. Die grüne Lunge Budapests, ein ungefähr 1 km² großer Park, war bis Anfang des 18. Jh. königliches Jagdgebiet. Einst sumpfiges und eher unwirtliches Land, ist er heute mit seinen vielfältigen Vergnügungsmöglichkeiten ein beliebtes Ausflugsziel. Mit der ältesten U-Bahn-Linie des Kontinents (vgl. Nr. 84) gelangt man vom Stadtzentrum direkt zum Thermalbad ›Széchenyi fürdő‹ mitten im Stadtwäldchen. Von hier sind es nur wenige Schritte zu den anderen Attraktionen: die Burg Vajdahunyad, ein verkleinerter Nachbau wichtiger Werke der ungarischen Baukunst, liegt inmitten des schönen Teichs, der im Sommer mit Booten, im Winter mit Schlittschuhen zu befahren ist (vgl. Nr. 85). Wissensdurstige und Schaulustige können sich an Errungenschaften der Technik, Kleinkunstwerken ferner Kulturen, ungarischem Jugendstil, Tieren aller Art erfreuen (vgl. Nr. 88, 90, 91, 92). Entspannung im Thermalbad (vgl. Nr. 87) und ungarische Spezialitäten im altbekannten Feinschmecker-Restaurant Gundel (vgl. Nr. 89) runden einen Ausflugstag im Stadtwäldchen genußreich ab.

Burg Vajdahunyad – für die Millenniumsfeier entstand im Stadtwäldchen ein Ensemble historischer Bauten, darunter die Nachbildung der Burg Vajdahunyad in Siebenbürgen

Stadtwäldchen und Umgebung

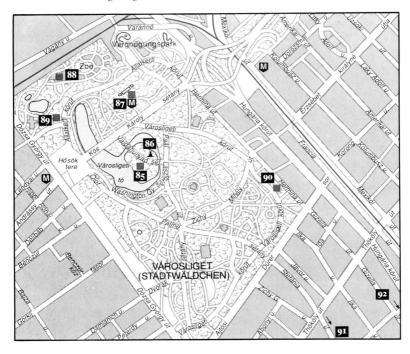

Den ›barocken‹ Bau des Landwirtschafts- museums kann man als Apotheose der Wiener Hofburg verstehen

85 Burg Vajdahunyad
(Vajdahunyad vára)

Városliget, Széchenyi-sziget

21 markante Bauwerke Ungarns zu einer phantastischen Burg zusammengepuzzelt.

Aus einer Nachbildung der Burg Vajdahunyad in Siebenbürgen besteht der Hauptteil dieses Bauwerks, daher stammt auch sein Name. Der Architekt Ignác Alpár nahm aber nicht nur dieses historische Vorbild auf, sondern vereinte in seinem romantischen **Phantasiebau** wichtige ungarische Gebäude aller Stilrichtungen, von der Romanik bis zum Rokoko. Man könnte die Anlage, die wie so viele andere für die ›Millenniumsfeier‹ 1896 geplant und gebaut wurde, ein ›Disney-Land des ungarischen ›Fin de siècle‹ nennen.

Im ›Barockflügel‹ des Schlosses ist seit dem Millenniumsfest das **Landwirtschaftsmuseum** (Mezőgazdasági Múzeum) untergebracht. Man kann die Geschichte des Ackerbaus und der Viehzucht, der Fischerei, der Jagd und des Gartenbaues kennenlernen. Detailliert ist die Geschichte der ungarischen Pferdezucht dargestellt und auch die Genealogie der besten ungarischen Renn- und Zuchtpferde. Der künstlich angelegte **Teich** bietet sich im

Sommer zum Rudern und im Winter zum Schlittschuhlaufen an. 1870 hatte Kronprinz Rudolph von Habsburg veranlaßt, eine *Eisbahn* mit Wärmehalle am Teich des Stadtwäldchens einzurichten. Am 11. Dezember 1875 stand die jetzige Halle, ein stimmungsvoller Kuppelbau von Ödön Lechner, in dem ein Restaurant, die Garderoben und die Wärmehalle untergebracht sind. Die Kunsteis-Anlage baute man 1926 ein.

86 Anonymus-Denkmal
Nordöstlicher Vorhof
der Burg Vajdahunyad

Denkmal eines ›namenlosen‹ mittelalterlichen Chronisten.

Dem Haupteingang zum Landwirtschaftsmuseum gegenüber (vgl. Nr. 85) steht das wohl populärste Denkmal Budapests. Im Gegensatz zu den akademischen Denkmalplastiken auf dem Heldenplatz und anderen öffentlichen Plätzen der Stadt, zeigt die Skulptur des Anonymus eine interessante, moderne Auffassung.
Kaiser Wilhelm I. hatte 1897 bei seinem Besuch in Budapest festgestellt, daß es in der Stadt nur wenige Denkmäler gäbe und verfügte deshalb eine Geldspende für diesen Zweck, u. a. für das Gellértdenkmal (vgl. Nr. 40). So kam auch der Bildhauer Miklós Ligeti zu seinem Auftrag, den er

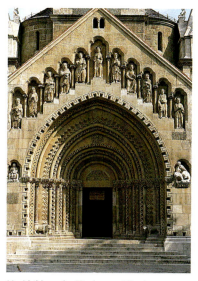

Nachbildung der Kirche von Ják, des wichtigsten und berühmtesten ungarischen Sakralbaus der Romanik

1903 beendete. Er ehrte den namentlich nicht bekannten Chronisten von König Bela III. auf originelle Weise: Die Kapuze der Mönchskutte verdeckt das Gesicht des Schreibenden. Anonymus verfaßte die erste Geschichte seines Volkes, die ›Gesta Hungarorum‹ (um 1204).

Der ›Anonymus‹, der unbekannte Schreiber Belas IV., eine in Ungarn außergewöhnlich populäre Plastik

Stadtwäldchen und Umgebung · *Plan Seite 124*

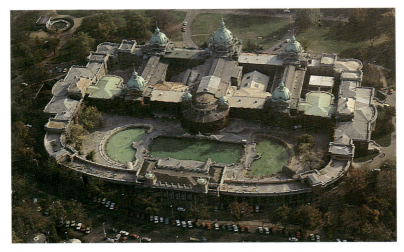

Die Luftaufnahme des Széchenyi-Bades zeigt deutlich, daß die großzügige Anlage barocken Schloßbauten nachempfunden ist

87 Széchenyi-Thermalbad
(Széchenyi fürdő)
Állatkerti körút 11-13

Lustwandeln, Klatschen und bei 38° im Wasser Schach spielen.

Auf der Budaer Seite bildeten sich um die Thermalquellen Wohnsiedlungen, während auf der Pester Seite, wo es keine Bäder gab, die Bevölkerung sich in der Nähe des Flusses niederließ. Erst 1868 begann der Ingenieur Vilmos Zsigmondy mit Bohrungen im Stadtwäldchen und wurde dort fündig. Der 970 m tiefe Brunnen gibt 350-400 Liter Wasser pro Minute ab, 74°C warm. Das erste Badehaus mit 20 Becken eröffnete 1881.
Die heutige Bad-Anlage entstand nach Plänen von Győző Czigler. Der symmetrische, um die mittlere Kuppelhalle gegliederte Bau, dessen Seitenflügel die medizinischen Bäder aufnahmen, ist 1927 erweitert und an der Nordseite mit einer neobarocken *Eingangshalle* versehen worden.

Das warme Wasser des ›Széchenyi‹ bietet vielfältige Möglichkeiten des Badevergnügens

Damals wurden auch die *Freibecken* eingerichtet, die bei den Budapestern und ihren vielen Besuchern so viel Begeisterung hervorrufen. Ältere Herren spielen, im warmen Wasser sitzend, stundenlang Schach. Auch im Winter sind die Freibecken geöffnet, dann ist das dampfende warme Wasser besonders einladend.

88 Zoo (Állatkert)
Állatkerti körút 6-12

Wilde Tiere im Stadtwäldchen.

Im August 1866 wurde der erste Zoo in Budapest eröffnet. Die Gründungsmitglieder folgten ähnlichen Absichten, nach denen die Zooanlagen in den großen europäischen Städten entstanden. Man wollte – vom Reformgedanken geleitet – möglichst naturgetreue Lebensbedingungen für die Tiere schaffen. Dieses Ziel entsprach den naturwissenschaftlichen Interessen der Zeit.
1905 ging der Zoo, bisher in der Form einer Aktiengesellschaft, in hauptstädtische Verwaltung über; 4 Millionen Kronen wurden für den neuen Tierpark zur Verfügung gestellt. 1902 öffnete er seine Tore, gerahmt von zwei steinernen Elefanten.

Die Neuerung betraf die Form der Tierhaltung, z. B. sind die Gehege der Bergtiere mit künstlichen Felsen eingefaßt. Adolf Lendl, der damalige Direktor des Budapester Zoos, konnte auf diese Leistung stolz sein, denn in der Rangfolge stand um 1910 der Budapester Zoo im europäischen Maßstab nach dem Berliner Zoo an zweiter Stelle.
Die beauftragten Architekten vertraten jene junge Generation, die die Neuerungsbestrebungen der europäischen Architektur der Jahrhundertwende fortsetzen wollten. Der Formenschatz der Volkskunst war eine wichtige Quelle, stilistisch standen der Deutsche Werkbund und der Wiener Jugendstil Pate. Von den elf Tierhäusern sind nur sieben erhalten geblieben. Im rekonstruierten *Vogelhaus* von Károly Kós können die Besucher wieder frei fliegende Vögel beobachten.
Das *Elephantenhaus* ähnelte stark einer Moschee, so daß es auf Einspruch der islamischen Gemeinde wieder umgebaut werden mußte. Obwohl das Territorium sich eigentlich als zu klein erweist, sind heute gute Zuchterfolge möglich. Die Thermalquelle des Széchenyi-Bades kommt z. B. der Nilpferdzucht zugute.
Im *Palmenhaus* sind zahlreiche Arten tropischer Pflanzen zu sehen. In weiteren

Im Budapester Zoo wohnen selbst die Dickhäuter in prachtvollen Jugendstilhäusern

Stadtwäldchen und Umgebung · *Plan Seite 124*

Das ›Gundel‹ ist wieder eines der teuersten und vornehmsten Lokale der Stadt

Flügeln dieses Hauses befinden sich *Aquarium* und *Terrarium*. Das ›Höhlenkino‹ (Barlang mozi) zeigt nonstop populärwissenschaftliche Filme.

89 Restaurant Gundel
Állatkerti körút 2

Feinste ungarische Küche in familiärer Atmosphäre.

Die Familie Gundel führte im Stadtwäldchen das Anwesen seit 1869. Károly Gundel übernahm 1912 das Lokal und brachte sein Haus durch seine Kochkunst zu besonderem Ruhm. Seine feine ungarische Küche war in ganz Europa berühmt. Das Lokal konnte auch nach dem Zweiten Weltkrieg sein hohes Niveau halten. Während des Besuchs der britischen Premierministerin Margret Thatcher 1984 in Budapest wurde hier für die Staatsgäste gekocht.
Das Restaurant – nun wieder in Privatbesitz – pflegt noch heute auf zwei Etagen Gundelsche Feinschmeckertradition.

90 Verkehrsmuseum
(Közlekedési Múzeum)
Városligeti körút 11

Exponate von der Modelleisenbahn bis zum Donau-Dampfschiff.

Während des Millenniumsfestes 1896 zeigte man eine Ausstellung zum Verkehrswesen, deren Exponate den Grundstock für das 1899 gegründete Verkehrsmuseum bildeten.
Während des Zweiten Weltkrieges erlitt das Museum schwere Schäden und konnte erst 1966 wieder für die Öffentlichkeit freigegeben werden, 1987 wurde es durch den anschließenden Neubau erweitert. Die Ausstellungsfläche ist nun auf 5000 qm angewachsen – keine Konkurrenz für das Deutsche Museum in München, aber ausreichend für eine überschaubare und interessante Ausstellung:

1. Historische Darstellung des **Eisenbahnwesens** mit Objekten aus den ungarischen Eisenbahnwerken, so z.B. Getriebe, Schienenkonstruktionen, Stellwerkseinrichtungen.
2. **Straßenverkehr**, mit originalen ungarischen und ausländischen Automobilen und anderen Fahrzeugen, verschiedenen Arten und Typen der städtischen Verkehrsmittel, zum Teil mit didaktischen Funktionsdarstellungen.
3. **Schiffsverkehr**, Transport, Werftmodelle, Donau-Dampfschiffe.
4. Darstellung des **Straßenbaus** sowie archäologische Funde der **Feldmessung**.
5. Modelle zum **Brücken-** und **Straßenbau**.

Die ständige Sammlung wird regelmäßig mit Wechselausstellungen ergänzt, vor allem mit Arbeiten von Modellbauern zu einzelnen technischen Gebieten. Eine *Modelleisenbahnanlage* wird täglich in Betrieb gesetzt.
Zu den Kuriositäten des Museums zählt eine *Schweizer Rechenmaschine* aus dem Jahre 1895, an der noch 1970 Projektie-

Stadtwäldchen und Umgebung · *Plan Seite 124*

Technische Ausstellungsstücke, die fast wie abstrakte Skulpturen anmuten, weisen den Weg ins Verkehrsmuseum

rungsberechnungen zu Schiffskonstruktionen ausgeführt wurden. Auch einige der seltenen ungarischen Automobile mit Viertaktmotor aus den dreißiger Jahren sind zu sehen.
Vor dem Museum sind **Büsten** von bedeutenden ungarischen Wissenschaftlern aufgestellt. *Anyos Jedlik* (1800-1895), ein Benediktiner-Priester und Universitätsprofessor, war der bedeutendste ungarische Physiker des 19.Jh. Seine Entdeckungen haben auch den Alltag bereichert. 1825 entwickelte er die Soda-Syphonflasche, die auch heute in keinem ungarischen Haushalt fehlt. 1830 stellte er den ersten elektromagnetischen Motor vor, und 1867 zeigte er zur Pariser Weltausstellung einen Akkumulator aus Blei.
Tivadar Puskás (1845-1893), Mitarbeiter bei Edison, richtete die erste Telefonzentrale Europas in Paris ein. Weil er mit ungarischen Mitarbeitern arbeitete, ging in die westeuropäischen Sprachen das ungarische Wort ›hallod?‹ – ›hörst du?‹ als ›hallo‹ ein. In Budapest führte er 1893 den telephonischen Nachrichtendienst ein. Seit 1897 konnte man von 9.30 Uhr bis Mitternacht ein ganztägiges Programm hören. Erst nach dem Zweiten Weltkrieg ist diese Dienstleistung eingestellt worden.
Eine wichtige Ergänzung zu dem Verkehrsmuseum bietet das **Postmuseum**, heute in der Andrássy út 3. Seine Gründung liegt ebenfalls über 100 Jahre zurück. Es bietet einen Einblick in das *Telephon- und Rundfunkwesen*. Ihr zugeordnet ist die *Briefmarkensammlung* in der Nefelejcs utca 3 mit rund 500 000 Briefmarken.

91 Geologisches Institut
Stefánia utca 14
Jugendstilbau mit blauem Keramikschmuck.

Unmittelbar nach Vollendung des Kunstgewerbemuseums (1896) errichtete Lechner noch mehrere Gebäude, die sein Bemühen um eine ›nationale‹ ungarische Variante des Jugendstils widerspiegeln. Von seinen Bauten ist dies der besterhaltene, alle seine typischen Dekor- und Gestaltungselemente sind voll ausgeprägt. Ganz besonders gilt das für die *Dacheindeckung* aus farbigen Zsolnay-Ziegeln, aber auch für die farbige Hervorhebung der *Tragelemente* und die charakteristische *Fassadengestaltung*. Darin sind noch die Einflüsse der Berliner Jahre zu spüren. Vor allem die funktionale Bauweise der dortigen Industriebauten hatten den Architekten beeindruckt.

92 Schmidl-Mausoleum auf dem Jüdischen Friedhof
Kozma utca

Im Laufe des 19.Jh. wirkte sich das Erstarken des liberalen, neologen Judentums auch in der Beerdigungsliturgie aus, was letztlich dazu führte, daß getrennte orthodoxe und neologe Friedhöfe entstanden.
Der Liberalisierungsprozeß bewirkte deutliche Veränderungen in der jüdischen Friedhofskunst, ein prägnantes Beispiel dafür ist das Schmidl-Mausoleum, ein Werk der Architekten Ödön Lechner und Béla Leitersdorfer (1875-1920), der später

129

Im Stadtteil Kőbánya, wo um 1900 die Stadtgrenze lag, steht auf dem Jüdischen Friedhof das Schmidl-Mausoleum. Wer es besuchen will, darf eine längere Auto- oder Busfahrt nicht scheuen

unter dem Namen Lajta bekannt wurde. In Ödön Lechners Schaffen ist das Mausoleum für die Familie Schmidl (1902/03) die dritte Gemeinschaftsarbeit mit dem jungen Architekten. Für Lajta war es wichtig, an der Seite des bedeutendsten Architekten des ungarischen Jugendstils zu arbeiten, es entstanden die Entwürfe für das Schloß in Szirma (1901-02) und das Post- und Telegraphengebäude in Bratislava, das allerdings nicht zur Ausführung kam.

Den Auftrag für das Mausoleum nahmen die beiden Architekten zum Anlaß, ein Gesamtkunstwerk zu schaffen, ein Bauwerk ganz im Geist der Jahrhundertwende, wenn auch in bescheidenen Dimensionen. Die Formen des ungarischen Jugendstils entfalten sich in ihrer ganzen Fülle. Blaugrün schimmernde Fliesen überziehen die Außenmauern in üppigen Blumenmustern. Auch das *Mosaik* eines Lebensbaumes im Innern zeugt von Lechners Freude am kunstvollen Ornament. Die Verwendung von Majolikafliesen und Keramikelementen, Gußglas und Schmiedeeisen entspricht dieser formalen Vielfalt.

Für Lajta wird die Gestaltung von Mausoleen und Grabsteinen zu einer wichtigen Gattung seines Schaffens. Etwa 20 Werke von ihm befinden sich auf diesem Friedhof; darunter das Mausoleum der Familie Gries in unmittelbarer Nachbarschaft der Schmidl-Grabstätte, sowie der Grabstein Sándor Epsteins von 1906. Selbst an diesen bescheideneren Beispielen wird der stilistische Wandel Lajtas nach 1904 deutlich. Er schlägt einen selbständigen Weg ein, indem er seine Ornamentik aus der Volkskunst schöpft und sich von Lechners Vorliebe für orientalische Elemente löst.

Altofen (Óbuda)

93 Kiscelli-Museum
(Kiscelli Múzeum)
Kiscelli utca 106

Anschauliche Stadtgeschichte in einer Dependance des Historischen Museums.

Im Jahre 1724 ließ die Familie Zichy, die Herrschaft von Altofen, den Grundstein für eine Kapelle am Hang des ›Einsiedler-Weinberges‹ legen. Nach dem Vorbild Mariazell in der Steiermark sollte ein Wallfahrtsort entstehen, daher der Name Kiscell (Kleinzell). Zur Weihe am 8. September 1733 (Mariä Geburt) wurde eine Kopie der Marienfigur von Mariazell aufgestellt. 1744-48 stiftete die gräfliche Familie Zichy neben der Kapelle ein Trinitarier-Kloster mit einer einschiffigen Kirche (Weihe 1760) nach Entwürfen des Wiener Baumeisters Johann Entzenhoffer.

Kaum ein Vierteljahrhundert lang konnten die Trinitarier, zu deren Aufgaben u. a. der Freikauf von Christen aus türkischer Gefangenschaft zählte, ihren Ordensbau nutzen. Kaiser Joseph II. ließ 1783 den Orden auflösen, die wissenschaftliche Bibliothek und die Mineraliensammlung gingen in den Besitz der Universität über. Über hundert Jahre lang wurde das Kloster als Kaserne und Lazarett genutzt. 1912 kaufte der Wiener Möbelfabrikant Maximilian Schmidt das gesamte Gebäude und nahm am Bau verschiedene Ergänzungen vor, so verwendete er ein Zopfstil-Tor vom abgerissenen Wiener Kriegsministerium. Schmidt richtete in den Räumen Mustersäle für die von ihm restaurierten Möbel ein. Er war ein begeisterter Kunstsammler.

Nach seinem Tod 1935 ging das Gebäude in städtische Verwaltung über. Der stadtgeschichtliche Teil der ehemaligen Schmidt-**Sammlung** bildete den Großteil des heutigen Bestandes. Auf *Gemälden* und *Stichen*, durch *kunsthandwerkliche Gegenstände*, *Architekturpläne* und *Industrieerzeugnisse* kann man hier die Budapester Lebensweise des 18. und 19. Jh. kennenlernen. Eine vollständige *Apotheke*, *Zunftschilder* und *Waffen* runden das Bild ab. Es gibt auch eine wichtige *Fotosammlung* von Stadtansichten, die allerdings nur für Forschungszwecke zugänglich ist. Der gußeiserne *Drachen* vor dem Tor, ein Brückenkopf aus der Zeit des Millenniumsfestes, stammt aus dem Stadtwäldchen. Die benachbarte *Kirche* wird seit ihrer Renovierung für Ausstellungen und Konzerte genutzt.

Im ehemaligen Trinitarierkloster befindet sich heute eine interessante stadtgeschichtliche Sammlung

Altofen

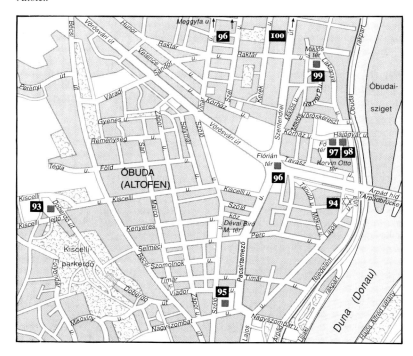

94 Ehem. Altofener Synagoge
Lajos utca 163

Gotteshaus der einstigen großen Judengemeinde von Óbuda (Altofen).

1727 erteilte die Adelsfamilie Zichy jüdischen Einwanderern das Zuzugsrecht in Altofen, das ihnen weder für Buda noch für Pest zugestanden worden war. Durch die Zuwanderer entstanden Handwerksbetriebe, die auf die Entwicklung der einheimischen Wirtschaft wesentlichen Einfluß nahmen. 1737 zählte man im Stadtteil Altofen 24 jüdische Familien, damals gab es bereits eine Synagoge.
1765 erhielt Altofen das Privileg der Seidenverarbeitung. Die unmittelbare Nähe zur Donau förderte die Herausbildung wasserbedingter Gewerbe, darunter die Knopfherstellung. Die schönen Perlmuttknöpfe wurden aus Donau-Muscheln fabriziert. Färberei, Kürschnerei und Seilerei blühten auf. Die Maulbeerbäume in vielen Gärten erinnern daran, daß hier auch Seidenraupen gezüchtet wurden.
Die heutige Lajos utca war die Hauptstraße Altofens und ein wichtiger Handelsweg. Vor allem Schwaben und Juden betrieben hier ihre Werkstätten. Mit dem Zuwachs der jüdischen Bevölkerung wurden auch eine größere Synagoge und eine Schule notwendig. 1817 erteilte die Budaer ›Baucommissio‹ die Genehmigung zur Errichtung eines neuen Gotteshauses. András Landherr erhielt den Auftrag und gestaltete den großen **Bau** (1820-25) ganz im Geiste des Klassizismus. Der offene *Portikus* mit dem Giebelfeld, getragen von sechs korinthischen Säulen, ist der letzte Hinweis auf die Schönheit dieses Bauwerkes. Von der Innenausstattung ist nichts erhalten, heute befindet sich hier ein Studio des Ungarischen Fernsehens.

95 Amphitheater (Amfiteátrum)
Nagyszombat utca,
Ecke Pacsirtamező utca

Römische Spielkampfstätte mit sagenumwobener Geschichte.

Die Anlage gab in vergangenen Jahrhunderten zu vielfältigen Vermutungen Anlaß. Anonymus (vgl. Nr. 86), der königliche Schreiber, berichtet in seiner Chronik, daß hier der Heerführer Árpád Rast einlegte und staunend die Reste einer Burg betrachtete, die seiner Meinung nach der

Altofen · *Plan Seite 132*

Das antike Amphitheater wurde nach Ausgrabungen in den dreißiger Jahren rekonstruiert

Bruder und Mitregent des Hunnenkönigs Attila, Bleda, gebaut haben mußte. Dieser Irrtum hielt sich, bis die Ausgrabungen der Badeanlage am naheliegenden Flórián tér die ›Burgtheorie‹ widerlegten und die Entstehung des Baues in der Römerzeit bestätigten.

Das Amphitheater datiert vermutlich aus der Regierungszeit des Kaisers Antonius Pius (138-161 n. Chr.) und diente mit Gladiatorenkämpfen und Tierhatzen der Unterhaltung der hier stationierten Legionäre. Seine Länge mißt 131 m, die Breite 107 m, die innere Mauer der Arena zum Schutz der Zuschauer war vermutlich 4 m hoch. Die Tribünen boten etwa 12000 Zuschauern Platz (in der ganzen Stadt Aquincum lebten ca. 20000 Menschen). Das Amphitheater wurde bis zum Ende des Kaiserreiches genutzt; Landkarten des 16. und 17. Jh. weisen den ovalen Grundriß aus. 1932 begann man nach dieser Stätte zu graben, riß die darüber gebauten Häuser ab und legte die Anlage frei.

Majolika-Platte aus dem 18. Jh. mit antiken Motiven

Altofen · *Plan Seite 132*

Die heute teilweise überdachten Ausgrabungen des römischen Militärbades

96 Römisches Militärbad und Hercules-Villa
Flórián tér 3-4 und Meggyfa utca 21

Flórián tér: Oben 20. Jahrhundert, unten Überreste der Römerzeit und zudem Verkehrsknotenpunkt von Altofen.

1778 entdeckte István Schönwiesner, der ›Vater der ungarischen Archäologie‹, die auffallend großen Reste eines römischen Hypokaustum, einer Unterboden-Heizung. Er legte eine 120 x 140 m große Badeanlage frei. Es gab Heiß-, Warm- und Kaltbecken (Caldarium, Tepidarium und Frigidarium). Das **Bad** war von einer Säulenhalle überdacht, auch Freibecken gehörten dazu. Mosaikplatten, Springbrunnen, Skulpturen und Steinbilder zierten das Bad. Es ist vermutlich Ende des 1. Jh. gebaut und noch im 4. Jh. benutzt worden. Den Ausgrabungen zugeordnet ist ein kleines *Museum* mit Dokumenten zur Bäderkunde und Medizin der Römer.

In der Herculesvilla finden sich zum Teil guterhaltene Mosaiken, wichtige Zeugnisse der Kunst aus der Regierungszeit Caracallas (Ende 2. Jh.)

Altofen · *Plan Seite 132*

Auf dem Gelände in unmittelbarer Nachbarschaft des Flórián tér befand sich die Militärstadt. Unter dem heutigen Einkaufszentrum erstreckte sich das *Prinzipia*, das wichtigste Gebäude des Lagers. Von diesem Siegestor, welches zu den anderen Wohn- und Verwaltungsbauten führte, blieb ein Tetrapylon erhalten, mitten in den Neubauten zur Vörösvári út. Einen herausragenden Fund stellt die sog. **Hercules-Villa** (Meggyfa utca 21) dar. Vermutlich diente sie einem reichen Römer des 3. Jh. als Domizil. Besonders interessant sind hier die prachtvollen *Mosaiken* mit Szenen der Hercules-Taten und der Dionysos-Sage. Eines der schönsten zeigt den auf den Kentauren Nessus zielenden Hercules, da jener seine Braut, die Nymphe Deianeira, entführen will.

97 Schloß Zichy (Zichy-Kastély)
Fő tér 3

Einst Mittelpunkt der Herrschaft Óbuda, heute Sitz zweier Museen der Moderne.

Das Schloß war der Stammsitz der Grafen Zichy, ihnen gehörte ganz Altofen (Óbuda). Auf die Initiativen dieser Familie geht die aufblühende Bautätigkeit im 18. Jh. zurück. 1744 wurde die **Pfarrkirche Peter und Paul** zwischen der heutigen Lajos utca und Mókus utca nach Plänen des Oberpfälzers Johann Georg Paur gebaut, eines der schönsten und stimmungsvollsten Beispiele des ungarischen Spätbarock. Die fünf *Nebenaltäre* mit den *Apostelskulpturen* sind Werke des italienischen Bildhauers und Hofkünstlers der Zichys, Carlo Bebo, von dem auch die besonders schöne Rokoko-Kanzel stammt. Das *Gemälde* mit einer Darstellung des hl. Carl Borromäus ist eine Arbeit von Gergely Vogl, der *Hauptaltar* entstand 1774.

Die **Reformierte Kirche** am Kalvin köz wurde 1785/86 anstelle und teilweise mit Baumaterialien des mittelalterlichen Königinschlosses erbaut. Das **Pfarrhaus** ist ein interessantes Werk des Jugendstils, 1909 durch Károly Kós errichtet.

Das **Schloß** der Familie Zichy auf dem heutigen Fő tér wurde 1746-57 nach Plänen von Henrik János Jäger ausgeführt. Die schlichte Anlage ordnet Repräsentationswillen den funktionellen Ansprüchen unter. Der *Wohnbau*, ein bescheidenes Barockgebäude ohne jeglichen Prunk, befindet sich im ummauerten Hof, der als

Im Schloß Zichy wurde ein kleines, aber feines Vasarely-Museum eingerichtet. Es zeigt auch Wechselausstellungen zeitgenössischer ungarischer Künstler, die im Ausland leben

Der zeitgenössische Künstler Imre Varga läßt seine Bronzefiguren im wahrsten Sinne des Wortes im Regen stehen: oben aus den Schirmen fließt Wasser

Wirtschaftsbereich und Wehranlage zugleich diente.
In den ehemaligen Repräsentationsflügel zog 1976 das **Lajos-Kassák-Gedächtnismuseum** ein, eine Zweigstelle des Petőfi-Literaturmuseums. Lajos Kassák (1887-1967), der Theoretiker und Künstler der ungarischen Avantgarde, lebte von 1954 bis zu seinem Tod in Altofen.
Im Museum sind Werke und Dokumente zu seinem Leben und Schaffen ausgestellt. Vor allem der Künstlerkreis um die Zeitschrift ›Sturm‹, der russische Konstruktivismus und das Bauhaus übten auf ihn großen Einfluß aus. Er war ein Hauptvertreter des ungarischen Konstruktivismus der zwanziger Jahre. Revolte, Anarchie und utopische Ideen von einer besseren Gesellschaft waren seine Triebkräfte.
Im Südflügel des Schlosses befindet sich das **Vasarely-Museum** mit ausgewählten Werken des in Frankreich lebenden ungarischen Künstlers der Op-Art. Victor Vasarelys (geb. 1908) optisch-kynetische Kunst, die er seit Mitte der fünfziger Jahre in Frankreich entwickelte, wurde für die junge Künstlergeneration der sechziger Jahre stilbildend.

98 Volkskunstsammlung Zsigmond Kun
Fő tér 4

Kleine Sammlung, liebevoll zusammengetragen.

Als sich in den siebziger Jahren allmählich die Erkenntnis durchsetzte, daß die neugebauten Satellitenstädte den Ansprüchen des urbanen Lebens in keiner Weise genügten, versuchte man in Altofen zu retten, was noch zu retten war, so auch die noch vorhandenen Bürgerhäuser am Hauptplatz (Fő tér) in das Stadtbild einzubeziehen. Einige dieser Häuser eigneten sich besonders gut zur Aufnahme kleiner Sammlungen, die aus diesem mittelständischen und kleinbürgerlichen Milieu gewachsen sind. So wurde auch die mit Liebe und Sorgfalt zusammengetragene Volkskunstsammlung des Ehepaares Kun in einem Gebäude aus dem 18. Jh. ausgestellt. Gebrauchs- und Kunstgegenstände verschiedener Zeiten aus ganz Ungarn werden hier gezeigt.

Die umliegenden *Gasthöfe* sorgen für Altofener Gastlichkeit mit reicher ungarischer Speisekarte und Zigeunermusik.

99 Rundes Haus (Kerek ház)
Harrer Pál utca 44-46

Nette Petitesse.

Das Haus im Zopfstil ist eine kulturhistorische Besonderheit und zählt zu den Industriedenkmälern Budapests. József Tallherr errichtete das Haus 1785 auf außergewöhnlichem Grundriß – eine Ovalanlage mit doppelläufiger Freitreppe –, da hier eine Seidenspinnerei eingerichtet wurde. Von der ursprünglichen Einrichtung ist nichts erhalten, denn bereits im frühen 19. Jh. wurde die Manufaktur in ein Wohnhaus umgewandelt. Seit Anfang der achtziger Jahre befindet sich hier ein *Institut für Umweltforschung*.

Bäuerliches Zimmer der Volkskunstsammlung Zsigmond Kun

Altofen · Plan Seite 132

Der eigenwillige Grundriß des Runden Hauses ergab sich aus dessen ursprünglicher Funktion als Spinnerei

100 Aquincum
Szentendrei út 139

Auf den Spuren der römischen Bürgerstadt.

Die erste Stadt auf dem Territorium des heutigen Budapest war die römische Siedlung Aquincum. Einige Jahre nach Christi Geburt richteten die Römer auf dem Gebiet des heutigen Stadtteils Óbuda ein *Militärlager* (vgl. Nr. 96) ein, in dessen Umgebung schon recht bald eine *Bürgersiedlung* entstand. Diese erlebte im 2. und 3. Jh., nach dem Ausbau der Bernsteinstraße von der Ostsee bis Rom, ihre Blütezeit – unter Kaiser Hadrian erhielt sie 124 n. Chr. den Rang eines Municipiums, 194 n. Chr. unter Septimus Severus die Rechte einer Colonia. Bis zu ihrem Niedergang im 4. Jh. war Aquincum die Hauptstadt der römischen Provinz Pannonia inferior.
Die im vorigen Jahrhundert begonnenen Ausgrabungen der Zivilstadt förderten bemerkenswerte Funde zutage, die Rückschlüsse auf die Stadtanlage und das Leben der römischen Bevölkerung ermöglichen. Das Stadtgebiet (Gesamtfläche 400 x 600 m) reichte im Norden bis zum Militärbad (vgl. Nr. 96), im Süden bis zum heutigen Kolossy tér. Es existieren Wasserleitungen, eine gut ausgebaute Kanalisation und Heizungsanlagen. Darüber hinaus standen den Einwohnern öffentliche Bäder, eine Markthalle und ein – im Vergleich zur Militärstadt allerdings wesentlich kleineres – Amphitheater zur Verfügung. Aus Rom übernahm die Zivilbevölkerung die städtische Lebensweise. Das Handwerk blühte, so gab es Töpfereien, Glasbläsereien und Metallhandwerk. Durch die Rhein-Donau-Linie war der Handel gesichert; Handwerker aus dem Ausland – auch aus Köln – ließen sich in Aquincum nieder.
Im **Museum**, 1894 mit klassizistischer Front inmitten des Ruinenfeldes eingerichtet, sind die Funde von Aquincum untergebracht; Grabsteine und Statuen präsentieren sich in der *Säulenhalle* rund um das Museum. Neben ausgestellten Gemmen, Münzen, Schmuck finden sich auch Schreibwerkzeuge für Wachstafeln und Pergamentrollen; der Name eines einheimischen Töpfermeisters aus dem 2. Jh. ist uns überliefert: Patacus. Von ihm sind auch einige Negativformen für Gefäße erhalten. Die Altarplatten, die heute im *Lapidarium* neben dem Museum ausgestellt sind, zeigen, daß neben dem offiziellen Jupiter-Kult eine vielfältige, dem Völkergemisch entsprechende Götterverehrung ausgeübt wurde. Zu Anfang des 3. Jh. gelangten mit den Legionen viele Einwanderer nach Aquincum. In der Kunst misch-

Altofen · *Plan Seite 132*

Das 1894 errichtete Museum von Aquincum. In den seitlichen Arkadengängen werden antike Grabplatten aufbewahrt

ten sich italische Merkmale mit östlichen Einflüssen. Zu den Raritäten zählt die kleine Orgel, die man in den Räumen der Feuerwehr, im ›Collegium Centonarium‹, gefunden hat, zu der es sogar den Hinweis auf einem Sarkophag gibt, Aelias Sabena habe zur Orgel schön gesungen.

Diese Orgel ist ein Einzelstück, ein ähnliches Instrument wurde bis jetzt nirgendwo gefunden. Die ausgereifte Form der Steinmetzkunst ist an Skulpturen ablesbar, die für die Heiligtümer hergestellt wurden. Das zeigt auch die Jupiterskulptur an der Votivsäule vor dem Museum, aber auch der reiche Fund von Kleinplastiken aus Bronze und Terrakotta. Im Museum sind schließlich noch Schmuck, Gemmen und Münzen ausgestellt.

Die Mauerfunde der ehemaligen römischen Stadt erreichen zum Teil Gesimshöhe

Budapest aktuell

Informationen

Vor Reiseantritt

Informationsdienst des Ungarischen Fremdenverkehrsamtes Tourinform H-1052 Budapest, Sütő utca 2, Tel. (361) 1179800. Auskünfte in deutscher, englischer, französischer und ungarischer Sprache. Prospekte und Statistiken können von der Zentrale des Informationsdienstes des Ungarischen Fremdenverkehrsamtes angefordert werden: H-1051 Budapest, Vigadó utca 6.

Bundesrepublik Deutschland

Berlin

Außenstelle der Ungarischen Botschaft, D (O)-1080 Berlin, Unter den Linden 76, Tel. (372) 2202561
Haus der Ungarischen Kultur, D (O)-1020 Berlin, Karl-Liebknecht-Straße 9, Tel. (372) 2123738
Ibusz, D (O)-1020 Berlin, Karl-Liebknecht-Straße 9-11, Tel (372) 2123559
Malév, D-1000 Berlin, Budapester Straße 10, Tel. (030) 2615155

Bonn

Ungarische Botschaft, D-5300 Bonn 2 (Plittersdorf), Turmstraße 30, Tel. (0228) 376797

Düsseldorf

Malév, Flughafen, Terminal B, Tel. (0211) 4217130

Frankfurt/M.

Ibusz, D-6000 Frankfurt/M., Basler Straße 46-48, Tel. (069) 252018
Ungarisches Fremdenverkehrsamt, D-6000 Frankfurt/M. 1, Berliner Straße 72, Tel. (069) 20929
Malév, D-6000 Frankfurt/M., Düsseldorfer Straße 19-20, Tel. (069) 234043

Hamburg

Ibusz, D-2000 Hamburg, Großes Burstah 53, Tel. (040) 373078
Malév, D-2000 Hamburg, Fehlandtstraße 3, Tel. (040) 341497

Köln

Ibusz, D-5000 Köln 1, Mauritiussteinweg 114-116, Tel. (0221) 206450

München

Generalkonsulat, D-8000 München 81, Vollmannstraße 2, Tel. (089) 911032
Ibusz, D-8000 München 2, Dachauer Straße 5, Tel. (089) 557217
Malév, D-8000 München 2, Salvator-Straße 2, Tel. (089) 293434

Stuttgart

Ungarisches Kultur- und Informationszentrum, D-7000 Stuttgart 1, Haussmannstraße 22, Tel. (0711) 164871
Ibusz, D-7000 Stuttgart, Kronprinz-Straße 6, Tel. (0711) 296233
Malév, D-7000 Stuttgart 1, Firnhaberstraße 5/B, Tel. (0711) 2262194

Österreich

Wien

Ungarischer Fremdenverkehrsverband, A-1010 Wien, Parkring 12, Tel. (1) 5139122
Ungarische Botschaft, A-1010 Wien, Bankgasse 4-6, Tel. (1) 5332631
Collegium Hungaricum, A-1020 Wien, Hollandstraße 4, Tel. (1) 240581
Ibusz, A-1010 Wien, Krugerstraße 4 und Kärntner Straße 26, Tel. (1) 515550
Malév, A-1010 Wien, Opernring 3-5, Tel. (1) 5871021

Salzburg

Ibusz, A-5020 Salzburg, Pfeifergasse 5, Tel. (0662) 840803

Schweiz

Zürich

Ibusz, CH-8002 Zürich, Freigut-Straße 5, Tel. (031) 2011760

◁ *Das bronzene Faschingskind an der Donaupromenade findet immer aufmerksame Betrachter*

Malév, CH-8001 Zürich, Pelikanstraße 37, Tel. (031) 2 11 65 65

Bern

Ungarische Botschaft, CH-3006 Bern, Muristraße 31, Tel. (031) 44 85 72
Generalkonsulat, CH-3007 Bern, Eigerplatz 5, 11. Stock, Tel. (031) 45 13 56

Visum

Innerhalb Europas benötigen nur die Staatsbürger der Türkei und Albaniens ein Visum. Von den außereuropäischen Ländern können die Staatsbürger Argentiniens, der USA, Kanadas und Südkoreas *ohne* Visum nach Ungarn einreisen. (Stand: Juni 1991).

Zollbestimmungen

Auskünfte an den Landesgrenzen und in den Reise-Informationsstellen, sowie ausführlich in der an diesen Orten erhältlichen Broschüre *Tourist Information Hungary,* in Problemfällen durch die Zollverwaltung *VÁM-és Pénzügyörség Információs Szolgálata,* Budapest V., Szent István tér 11 b.

In Budapest

Tourinform

V., Sütő utca 2, werktags 8-20 Uhr. Tel. 1 17 98 00. Das Informationsbüro für Touristen erteilt auch fremdsprachig (deutsch, englisch, französisch und italienisch) Auskünfte über Veranstaltungen, Unterkunftsmöglichkeiten, Ausflüge in die Provinz usw.

Radio

Radio Danubius – UKW 103,3 MHz. 1986 als erster kommerzieller Sender im damaligen Ostblock mit deutschsprachigem Nachrichten-, Informations- und Unterhaltungsprogramm für Ungarngäste gegründet; seit 1990 während der Sommermonate Nachrichten und Verkehrsinformationen in Deutsch zur halben Stunde, Übermittlung von internationalen Reiserufen.
Radio Brigde – UKW 102,1 MHz. Unterhaltung und Informationen in Englisch.

Ankunft

Polizeiliche Anmeldung

Überschreitet der Aufenthalt 30 Tage, so muß sich der Tourist bei privater Unterkunft an der Polizeidienststelle seines Wohnbezirks anmelden. Die hierfür benötigten Meldeformulare und Gebührenmarken bekommt man in Trafiken und auf Postämtern. Das Visum kann in Budapest am Hauptpolizeirevier verlängert werden: Budapesti Rendőrfőkapitányság, VI., Andrássy út 12, Tel. 1 11 80 800.

Auto

Anreise aus Deutschland, Österreich und der Schweiz über die Autobahn M 1 oder M 7; diese beiden Autobahnen haben einen gemeinsamen, etwa 10 km langen Einführungsabschnitt in die Hauptstadt. Zum Stadtzentrum richte man sich nach der Hinweistafel ›Erzsébet híd‹ (Elisabethbrücke). *Geschwindigkeitsbeschränkungen* auf Autobahnen 120 km/h, auf Autostraßen 100 km/h, auf Landstraßen 80 km/h und in geschlossenen Ortschaften (noch) 60 km/h. Für Motorräder, Autobusse und PKW mit Anhänger oder Wohnwagen gilt in letztgenanntem Fall nur 50 km/h. In Ungarn herrscht für Autofahrer ein striktes *Alkoholverbot. Treibstoff:* Man kann alle üblichen Kraftstoffarten tanken. *Bleifreies Benzin* ist mit der Oktanzahl 95 erhältlich, allerdings noch nicht an jeder Tankstelle.

Autobus

Zwischen Budapest und einigen europäischen Großstädten wurde ein regelmäßiger Linienbusverkehr eingerichtet. Informationen über internationale Fahrten:
Zentraler Autobusbahnhof: 1051 Budapest, V., Erzsébet tér, Tel. 1 17 25 62 (tgl. 6-18).
Pendelbusverkehr besteht zwischen Wien und Budapest mit dem Unternehmen *Blaguss-Volánbusz.* Informationen und Fahrkartenverkauf **in Wien:** Autobusbahnhof Wien-Mitte, KWD Schalter 1, Landstraßer Hauptstraße 1/b, Tel. 56 50 43 05;
in Budapest:
Zentraler Autobusbahnhof, Internationaler Fahrkartenschalter, V., Erzsébet tér, Tel. 1 17 86 57

Bahn

Budapest verfügt über drei internationale Bahnhöfe:
Ostbahnhof (Keleti pályaudvar), VIII., Baross tér, Tel. 1136835
Südbahnhof (Déli pályaudvar), I., Krisztina körút 37, Tel. 1558657
Westbahnhof (Nyugati pályaudvar), VI., Teréz körút 57, Tel. 1490115
Internationale Zugauskunft der Ungarischen Staatseisenbahnen MÁV unter Tel. 1227860
Die drei Bahnhöfe sind untereinander und mit dem Stadtzentrum durch die **U-Bahn (Metro)** verbunden. Vom Ostbahnhof und vom Südbahnhof fährt die U-Bahn der Linie 2 zur Innenstadt, vom Westbahnhof die U-Bahn der Linie 3. Direkt im Zentrum von Budapest, unter dem Deák tér, kreuzen sich alle drei bestehenden U-Bahn-Linien.

Flugzeug

Die ungarische Hauptstadt besitzt zwei dicht beieinanderliegende Flughäfen am südöstlichen Stadtrand, etwa 16 km vom Stadtzentrum entfernt.
Zwischen den beiden Flughäfen, **Ferihegy I** und **Ferihegy II**, und der Innenstadt (Zentraler Busbahnhof, V., Erzsébet tér) verkehren in etwa 20minütigem Abstand **Zubringerbusse**.
Neuerdings wurde ein Minibus-Service vom Flughafen zu den verschiedenen Budapester Hotels eingerichtet. Interessenten können sich am Schalter dieses **LRI Shuttle Bus Service** bei der Ankunft nahe der Gepäckausgabe einfinden.
Internationale Flugauskunft: 1577155 und 1577695

Schiff

Wählt man für die Anreise den Wasserweg der Donau mit einem der von Anfang April bis Ende September zwischen Wien und Budapest verkehrenden Tragflächenboote, so geht man nahe der Elisabethbrücke an Land.
Informationen **in Wien:**
Ibusz-Reisebüro, A-1010 Wien, Kärntner Straße 26, Tel. 532686
Erste Donau-Dampf-Schiffahrts-Gesellschaft (DDSG), A-1020 Wien, Handelskai 265, Tel. 266536
Informationen **in Budapest:**
Internationale Schiffsanlegestelle Mahart Tours, V., Belgrád rakpart, Tel. 1181953 und 1181704

Das ungarische Wappen bekrönt die Freiheitsbrücke

Bank, Post, Telefon

Geldumtausch

Auf den Banken, Sparkassen, an den Grenzstationen und in den Hotels kann man Forint eintauschen. Vom Tausch auf dem Schwarzmarkt sei dringend abgeraten.

Post

Tag und Nacht geöffnete Postämter:
Postamt 62, VI., Teréz körút 105-107, neben dem Westbahnhof
Postamt 72, VIII., Baross tér, 11/c, am Ostbahnhof

Ferngespräche

Im Inland: 06 – Freizeichen abwarten – Ortsvorwahl – Nummer des Teilnehmers
Von Ungarn ins Ausland: 00 – Freiton – Landes- und Stadtvorwahl – Nummer des Teilnehmers
Internationale Fernsprechauskunft, auch fremdsprachig: 1172200,
Innerstädtische Telefonzentrale (Belvárosi Telefonközpont): V., Petőfi Sándor utca 17-19, 1. Etage, Telefonbücher aus aller Welt

Budapest aktuell · Einkaufen

Die exklusivsten Modegeschäfte der Stadt findet man in der Váci utca

Einkaufen

Antiquitäten

Die Antiquitätengeschäfte haben in der Regel montags bis freitags von 8 bis 18 Uhr, samstags von 10 bis 13 Uhr geöffnet

Antikvitás, I., Hess András tér 1
Parti Antikvitás, I., Országház utca 2
Relikvia, I., Fortuna utca 14
Antiquity, V., Néphadsereg utca 19
BÁV (Bizományi Áruház Vállalat: Kommissionswarenhauskette in Ungarn) V., Szent István körút 3;
V., Felszabadulás tér 3; V., Bécsi utca 1-3; V., Andrássy út 27 und 34
Antiquitet, VI., Ó utca 17

Buchhandlungen, Antiquariate

Öffnungszeiten in der Regel montags bis freitags von 8 bis 18 Uhr, samstags von 10 bis 13 Uhr

Buchhandlung im ›Haus zum Roten Igel‹, I., Hess András tér 3
Budai Krónika – Antiquariat, I., Várfok utca 8
Budavár – Antiquariat, I., Országház utca 8
Litea – Buchhandlung und Teegarten, I., Hess András tér 4
Antiquariat zur Eule, V., Váci utca 28
Corvina – Buch- und Musikalienhandlung, V., Kossuth Lajos utca 4
Könyvértéka, V., Honvéd utca 5
Központi Antikvárium – Zentralantiquariat, V., Múzeum körút 13-15
Libri – Internationales Buchzentrum, V., Váci utca 32
Musikalienhandlung und -antiquariat, V., Múzeum körút 17-21
Studium, V., Váci utca 22
Buch- und Musikalienhandlung Ferenc Erkel, VII., Erzsébet körút 52
Fókusz-Buchhaus, VII., Rákóczi út 14

Folklore

Besonders in der Nähe der vom Fremdenverkehr stark tangierten Punkte der Hauptstadt öffnen immer mehr Folklore-, Souvenir- und auch Antiquitätenläden ihre Pforten. Dazu kommen die in jüngster Zeit auch aus Siebenbürgen anreisenden Straßenhändler wie innerstädtische Volkskunstmärkte zu bestimmten Feiertagen und bei Wallfahrten oder zur Kirmes in der näheren Umgebung von Budapest. Auf diesen Veranstaltungen, aber auch in manchen der Folkloreläden wird altes Handwerk vorgestellt.
In der Volkskunst-Welle in Ungarn seit Mitte der achtziger Jahre mischen sich Nostalgie, Brauchtumspflege und Verankerung in der Tradition mit Kommerz.

Stickerei aus Kalocsa

In bäuerlicher Heimarbeit bestickten die Frauen aus den südungarischen Dörfern um Kalocsa etwa seit 1860 Tischdecken, Bettwäsche und Kleidungsstücke für ihre Auftraggeber aus dem städtischen Bürgertum. Der Mode dieser Zeit entsprechend, wurde vor allem weiße Lochstickerei nach vorgezeichneten Mustern bestellt. Bis zur Jahrhundertwende hatte sich daraus ein eigener Volkskunstzweig entwickelt. Durch Variation, Erfindung neuer Schmuckelemente und Stichtechniken sowie durch die Verwendung von farbigem Stickgarn (von Schwarz über Blau oder Rot bis hin zur späteren Buntheit) bildete sich ein unverwechselbarer regionaler Formen- und Motivschatz heraus, mit dem die Bäuerinnen bald auch ihre eigene Tracht verzierten. Heute wird die vollständige, bestickte Volkstracht fast nur noch als touristische Vorzeige-Attraktion benutzt.

Spitzen aus Halas

Zu den feinsten Textilkunst-Erzeugnissen gehören Spitzen aus Halas. In der Regel benötigt eine Spitzennäherin zwei Jahre, um den Umgang mit dünnster Nadel und feinstem englischen Zwirn oder hauchdünner Seide in den mehr als 40 Stichtechniken zu erlernen. Diese gehen auf Maria Markovics zurück, die 1902 die ersten dieser international preisgekrönten und markengeschützten genähten Spitzengebilde schuf. Ein Zeichenlehrer aus Kiskunhalas, Árpád Dékáni, hat ihr dazu die durch eine klare Linienführung bestechenden Entwürfe gezeichnet, die durch alte ungarische Textilkunstmotive inspiriert sind und wegweisend im Sinne der secessionistischen Stilbewegung wurden. Das Musterbuch der Spitzennäherin überliefert Pflanzen-, Mensch- und Tiermotive (wie Knospenzweige, Rose, Schwan, Pfau und Hirsch) und schenkt auch der Ausbildung der stegartigen Musterzwischenräume (Tautropfen-, Glocken- und Herzformen) große Aufmerksamkeit. Daß Spitzen aus Halas nicht erst heute als echte Kostbarkeit geschätzt werden, zeigt ein Accessoire der letzten ungarischen Königin, Zita von Habsburg: 1916 trug sie bei der Krönungszeremonie in der Matthiaskirche einen Handbeutel aus Halaser Spitze.

Blaudruck

Als Meterware oder bereits zu Kleidungsstücken und Haushaltswäsche genäht, werden meist in Marktständen die Textildrucke aus den wenigen Werkstätten der

Auch moderne Bräute lieben die traditionellen Stickereien

Blaufärbemeister angeboten. Seit dem 17. Jh. wurden Kleiderstoffe aus Leinen in der Technik des Wachs- oder Reservedrucks mit einem in der damaligen Zeit neuen, aus Indien importierten Farbstoff, dem Indigo, eingefärbt und mit einem ornamentalen, oft szenischen Muster bedruckt. Die Holzmodel wurden mitunter von den Textilfärbern auch selbst geschnitzt. Es wird angenommen, daß sich der Textildruck selbst über deutsche Handwerker in Ungarn verbreitete: Vor Ostern bedeckten ihre mit biblischen Darstellungen versehenen Fastentücher die Hauptaltäre der Kirchen.

Kleidung aus Leder

Kleidung aus Leder hat in Ungarn eine lange Tradition. Schon König Matthias trug in seinem Budaer Burgschloß gerne die Schuba als Hauskleid: einen meist knöchellangen, ärmellosen Mantel aus feingegerbtem Schaffell. Während die wärmende Pelzseite nach innen gewendet ist, verzieren – je nach Landstrich unterschiedliche – Formen von Lederbesatz und Lederstickerei in Blumen- und Rankenmustern die Außenseite. Ähnlich der Ködmöm, eine taillierte, ärmellose Jacke mit Schößchen und die zur Volkstracht gehörige Weste. Besonders um 1870, nach der

Abschaffung der Leibeigenschaft und der ständischen Kleiderordnung, wetteiferte man auf dem Lande um das am üppigsten geschmückte Prachtstück aus Schafsleder.

Habaner Fayancen

Die Habaner, nach dem Gründer der Sekte der Wiedertäufer, Jakob Hutter (1536 in Innsbruck hingerichtet), auch Huttersche Brüder genannt, ließen sich nach ihrer Vertreibung aus Schwaben und Italien während der Gegenreformation auch in Ungarn nieder und wurden hier Anfang des 17. Jh. vor allem durch ihr Können im Weißhafnergewerbe bekannt. Sie bemalten weißglasierte Keramik mit fahlgelben, grünen und blauen Farben auf Mangan-, Kobalt-, Kupfer- und Antimon-Basis. Neben italienisierenden, orientalischen und niederländischen Stilelementen schmücken seit Beginn des 18. Jh. heimische ungarische Ornamente und ländliche Alltagsszenen ihre Produkte: Teller mit durchbrochenem Rand, Krüge, sechs- oder achteckige Flaschen und Büchsen mit Zinnverschluß, Apothekengefäße, mit Wappen bemalte Schüsseln und Tondini-Platten für die ungarischen und österreichischen Schloßküchen. In den Folklore-Geschäften werden meist Kopien dieser speziellen ungarischen Hafnerkunst aus dem 16. bis 18. Jh. angeboten.

Mischka-Krüge

Obwohl der Mischka-Krug auf keine allzu lange Tradition zurückgeht, gehört er zu den beliebtesten ungarischen Volkskunstgegenständen. Der erste dieser humoristischen, spielerisch-dekorativen Henkelkrüge in Form eines dickbäuchigen Husaren mit Tschako und Zwirbelbart wurde um 1830 in der Theißgegend bei Szeged geformt und hatte bis kurz vor der Jahrhundertwende, als er aus der Mode kam, in Hódmezővásárhely, Debrecen und Mezőcsát viele Nachfolger. Er diente als Weinkrug und festlicher Tafelschmuck. Geschickte Töpfer gaben manchem Krug porträthafte Züge und beschrieben ihn mit Trinksprüchen. In den dreißiger Jahren wurde diese Tradition von dem Töpfer Sándor Kántor aus dem südostungarischen Ort Karcag neu belebt.

Lebkuchen

Lebkuchen zählen besonders seit der Jahrhundertwende zu den beliebten Mitbringseln vom Jahrmarkt oder von der Kirmes. In holzgeschnitzten Modeln werden Herzen, runde Teller, Puppenkinder und Husarenreiter aus einem Mehl-, Honig- und Zuckersirup-Teig geformt, gebacken und anschließend mit Zuckerguß, Spiegelscherben und buntbedrucktem Glanzpapier verziert. Zu den historischen Kuriositäten gehören erhaltene Formen nach Porträts berühmter Politiker und Betyaren. Die buntgefärbten Süßigkeiten haben ausschließlich Andenken- und Dekorationswert, vor ihrem Verzehr sei der konservierenden Zusatzstoffe wegen gewarnt. Die goldbraungebackenen Gewürz-Lebkuchen jedoch, die in einigen Geschäften und auf Volkskunstmärkten verkauft werden, kann man getrost als ungarische Spezialität genießen.

Votivfiguren aus Wachs

Bis zum 1. Weltkrieg wurden von den Lebkuchenbäckern auch Votivfiguren aus Wachs in eigens dafür geschnitzten Holzformen gegossen und an Wallfahrtsorten (wie Máriapócs) oder auf der Kirmes verkauft. Später formten die Bauern selbst oder auch die Dorfstellmacher Fruchtbarkeitssymbole, magische Glücksbringer, aber auch Haustiere und Körperteile, für deren Gesundheit man betete.

Ostereier

Für das Ei als uraltes Fruchtbarkeitssymbol und österliches Geschenk hat auch die ungarische Volkskunst spezifische Verzierungsmethoden gefunden. So wird etwa das Ei mit einem Laubblatt umwickelt, dessen Äderung nach dem Färben in einem Sud aus Zwiebel-, grünen Walnuß- und sauren Apfelschalen besonders schön sichtbar wird; in bereits gefärbte Eier werden Muster eingeritzt; oder man trägt mittels eines Malhorns Ornamente aus flüssigem Wachs auf, färbt die Schale rot und entfernt das Wachs wieder. Die Ornamente tragen in der jeweiligen Region jedem Bewohner bekannte, typisierende Bezeichnungen (Froschfuß-, Kürbiskern-, Schmetterling auf Binsen-Motiv usw.). Ein Höchstmaß an Fingerspitzengefühl setzt die Methode des Beschlagens der Ostereier mit gestanztem Metallblech, z. B. winzigen Hufeisen, voraus, denn die Schale darf dabei nicht springen.

Tulpentruhen

Auf das Anfertigen von Brauttruhen aus Fichtenholz, die seit dem 16. Jh. zur Ausstattung jeder Bauerntochter gehörten, hatte sich in Ungarn eine Werkstatt in Révkomárom spezialisiert. Der Grundanstrich variiert zwischen Schwarz, Grün, Braun und Dunkelblau, im späten 19. Jh. auch Hellblau und zu Beginn des 20. Jh.

Budapest aktuell · Einkaufen

Händler an der Uferstraße

Weiß. Der bald auch über die Landesgrenzen hinaus bekannte Name rührt von dem auf die Frontseite gemalten Tulpenstrauß her. Schon seit Mitte des 18. Jh. waren die zunehmend üppiger und detailfreudiger mit Blumen- und Vogelpaar-Motiven, bisweilen auch mit Schnitzereien versehenen Tulpentruhen so sehr gefragt, daß ihre Herstellung nicht auf das Tischlereizentrum von Komárom beschränkt blieb.

Judit Folklor, I., Országház utca 12 sowie I., Tárnok utca 1 und 8
Pántlikás Souvenir, I., Országház utca 16
Piroska, I., Szentháromság utca 4
Folkart centrum, V., Váci utca 14
Holló-Werkstatt (Volkskunst-Möbel, Holzarbeiten, Hinterglasbilder, Keramik), V., Vitkovics Mihály utca 12
Lux Folklor, V., Váci utca 6
Volkskunst- und Basargeschäft, V., Régi posta utca 7-9
Volkskunstgeschäft, VII., Erzsébet körút 5
Volkskunstladen, VII., Rákóczi utca 32
Volkskunststudio, IX., Kálvin tér 5
Muskátli, XII., Böszörményi út 16

Im Burgviertel, im Stadtwäldchen und auf dem Fő tér von Óbuda finden vornehmlich an Feiertagen Volkskunstmärkte statt.

Herender Porzellan

Die einheimische Porzellanherstellung begann in Ungarn um 1830. Am erfolgreichsten verlief die Entwicklung einer im Bakony-Gebirge, in Herend, 1839 von Moricz Fischer gegründeten Porzellanmanufaktur, die ihre zierlich-zerbrechlichen Gefäße auch heute noch ausschließlich von Hand herstellt und bemalt. Schon bald gelang es in Herend, böhmisches Porzellan und Porzellane in der Art von Meißen, Sièvre und Capodimonte sowie des Ming Famille rose und des Imariporzellans mit höchster Perfektion zu imitieren; seit 1843 darf sich Fischers Unternehmen ›Kaiserlich-Königlich privilegierte Porzellanfabrik‹ nennen; die Beteiligung an Auslandsmessen und Ausstellungen bringt Aufträge ein. So bestellte auf der Londoner Weltausstellung Königin Viktoria ein mit Schmetterlingen und Blumen übersätes Service, das seither unter der Bezeichnung ›Queen Viktoria‹ – versehen mit der Porzellanmarke ›Herend Hungary‹, dem ungarischen Wappen und dem Herstellungsjahr – bekannt und ein begehrter Sammelgegenstand ist.

Weitere berühmte ungarische Markenporzellane sind *Zsolnay-Porzellan* und *Porzellan* aus *Hollóháza*.

Károly Richter, I., Országház utca 12
Amfora Studio, V., Kossuth Lajos utca 4 (hier ist auch Marken-Bleikristall aus Ajka erhältlich)
Zsolnay Márkabolt, V., Kigyó utca 4
Haas & Czyzek GmbH, VI., Bajcsy Zsilinszky utca 23
Konsumtourist BÁV, VI., Andrássy út 27

Märkte

Automarkt
XIX., Nagykőrösi út
(neben dem Flohmarkt)

Flohmärkte
XIX., Nagykőrösi út 156, geöffnet Mo-Fr 8-16, Sa 8-15

Budapest aktuell · Einkaufen

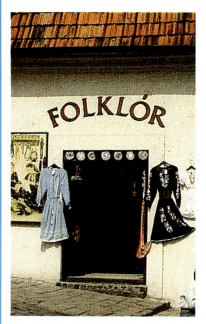

Einer der vielen Folkloreläden im Burgviertel

IX., entlang der Zsil utca, geöffnet Mo-Fr 8-18, Sa 8-15, So 8-13
XIV., Zichy Mihály utca 14, Jugendfreizeit-Zentrum Petőfi-(Csarnok-)Halle, Sa und So 9-14

Gebrauchtwaren
XIII., Katona József utca 22

Wochenmärkte
Fény-utca-Markt, II., in der Nähe vom Moszkva tér
Lehel-Markt, XIII., Élmunkás tér, Mo-Fr 6-18, im Winter 6-17, Sa 6-12

Markthallen
Große Markthalle, IX., Vámház körút 1-3 (vgl. Nr. 50)
Markthalle, II., Batthyány tér 2-6, auch So 7-13 geöffnet (vgl. Nr. 36)

Mode

Wenn Budapest gelegentlich als ›Paris des Ostens‹ bezeichnet wird, trifft dieser Vergleich auch auf die Budapesterin zu, die im Rufe steht, noch ihren letzten Forint für Kleidung, Friseur, Maniküre und die Kosmetikerin auszugeben. Bei einem Bummel in der Innenstadt begegnet man jener Ungarin, die bis ins reifere Alter hinein nicht nur um ein gepflegtes, sondern auch top-modisches Outfit ›mit Pfiff‹ bemüht ist. Daheim – und selbst in keinem Reisegepäck fehlend – sind noch immer die Hauspantoletten und der bodenlange, samt-seidene Morgenrock (Papucs und Pongyola) die wichtigsten und unentbehrlichen Requisiten der betont lässigen häuslichen Garderobe – doch ist dieser Aufzug durchaus geeignet, um damit in der Pose einer Dame von Welt, zigarettenrauchend, im Treppenhaus und auf den Höfen der Mietshäuser die unglaublichsten Budapester Klatschgeschichten zu verbreiten, und sogar straßenfähig, um in der Nähe rasch die sonntägliche Morgenzeitung zu besorgen. Um so bewußter, ja überlegter kleidet sich die Hauptstädterin zu speziellen Gelegenheiten, seien es nun Opern- oder Theaterabende, Verwandtenbesuche, Kaffeehaus-Treffs, Hochzeiten, Beerdigungen, Freizeitsport – auf dem Anlaß entsprechendes Styling wird größter Wert gelegt.
Kostüme aller Art sind nicht nur bei Karrierefrauen sehr gefragt; gewisse Modetrends scheinen sich in Budapest besonders durchzusetzen und werden wohl als eine Art Diktat aus dem westlichen Ausland auch willig befolgt. Mit nur wenig Erfolg bemühten sich in den letzten Jahren Designer wiederholt, Folklore-Elemente als spezifisch ungarische Note in die internationale Mode einzubringen.
Neben den eher etwas herausgeputzten Frauen wirken die meisten ihrer männlichen Begleiter über 30 meist sehr konservativ, nur selten elegant, sondern oft etwas vernachlässigt angezogen.
Sicher ist es auch mit eine Folge des großen politischen Umschwungs im Lande, daß in der Pester Innenstadt (zwischen Váci utca und Tanács körút, Vörösmárty tér und Kossuth Lajos utca) von Woche zu Woche neue Geschäfte mit den großen internationalen Namen aus Mode und Kosmetik eröffnet werden. Dadurch haben die vielen Boutiquen dieser Budapester Nobel-Einkaufsgegend eine ernste ausländische Konkurrenz bekommen.
Eine zweite ›Einkaufsmeile‹ ist seit Jahrzehnten entlang der Großen Ringstraße, die zwischen der Margareten- und der Petőfibrücke einen Halbkreis beschreibt, organisch gewachsen. Neonreklame und dichtgedrängte Schaukästenauslagen in den Torgängen versuchen den Käufer in die meist nur wenige Quadratmeter großen Verkaufsräume im Souterrain, in den Innenhöfen und selbst hinauf auf die höhergelegenen Etagen der äußeren, umlaufenden Korridore der Ringstraßenbauten zu locken. Die Qual des Suchens, Aus-

Budapest aktuell · Einkaufen

Das ›Szénássy‹ in der Petőfi Sándor utca ist das Budapester Traditionsgeschäft für Bekleidungsstoffe schlechthin

wählens und die Mühe des Treppensteigens zu den Schneidern, Täschnern, Strickern, Bijoutiers und Maßschuhmachern wird letztlich meist belohnt, liegen doch die Preise ihrer Artikel bei gleicher Qualität oft nur bei der Hälfte des innerstädtischen Preisniveaus.

Die Mehrzahl der Geschäfte hat montags bis freitags von 10 bis 18 Uhr, samstags von 10 bis 13 Uhr geöffnet. In zunehmendem Maße werden auch Kreditkarten angenommen.

Fontana Modehaus, V., Váci utca 16
Mehrstöckiges Kaufhaus mit meist importierter Damen-, Herren- und Kindermode; auch Unterwäsche, Schuhe, Kosmetika und Geschenkartikel.
Luxus-Warenhaus, V., Vörösmarty tér 3
Internationale Konfektion, ungarische Designer-Mode, Parfum, Markenkosmetika, Unterwäsche und Lederwaren.
Clara-Salon, V., Váci utca 12
Einer der alteingesessenen und führenden Modesalons Budapests in der Rothschild-Nachfolge; vorwiegend werden Modellkleider auf Kundenbestellung gearbeitet.
Glori-Salon, V., Parizsi utca 3
Kostbare Einzelstücke aus edlem Material, überwiegend eierschalenfarbene reine Seidengewebe in fließender, sehr weiblicher Linienführung, mit echter Handarbeitsspitze verarbeitet.
Greti, V., Bárczy István utca 3
Kunstgewerbliche Damenkleider für gehobene Ansprüche und festliche Anlässe.

Kaláka Design-Studio, V., Haris köz 2; I., Szentháromság utca 5; II., Áldás utca 12
Kleidung aus Naturfasern in ebenso raffinierten wie originellen Schnittformen, dazu ausgefallene Schuhe und Handtaschen.
Mente Mode, V., Petőfi Sándor utca 11
Alles für den Mann.
Lőrincz Zsuzsa, V., Régi posta utca 14
Dekorative, spielerisch-romantische Mode, die sich auf die italienische Tradition beruft und großen schlanken Frauen besonders gut steht.
Nobilitas Corner GmbH, V., Kígyó utca 2
In den winzigen Eckladen sind drei Verkaufsebenen eingebaut. Im Kellergeschoß überrascht ein wasserrieselnder Wandbrunnen neben nicht alltäglicher Damenkonfektion. Männermode, gebatikte Tücher, kopierter Jugendstil-Schmuck.
Pierre Cardin, V., Károly körút 8
Neben Originalmodellen aus Paris auch ungarische Konfektionsmode.
Prima Donna, V., Fehérhajo utca 8-10
Die Kleidermacher für Teenager richten sich nach dem Vorbild der jungen italienischen Mode. So sehr manches Kleidungsstück auf den ersten Blick durch seinen Zuschnitt besticht, sollte man das Material darauf prüfen, ob es auch die erste Reinigung überstehen wird.
Soho, V., Párizsi utca 6
Avantgarde-Mode im Madonna-Stil.
Váci utca 10
Der Name dieser Boutique in einem viel frequentierten Pester Innenhof ist zugleich ihre Adresse. Frech, sportlich, ein bißchen spaßig-verrückt; Lederaccessoires.

Zala Zia, I., Iskola utca 29
Auf dem Fußweg zur Budaer Burg vom Batthyány tér aus kommt man an einem kleinen Laden vorbei, der anspruchsvolle Alltagsmode für die Frau um 40 handelt. Die vielseitig tragbare, flotte und vor allem kombinationsfähige Garderobe ist sorgfältig verarbeitet. Auf gutes Material in stets aktuellen Farben und Dessins und freundliche Kundenberatung werden größter Wert gelegt.

Arissimeoni Fashion & Trade, VII., Rákóczi utca 4-6 sowie V., Petőfi Sándor utca 3
In Teens und Twens hat der griechische Modezar Budapests seine Hauptkäuferschicht gefunden. Die Qualität so mancher Glanzstoffe sollte man vor dem Kauf genau unter die Lupe nehmen.

Páva Ruhagyár, VII., Dob utca 1
Ganz hinten in einem wenig beachteten Innenhof liegt die Verkaufsstelle der Kleiderfabrik Páva, die zu vielen Anlässen tragbare, solide bis modische Blusen aus schönen Stoffen anbietet.

Piri-Hutsalon, V., Váci utca 10
Um eines der extravaganten, handgearbeiteten Hutmodelle zu ersteh en, muß man schon etwas tiefer in die Tasche greifen. Das Angebot reicht von kessen kleinen Kappen über mondäne Samtbaretts und sportliche Schildmützen aus Atlas-Seide bis zu wagenradgroßen Hüten, wobei auch der breitrandige geflochtene Strohhut zum Sommerkleid nicht fehlt. Kopfschmuck für die Braut kann man ebenfalls anfertigen und alte Hüte in aktuelle Formen umpressen lassen. Die Budapester Theater geben hier ihre Bestellungen auf.

Ékes Kesztyü, V., Régi posta utca 14
Das Handschuh-Geschäft mit traditionsreicher eigener Werkstatt besteht seit 1884. Auch originelle gestrickte ungarische Handarbeiten kann man hier erwerben.

Essen und Trinken

»Es gibt hunderte Gründe für die ungarische Küche; der erste: Sie schmeckt. Und vier dagegen: Wenig Gemüse; ausschließlich Schweineschmalz; oftmals lau, und ausschlaggebend: Es schmeckt *zu* gut« – so bewertete der Schriftsteller Franz Fühmann in den siebziger Jahren die Kochkunst der Ungarn. Noch viele weitere berühmte Persönlichkeiten haben sich zu den Eß-, Trink- und Tischgewohnheiten der als nicht weniger berühmt geltenden ungarischen Küche geäußert. Einige behaupten mit ironischer Boshaftigkeit, daß das nomadenstämmige Reitervolk das Fleisch unter dem Sattel gare...

Bei literarischen Gourmets wie prosaischen Ernährungswissenschaftlern wiederholen sich die Attribute »gehaltvoll« (d. h. schwer und fettreich) und »scharfgewürzt« (v. a. mit Paprika, Kümmel und Pfeffer) – kurzum: nicht gerade ein Eldorado für Diätiker, auch was die vorgesetzten Kostmengen anbelangt. Volle Tische und ausgiebige Eßgelage sind hierzulande mehr als ein traditioneller Punkt im sonntäglichen Programm, sie stehen für geschätzte Lebens- und Kommunikationsform, Familienritual und nationale Selbstbestätigung im Zeichen des Wohlergehens. Der ungarische Küchenmeister heißt nicht Schmalhans – das ließ bereits vor 500 Jahren Galeotto Marzio als König Matthias' Biograph die Nachwelt wissen, wenn er schrieb: »... daß man bei den reichen und reichhaltigen Speisen der Ungarn die Hände und die Kleider nur unter den größten Schwierigkeiten vor der Verunreinigung bewahren kann, weil der safranhaltige Saft einen manchmal von oben bis zur Sohle bespritzt.«

Das Grundrezept für die Zubereitung vieler landestypischer Gerichte beginnt von jeher mit dem Anrösten von Zwiebeln in Schweineschmalz; diese derbe, volkstümliche, einen robusten Magen verlangende altungarische Kost ist aber inzwischen durch mancherlei Einflüsse – wie speziell die Begegnung mit der französischen Küche – ›geläutert‹ und verfeinert sowie um neue Geschmacksrichtungen bereichert worden. Der großzügig verwendete saure Rahm (tejföl) gehört ebenso zu den eigentümlichen Nahrungsbestandteilen wie der **Paprika**. »Roter Türkenpfeffer« wird die ursprünglich in Amerika heimische, von türkischen Gärtnern nach Ungarn eingeführte Zier-, Heil- und Gewürzpflanze in einem 1570 erschienenen Buch genannt. Doch erst mit der ausbleibenden Gewürzversorgung während der Napoleonischen Kriege wird um 1800 der gut konservierbare Paprika in größerem Umfang, zunächst als eine Art Pfefferersatz, gezüchtet. Die Gegenden um Szeged, Kalocsa, aber auch um Budapest erweisen sich als anbaugünstig für diese im Frühjahr ausgesäte, Ende Mai auf die Felder gepflanzte und im Frühherbst geerntete Gewürz- und Gemüsesorte. Vor dem Zermahlen trocknen die roten, zu dekorativen Girlanden aufgefädelten Schoten an den Dachtraufen der Bauernhäuser.

Budapest aktuell · Essen und Trinken

Das Café Dubarry an der Donaupromenade in unmittelbarer Nähe der Redoute und mit Blick über den Fluß. Hier kann man sich nach einem anstrengenden Stadtbummel gut entspannen

Empfindet man gelegentlich ein Gericht als übermäßig scharf papriziert, so verhilft der Verzehr eines Stückchen Brotes zur besseren Verträglichkeit.

Der Brotkorb fehlt zu keiner Tagesmahlzeit auf dem ungarisch gedeckten Tisch. Wie zur Sonne und zum Wasser haben die Magyaren auch zum **Brot** als Hauptlebensmittel ein besonders inniges, ja kultisch zu nennendes Verhältnis. Sie lieben es ofenfrisch-duftend, mit braungold-lachender, knuspriger Kruste, im Anschnitt weiß, flaumig-weich und locker, so daß es einem förmlich auf der Zunge zergeht. Das Rezept für dieses mit Hefe gebackene Weizenbrot war am Anfang des 14. Jh. im mitteleuropäischen Raum außerhalb Ungarns nur noch in Norditalien und Frankreich bekannt. Auch im ausgehenden 20. Jh. weiß jeder Budapester, wie heuer der Weizen steht. Mit ernster Kennermiene wählt er sorgfältig seinen Laib Brot aus und trägt ihn liebevoll im Arm nach Hause. Vor den Feiertagen – einer im Jahr, der 20. August, ist speziell dem ›neuen Brot‹ aus frischgeerntetem Weizen gewidmet – bilden sich lange Warteschlangen vor den Bäckereien und an der Straße aufgestellten Campingwagen, aus denen ebenfalls Hausbrot und süßes Kuchenbrot in Zopf- oder geflochtener Kranzform verkauft wird. Erst im letzten Jahrzehnt bereichern Mischbrotsorten und auch dunkles, festes Vollkornbrot das ungarische Backwarensortiment.

Viele Spezialitäten der ungarischen Küche werden aus **Fisch** zubereitet. Mittelalterliche Quellen lobpreisen den Fischreichtum der »blauen« Donau und der »blonden« Theiß, deren Fluten zu einem Drittel aus Fisch und zu zwei Dritteln aus Wasser bestanden haben sollen. Selbst im Winter wurde durch ins Eis geschlagene Löcher gefischt. Nach der Regulierung der ungarischen Flüsse in der vorigen Jahrhundertmitte verirrt sich nur noch sehr selten (zuletzt 1989) ein schwerer Riesenfisch, wie der als königliche Delikatesse geltende Stör, aus dem Schwarzen Meer flußaufwärts. Um so mehr sorgt eine ausgedehnte Fischereiwirtschaft am Balaton – dem größten Süßwassersee Mitteleuropas –, am Velence-, Fehér- und Neusiedlersee für das Fischangebot auf den Budapester Märkten und den Speisekarten der Restaurants. Im Beliebtheitsgrad ganz oben steht dabei ein Weißfisch aus der Barschfamilie: *Fogasch* (Balatonzander) sei gesundheitsbewußten Essern besonders empfohlen (100 Gramm = 378 KJoule/90 Kcal). *Wels*, *Karpfen* und *Forelle* gelangen ebenfalls als begehrte heimische Fische in die Kochtöpfe, Pfannen, auf den Grillrost oder in die Räucherkammer.

Fisch, so heißt es auch im ungarischen

In Ungarn verkauft man keine tiefgefrorenen Hähnchen, Geflügel wird immer frisch geschlachtet angeboten

Volksmund, möchte schwimmen. Und da der Alkohol außerdem bekanntlich auch fettlösend wirkt, geht vor allem der hierzulande schon seit der Römerzeit angebaute **Wein** eine ideale Verbindung mit der Eßkultur der Ungarn ein. Vinum regum rex vinorum – Wein der Könige, König der Weine, wird der berühmteste, der aus Nordostungarn kommende und seit Jahrhunderten weltweit exportierte *Tokajer* ehrenvoll bezeichnet. Die hochentwickelte Weinkultur Ungarns sank unter der den Alkohol verachtenden Türkenherrschaft auf ihren Tiefststand und mußte einen weiteren Rückschlag verkraften, als in den siebziger Jahren des 19. Jh. die Weinstöcke weiter Landschaften – darunter jene in den Bergen von Buda – unrettbar von Phylloxera und Peronospora befallen wurden. Bis heute werden ausgezeichnete Weine in Transdanubien angebaut, so der *Móri Ezerjó* (Tausendgut aus Mór) bei Székesfehérvár/Stuhlweißenburg, der *Szürkebarát* (Grauer Mönch) reift auf vulkanischer Erde um Badacsony am Balaton. Auch die Ungarndeutschen erweisen sich als erfolgreiche Weinbauern: Im Umkreis von Sopron/Ödenburg gedeiht der *Kékfrankos* (der Blaufränkische), bei Pécs der *Villányer Kadarka*. Der eigenwillige Name eines dunklen, schweren Rotweins aus Eger/Erlau, *Egri bikavér* (Erlauer Stierblut), regt seit mehr als 100 Jahren zur Verbreitung manch schauerlicher Phantasiegeschichten an. Auch die Kunst des **Schnaps**brennens ist in Ungarn von altersher bekannt. Klarer Obstler, *Pálinka*, wird aus Kirschen, Williamsbirnen, Pflaumen und Aprikosen destilliert. Auf die Herstellung des letztgenannten und berühmtesten, des Barack-Pálinka, versteht man sich in Kecskemét, einer Stadt zwischen Donau und Theiß, am allerbesten.

Zum Nationalgetränk der Ungarn ist der **Kaffee** avanciert – in Gläsern oder Mokkatassen servierter Espresso, der nach dem Essen unbedingt und zwischendurch noch mehrmals am Tag getrunken wird. Der Überlieferung nach soll der erste Ungar, der den Kaffee probierte, ein berühmter Feldherr namens Bálint Török gewesen sein. Am 29. August 1541 hatte ihn Suleiman II. zum Essen in sein Zelt geladen und unterdessen listig durch seine Janitschar-Truppen die Burg zu Buda besetzen lassen – eine bittere Tatsache, die dem ungarischen Statthalter schließlich beim Kaffee eröffnet wurde. Hatte das Kaffeetrinken für Bálint Török schlimme Folgen – er wurde für den Rest seines Lebens in ein Gefängnis nach Konstantinopel verschleppt –, so konnte dieser historische Vorfall seine Landsleute nicht von ihrem künftigen Lieblingslaster abbringen. Dennoch ist seither im Ungarischen, wenn etwas Unangenehmes befürchtet wird, die Redensart gebräuchlich »Die schwarze Suppe steht noch aus!«.

Budapest aktuell · Essen und Trinken

Zur besseren Orientierung auf der Speisekarte seien im folgenden einige wichtige Gerichte der ungarischen Küche aufgezählt. Wie in vielen südlichen Ländern spielt das Frühstück eine untergeordnete Rolle. Die stets aus mehreren Gängen bestehende Hauptmahlzeit wird zwischen 12 und 13 Uhr mittags oder am Abend eingenommen.

Als **Aperitif** wird *Unikum*, ein Magenbitter mit dem würzig-süßen Aroma von 23 Heilkräutern, gern gewählt.

Für die **Vorspeise** eignen sich *Hortóbágyer Palatschinken*, Eierkuchen nach einem Hirtenrezept aus der Tiefebene mit einer sahnigen Füllung aus Kalbfleisch und Zwiebeln. Salatliebhaber wird vielleicht eher das *Geflügelsalat à la Szentgyörgyi* begeistern: gekochtes Hühnerfleisch, vermengt mit einem Gemisch aus Champignons, Spargel, grünen Bohnen, Kopfsalat und natürlich roten Paprikaschoten, in denen der Biochemie-Professor aus Szeged das Vitamin C entdeckte, wofür er den Nobelpreis erhielt.

Unter den **Suppen** ist wohl die *Fischsuppe* am bekanntesten. Hierfür werden in einer aus Fischköpfen, Gräten, vielen Zwiebeln, grünen Paprikaschoten, Kirschpaprika und Tomatenmark hergestellten Bouillabaisse Süßwasserfische, v. a. Karpfen, gekocht und zuletzt mit Fischrogen-Milch abgeschmeckt. Man unterscheidet die Zubereitung nach Szegeder Theiß-Art und die Donau-Art von Baja mit einer Einlage aus Fadennudeln. Jede Volksgruppe hat ihre regionalen Eigenarten im Suppenkochen. Die im Nordosten Ungarns lebenden Matyós beispielsweise lieben Hühnerbrühe mit Weißkraut, Kartoffelstücken und Gemüsepaprika (*Matyó-Suppe*). Die im Norden ansässigen Palócen bevorzugen dagegen eine Art Grüne-Bohnen-Eintopf

Obst und Gemüse gibt es auf den Märkten stets in reicher Auswahl

Unerläßliche Zutat für viele ungarische Gerichte sind getrockneter Paprika und Knoblauch, die, zu Zöpfen aufgereiht, die meisten Obst- und Gemüsestände schmücken

153

Im Mátyás Pince (Matthiaskeller) sind heute die ausländischen Touristen leider fast unter sich

aus Hammelfleisch mit Zwiebeln, Knoblauch und saurer Sahne (*Palóc-Suppe*). Eine dicke, mit einer hellen Mehlschwitze, Wurst und geräuchertem Eisbein aufgekochte, süß-saure Suppe aus großen weißen, roten und graublauen Julischka-Bohnen wurde von einem ungarischen Romancier des 19. Jh. kreiert (*Bohnensuppe nach Jókai-Art*). Der aus Rindfleisch bestehende, scharf mit Paprika, Kümmel und Zwiebeln gewürzte *Kesselgulasch* wurde ursprünglich im Freien von den Kuhhirten auf der Puszta gekocht – und ist eine Suppe. Jenes ragoutartige Fleischgericht hingegen, das in manchen Ländern unter der Bezeichnung ›Gulasch‹ angeboten wird, nennt man in Ungarn *Pörkölt*. Das Rezept zu einer traditionellen Pörkölt-Beilage, *Tarhonya*, blieb aus der nomadischen Wanderzeit lebendig. Einst trocknete der Eierteig vor dem Zerkrümeln zu graupengroßen Brocken in der Sonne der Steppe.

Unter den **Hauptgerichten** genießt gebratenes Schweinefleisch den Vorrang. In vielen Variationen erscheint es auf dem Speiseplan, z.B. als *Bakonyer Schweinskotelett mit Räucherspeck* (zu einem Pilz-Paprika-Gemüse) oder als *Székelyer Apfelfleisch* mit Estragon gedünstet. Eine ›echt ungarische‹ Beilage zum Steak (Filet Mignon) ist der wohlschmeckende *Letscho*: ein Dunstgemüse im eigenen Saft aus Zwiebelringen, zarten gelben Paprika- und enthäuteten Tomatenscheiben, dem abschließend verquirlte Eier beigemengt werden. Aus dem breiten Repertoire der sich großer Beliebtheit erfreuenden volkstümlich-deftigen Hausmannskost seien hier noch zwei Gerichte genannt: *Geschichtete Kartoffeln* (ein in der Röhre gebackener Auflauf aus Kartoffelscheiben, Salami, Speck, Schinken, hartgekochten Eiern und einer darübergegossenen sauren Rahmsauce) sowie *Paprikaschkartoffeln* mit Würstchen (ein gabelfester Eintopf, dem frische Tomaten und viel Delikateß-Paprika zu seiner appetitlich-roten Farbe verhelfen). Können *Gefüllte Paprikaschoten* zum unvergeßlichen Geschmackserlebnis eines ungarischen Sommers werden, so entspricht dieser Speise im Winter das mit Faschiertem (geschabtem Rind- und Schweinefleisch) *Gefüllte Kraut* (doch Vorsicht: reichlich Schweineschmalz!). *Gebackenes Huhn* wird als Schnitzel, paniert in Semmelmehl, auf den Tisch gebracht, während *Paprikasch-Huhn* ein gekochtes, soßenreiches Festessen aus Geflügel bedeutet, zu dem hausgemachte Nockerln am besten schmecken. In Transdanubien wird bei festlichen Gelegenheiten gern *Gänserisotto* gegessen. Dieses Mahl besteht aus gegartem Gänsefleisch, von den Keulenknochen gelöst und mit gekochtem Reis vermischt, dem neben vielerlei Gewürzen auch grüne Erbsen, gehackte Pilze und Paprikaschoten zur Verfeinerung beigegeben sind; beim Anrichten bekrönt es gebratene Gänseleber. Espresso, Süßspeisen und frisches, der Jahreszeit entsprechendes heimisches Obst runden als letzten Gang das Mittagessen ab. Ungarische Weintrauben, Jonathan-Äpfel, Aprikosen und Pfirsiche sind ihrer Farbenpracht und ihres saftigen Aromas wegen stets eine besondere Tafelzierde und verlockende Gaumenfreude. Im August sind die Wassermelonen reif, die, zu hohen Bergen gestapelt, überall auf den Märkten verkauft werden. Man muß wohl

Ungar sein, um die süßen, ausgereiften Früchte von den sauren ›Kürbissen‹ durch äußerliches Beklopfen speziell am Klang unterscheiden zu können ...

Beliebte **Nachspeisen**, wie *Zwetschgenknödel*, werden durch die ausgezeichnete Qualität der Früchte zum kulinarischen Vergnügen. Die hauchdünnen *Gundel-Palatschinken* kennzeichnet der intensive Rumgeschmack ihrer cremigen Nuß-Rosinenfüllung. Sie werden mit Schokoladensoße übergossen und flambiert. Zu den traumhaften süßen Verlockungen der ungarischen Küche gehören auch die *Somlóer Nockerln*, sie bestehen aus Schlagsahne, Nußbiskuit, Aprikosenmarmelade, Rum und dickflüssiger Marmelade. In den zwanziger Jahren, als man Kalorienbomben noch genußvoll schwelgend und mit weniger großen Schuldgefühlen verzehrte, erhielt ein Fondant-Gebäck den Namen eines Aufsehen erregenden Zigeunerprimás, der die Frau des belgischen Fürsten Chimay, eine amerikanische Millionärstochter, entführte und sogar heiratete: *Rigó Jancsi*. Auch die berühmte *Dobostorte* blieb der Nachwelt aus der Hoch-Zeit der Budapester Konditoreikunst erhalten.

»Zu einem guten Mittagessen erklingt Musik« – so das Motto einer ungarischen Radiosendung. Und wer im Sommer durch die mittäglich leeren Straßen schlendert, wird die süßlichen Klänge der pathetisch vorgetragenen, sich volkstümlich gebenden Kunstlieder (Magyár nóta) überall im Lande aus den weitgeöffneten Fenstern und Terrassentüren vernehmen.

Nicht mehr wegzudenken aus dem klischeehaften Ungarnbild unter dem Aspekt des einträglichen Fremdenverkehrs ist ein bei Wein und Kerzenschimmer verbrachter Abend in einem Restaurant mit **Zigeunermusik**. Dem Primás unterstehen in der klassischen Orchesterbesetzung drei weitere Geiger, ein Zimbelspieler, ein Cellist und ein Bassist, die mit virtuosem Spiel und Improvisationstalent mit Vorliebe ausländische Gäste unterhalten. Es ist immer wieder festzustellen, daß sich ein Ungar ganz entschieden gegen die Gleichsetzung dieser sogenannten Zigeunermusik mit der **ungarischen Volksmusik** verwehren wird. Tatsächlich entspricht diese hierzulande übliche Form der Tischmusik weder den alten Volksweisen der Ungarn noch der originalen Musiktradition der Zigeuner. Es handelt sich vielmehr um meist nur für eine Stimme im 19. Jh. komponierte Kunstlieder in unverbindlich-vager Notenvorgabe, in die gefiltert Elemente der Volksmusik vieler Länder, auch modische Schlagermelodien, einfließen. Doch jener in ganz Europa und Übersee verbreitete Irrtum nimmt Meistern dieser Gattung, wie sie z. B. von der Zigeunerfamilie Lakatos ausgeübt wird, nicht ihren Zauber.

Auf ein ungarisches Gasthaus, die Csárda, ist übrigens auch der Name des bekannten Nationaltanzes, **Csárdás**, zurückzuführen. Mit dieser Form des bald zur großen Mode gewordenen und bis heute gepflegten Paar- und Gruppentanzes vergnügt man sich seit Anfang des 19. Jh. auf so mancher Geselligkeit.

Das berühmte Kaffeehaus New York hat auch eine Restaurantabteilung mit Tischmusik und exklusiven Preisen

Restaurants für Feinschmecker und Kulturszenen-Genießer

Von den etwa fünftausend Budapester Gaststätten werden im folgenden einige für die Eßkultur des Landes besonders charakteristische – nach Stadtbezirken geordnet – empfohlen. Wegen ihrer allgemeinen Bekanntheit bleiben die Hotel-Restaurants hier unberücksichtigt.

Alabárdos, I., Országház utca 2, außer So tgl. 19-24
Nobles Restaurant mit internationaler Küche und Gitarren-Musik in einem mittelalterlichen Palast des Burgviertels.

Aranyhordó (Goldfassl), I., Tárnok utca 16, tgl. 10-24
Historisches Restaurant auf drei Etagen eines alten Budaer Handelshauses mit Bierstube, Weinkeller, Zigeunermusik und traditioneller ungarischer Küche.

Aranyszarvas (Goldener Hirsch), I., Szarvas tér 1, tgl. 18-02, So 12-24
Wild-Spezialitäten-Restaurant am Fuße des Burghügels.

Fehér Galamb (Weiße Taube), I., Szentháromság utca 9-11, tgl. 7-23 (Weinkeller 18-24)
Von ausländischen Gästen bevorzugtes Restaurant im alten Burgviertel-Gemäuer. Zu Kerzenschein und Zigeunermusik werden spezielle Tauben-, Wild- und Fischgerichte serviert.

Fortuna, I., Hess András tér 4, tgl. 12-16 und 19-01
Gaststätte der Kategorie I im Zentrum des Burgviertels. Ungarisches Spezialitäten-Restaurant mit Zigeunerkapelle und einem berühmten Weinkeller (vgl. Nr. 11).

Márvány-Menyasszony (Marmorbraut), I., Márvány utca 6, tgl. 17-24
Ungarische Csárda. Einrichtung und Speisen-Angebot sind für die Tiefebene bezeichnenden Charakter. Spezialgerichte aus der Umgebung von Szeged. Folklore-Programm mit Tanz und Gesang; Zigeunerkapelle.

Tabáni Kakas (Hahn zu Tabán), I., Attila utca 27, Mo-Fr 12-24, Sa und So 13-24
In dieser Gegend eines alten, verschwundenen Budaer Stadtteils entstand dieses sehr persönlich geführte Insider-Szenen-Lokal, das seinen Ruf hauptsächlich der vorzüglichen Hausmannskost unter Verwendung von Gänseschmalz verdankt.

Margitkert, II., Margit utca 15, tgl. 12-24
Das elitär-vornehme ungarische Spezialitäten-Restaurant, in dem zum Stolz des Hauses gern Staatsmänner einkehren, war ursprünglich eine Weinschenke.

Náncsi néni vendéglöje (Gasthaus der Tante Náncsi), II., Ördögárok utca 80, wochentags 12-21, So 12-17 (am Wochenende empfiehlt sich eine Tischreservierung unter Tel. 1 76 58 09)
Familiäre Gastwirtschaft, etwas außerhalb im ›Kühlen Tal‹ Budas gelegen, mit ländlicher Dekoration, einem stimmungsvollen Gastgarten und Akkordeon-Musik. Die ungarisch-sprachige Speisekarte zeugt von humorvoll-poetischem Einfallsreichtum in der Benennung der verfeinerten ungarischen Bauerngerichte und Hausmannskost.

Vadrózsa (Wildrose), II., Pentelei Molnár utca 15, außer Mo tgl. 18-24
Das feine Gourmet-Restaurant im neobarocken Salon einer Budaer Villa wird von den auf den grünen Budaer Hügeln wohnenden Diplomaten gern aufgesucht. Während der Sommermonate wird auch im Garten bedient.

Sipos-Halàszkert, III., Fő tér 6, tgl. 17-24
Berühmtes Fisch-Restaurant auf dem Óbudaer Hauptplatz mit Gastgarten und Zigeunermusik.

Apostolok, V., Kigyó utca 4-6, tgl. 10-24
Die traditionsreiche Gaststätte liegt in der Fußgängerzone der Pester Innenstadt und besitzt eine denkmalgeschützte, holzgetäfelte Einrichtung im Stil der Neogotik mit Bildnissen der zwölf Apostel. Internationale und ungarische Küche.

Aranybárány (Goldlämmchen), V., Harmincad utca 4, tgl. 12-24
Original ungarische Küche mit Lammfleisch-Spezialitäten in rustikaler Csárda-Atmosphäre.

Kárpátia, V., Ferenciek tere 4-8, tgl. 11-23
Zur altehrwürdigen Gediegenheit des Restaurants tragen auch die Holztäfelung, Draperien, alte Gemälde bei. Zu Zigeunermusik wird internationale Küche geboten.

Légrádi Testverek (Gebrüder Légrádi), V., Magyar utca 23, Mo-Fr 17-24
Führendes Gourmet-Restaurant in einem Keller der Pester Innenstadt, das wegen seiner exzellenten Speisen und professionellen Bedienung als Geheimtip Eingeweihter weiterempfohlen und vor allem von ausländischen Geschäftsleuten besucht wird.

Mátyás Pince (Matthias-Keller), V., Március 15. tér 7
Spezialitätenrestaurant mit traditioneller ungarischer Küche. Der berühmte Zigeunerprimás Sándor Déki Lakatos sorgt mit seiner Kapelle für Unterhaltung der Gäste. Bereits 1904 wurde in dem ehemaligen

Budapest aktuell · Essen und Trinken

Ein reiches Arsenal phantasievoller Fabelwesen schmückt die Fassaden des ungarischen Historismus, wie hier am New York-Palast

Mietshaus der Bierbrauerei Dreher von Mátyás Baldauf ein Bierlokal eingerichtet, in dem Anwälte, Industrielle und Künstler bald ihre Stammtischrunden abhielten. Bei der Renovierung 1937 wurde das Gasthaus mit neuem Mobiliar, Wandgemälden von Jenö Haranghy und bemalten Glasfenstern (Szenen aus dem Leben von König Matthias) ausgestattet. Zwischen 1968 und 1971 wurden Gemälde und Wandbilder von Gyula Bozó hinzugefügt.
Ménescsárda, V., Apáczai Csere János utca 15
Nobel-Csárda nahe dem Pester Donaukai. Flambierte, am Tisch zubereitete Gerichte ungarischer Art kann man bei Zimbel-Musik genießen.
Százéves (Hundertjährig), V., Pesti Barnabás utca 2, tgl. 12-24
Das namhafte Traditionslokal Budapests bietet internationale Spezialitäten; es verfügt auch über einen Gastgarten und eine Zigeunerkapelle (vgl. Nr. 58).
Lila Akác, VI., Nagymezö utca 30, tgl. 10-01
Theaterbesucher verlängern ihr Abenderlebnis gern in diesem Lokal bei ungarischen Speisen aus Geflügel, Wild und Fisch.
Fészek-Klub, VII., Kertész utca 36, tgl. 12-01
Das Juwel inmitten des lichtlosen, verslumten VII. Stadtbezirks war bislang ein Insider-Klub der Berufskünstler und ist erst seit den neunziger Jahren der Öffentlichkeit auch ohne Mitgliedsausweis zugänglich. Das Fin-de-siècle-Restaurant im Erdgeschoß bietet gute internationale Küche bei zuvorkommender Bedienung. Eine Bar in diesem Palais öffnet um 22 Uhr. Besonders reizvoller Innenhof.
Kispipa (Kleine Pfeife), VII., Akácfa utca 38, tgl. 12-01, So und Fei geschl.
Die im Schaufenster schwimmenden Karpfen sind eine lebende Werbung für die gute Fischsuppe dieses Spezialitäten-Restaurants mit einem meist zur späten Stunde erscheinenden Nobilitäten-Stammpublikum. Am Klavier spielte bis 1958 allabendlich der weltberühmt gewordene Liederkomponist Rezsö Seress. Hier entstand sein Song ›Der traurige Sonntag‹, den u. a. Ray Charles und Louis Armstrong sangen.
Kalocsaipaprika Csárda, VIII., Bláthy Ottó utca 13, tgl. 16-24
Folk-Art im Ensemble mit Eat-Art nach traditioneller Kalocsa-Manier.
Paradiso, XII., Istenhegyi út 40/a, tgl. 12-15 und 19-24
In der antik eingerichteten alten Villa im grünen Buda kann man sich bei Klaviermusik und internationalen Feinschmecker-Gerichten verwöhnen lassen. Eine Diskothek im Erdgeschoß hat zwischen 22 und 04 Uhr geöffnet.
Hangulat (Stimmung), XIII., Népfürdö utca 17/e, außer Di tgl. 11-22
Die in der Nähe der Árpád-Brücke gelegene Gaststätte bietet ungarische Hausmannskost zu Zigeunermusik.
Kis Kakuk, XIII., Pozsonyi út 12, tgl. 12-23, So 12-16
Das kleine Neuleopoldstädter Restaurant nahe dem Pester Margaretenbrückenkopf wird besonders wegen seiner Wildgerichte gelobt.
Gundel, XIV., Állatkerti körút 2, tgl. 12-16 und 19-24
Namhaftes Traditionsrestaurant mit internationalen Speisen, Zigeunermusik und einem Garten (vgl. Nr. 88).
Robinson, Állatkerti körút, tgl. 12-15 und 18-24
Originelle, inselartige Lage am Stadtwäldchenteich, gegenüber dem Museum der bildenden Künste. Internationale Küche.

Budapest aktuell · Essen und Trinken

Bierstuben

Die Liebe zum Gerstensaft eroberte auch das traditionelle Weinland Ungarn. Vornehmlich im letzten Jahrzehnt entstanden mehrere Bierlokale.

Kaltenberg, Königlich-Bayerische Bierstube, IX., Kinizsi utca 30-32, außer So tgl. 12-24
Das Bier wird an Ort und Stelle gebraut. Dazu kann man bei volkstümlicher Musik traditionelle ›bayerische Schmankerl‹ probieren.
Prágai Venzel Sörház (Bierhalle zum Prager Wenzel), VIII., Rákóczi út 57/a, tgl. 11-24, So 11-19
Radeberger Söröző, III., Hidfő utca 16, tgl. 12-24
Radeberger Pilsner aus Sachsen kann man im Herzen von Óbuda bei Akkordeon-Musik trinken.
Tuborg Viking Sörbar, VII., Károly körút 5, tgl. 9-23
In die Zeit der Wikinger versetzt fühlt sich der Gast bei Akkordeon-Klängen in dieser stimmungsvollen, unter dänischer Mitarbeit entstandenen Bierstube.

Nationalitäten-Restaurants

Arabisch
Aladdin, VIII., Berkocsis utca 23/a, tgl. 12-24

Asiatisch
Vörös Sárkány, VI., Andrássy út 80, tgl. 12-15 und 18-01

Bulgarisch
Szofia, V., Kossuth Lajos tér 13-15, tgl. 12-01

Chinesisch
Szecsuan, V., Roosevelt tér 5, außer So und Fei tgl. 12-24, Fr und Sa 12-01
China Palace, VIII., Üllői köz 6, tgl. 11.30-14.30 und 18-24

Deutsch
(siehe auch unter ›Bierstuben‹)
Berlin, V., Szent István körút 13, Mo-Do 9-24, Fr und Sa 9-01
Berliner Rathauskeller, VII., Dob utca 31 (Eingang: Kazinczy utca), Mo-Sa 12-23, So 12-16, im Sommer 18-23

Französisch
Le Jardin de Paris, I., Fő utca 20, tgl. 11.30-15 und 19-02
Etoile, XIII., Pozsonyi út 4, tgl. 12-15 und 18-01

Georgisch
Tbiliszi, VIII., Bajza utca 1, tgl. 17-24

Griechisch
Görög Taverna, VII., Csengery utca 24, tgl. 12-02

Italienisch
Don Alfredo, XIV. Hungaria körút 53-55, tgl. 11-24
Marco Polo, V., Vigadó tér 3, tgl. 12-15 und 19.30-24
Napoletana, V., Petőfi tér 3, tgl. 11-24

Japanisch
Restaurant Japan, VIII., Luther utca 4-6, tgl. 10-01

Jiddisch
Shalom, VII., Klauzál tér 2, außer So tgl. 12-24, Sa 11-15

Koreanisch
Senara, VII., Dohány utca 5, außer So tgl. 11.30-14.30 und 18-23

Kubanisch
Habana, VI., Bajcsy Zsilinszky út 21, tgl. 12-03

Polnisch
Kaczma Polska, XII., Márvány utca 19, tgl. 16-24

Russisch
Arany Kaviar, I., Ostrom utca 19, tgl. 12-24
Bajkal, V., Semmelweis utca 1-3, außer So tgl. 10-22

Serbisch
Kislugas, II., Szilágyi Erzsébet fasor 72, tgl. 12-23, im Sommer 12-24
Szerb Étterem, V., Nagy Ignác utca 16, tgl. 10-22

Slowakisch
Szlovák Söröző, V., Bihári János utca 15, Mo-Sa 10-24

Tschechisch
Prager Gasthaus ›Schweijk‹, VII., Majakovszkij utca 59/b, tgl. 12-24

Ungarisch
(siehe unter Verzeichnis der Restaurants nach Budapester Stadtbezirken geordnet)

Budapest aktuell · Essen und Trinken

Mit Abstand das bekannteste Budapester Kaffeehaus ist das ›Gerbeaud‹

Kaffeehäuser, Konditoreien und Espressos

geordnet nach Stadtbezirken

Angelika, I., Batthyány tér 7, im Sommer 9-22, im Winter 10-22
Gemütliche Kaffeehaus-Atmosphäre, auch als ›literarisches Café‹ für musikalische Veranstaltungen, Podiumsdiskussionen und Dichterlesungen genutzt.
Cafe Pierrot, I., Fortuna utca 14, wochentags 17-01, So 11-23
Pianomusik, Kaffee-Spezialitäten, Cocktails.
Korona, I., Dísz tér 16, tgl. 10-21
Kaffeehaus-Atmosphäre und Ort musikalischer und literarischer Abend-Veranstaltungen.
Ruszwurm, I., Szentháromság utca 7, außer Mi tgl. 10-20
Überaus beliebte kleine Konditorei mit Empire-Möbeln im Burgviertel (vgl. Nr. 24).
Auguszt, II., Fény utca 6, Di-Fr 10-18, Sa 10-14, Mo und So geschl.
Gleich im Eröffnungsjahr, 1986, erhielt die Konditorei eine Anerkennungsurkunde zur Millenniumsausstellung. Neben dem teuersten Budapester Wochenmarkt und nahe dem Moszkva tér gelegen. Von der Kundschaft wird vornehmlich das gute Speiseeis gelobt.

Anna-Eszpresso, V., Váci utca 7, wochentags 8-22, So 10-22
Lädt im Sommer besonders als Straßencafé ein, für ›schnelle‹ Gäste gibt es auch ein Steh-Café.
Galéria, V., Vitkovics Mihály utca 7, tgl. 11-24
Café- und Bar-Betrieb, Verkauf von Werken bildender und angewandter Kunst.
Gerbeaud, V., Vörösmárty tér 7, tgl. 9-21, feiertags geschlossen.
Mondäner Treffpunkt von Besuchern aus aller Welt, darunter vielen Künstlern. Kulinarische Qualität und Bedienungsfreundlichkeit des Lokals entsprechen heute leider nicht mehr immer dem Ruf seines legendären Besitzers, Emil Gerbeaud (vgl. Nr. 61).
Nárcisz, V., Váci utca 32, wochentags 9-01, So 14-01
Drink-Bar mit Kaffee-Spezialitäten.
Spartakus-Presso, V., Aulich utca 8, tgl. 8-22.30
Durch die Nähe der Akademie ein Treffpunkt bildender Künstler. Hier kann man auch gut frühstücken, Drinks sind ebenfalls im Angebot.
Lukács-Konditorei, VI., Andrássy út 70, tgl. 9-20
Typische Kaffeehaus-Atmosphäre umgibt den Gast in einem Palais mit denkmalgeschützter Inneneinrichtung. Im marmorierten Erdgeschoß ist ein Steh-Café ein-

gerichtet, ein breiter Treppenaufgang führt in die dekorativen oberen Salons. Treffpunkt vorwiegend junger Intelligenz und Ausländer.

Művész, VI., Andrássy út 29, Mo-Fr 8-20, Sa 10-20

Seidentapeten, Kirschbaumholz, kleine Marmortischchen, Kandelaber und alte Gemälde geben dem in der Opernnähe gelegenen Kaffeehaus einen Hauch gediegener Festlichkeit. Unter den Gästen auffallende Künstlergesichter.

New York, VII., Erzsébet körút 9-11, tgl. 9-22

Prachtvolles Kaffeehaus im Fin-de-siècle-Dekor. Einst und jetzt Treffpunkt ungarischer Literaten und Künstler (vgl. Nr. 68).

Hauer, VII., Rákóczi utca 49, tgl. 9-20, nachmittags Klaviermusik

Die in der Josefstadt, nahe dem Ostbahnhof gelegene Konditorei soll demnächst in ihren Gründungszustand mit einer Ladeneinrichtung aus weißem Schleiflack von 1890 zurückgeführt werden. Geätztes Glas an Türen und Fenstern, Stilmöbel und Herender Porzellan gehören zur Ausstattung des in den letzten Jahrzehnten durch kleine Salons erweiterten und mehrfach umgebauten Kaffeehauses. In Zukunft soll auch der innere Gartenhof wieder genutzt werden. An den kleinen Marmortischen verzehren vor allem ältere Damen allein nostalgische Gebäckstücke mit viel Schlagsahne, Schokoladenbomben, Kastanien-Spezialitäten, Parfait und Marzipanfiguren. Zum Kaffee wird hier gern Likör getrunken.

Inteam, XII., Németvölgyi út 17, tgl. 16-04

Kaffeegarten und Bar in einer Budaer Villa vom Jahrhundertbeginn auf tannenbestandenem Grundstück, im Sommer mit Musik.

In einigen Budapester Hotels gibt es ebenfalls recht stimmungsvolle Cafés, wie beispielsweise das **Wiener Kaffeehaus** im Hotel Forum, V., Apáczai Csere János utca 12-14, das **Café Pietro** in der Passage des Hotels Taverna, V., Váci utca 49, die Konditorei **Stefania** im Grand Hotel Hungaria, VII., Rákóczi utca 90, und das **Ybl-Café** im Ramada Grand Hotel auf der Margareteninsel. In altehrwürdige, traditionsreiche Patina-Umgebung fühlt man sich in der durch Marmorsäulen, Kronleuchter und vergoldeten Stuck geprägten Atmosphäre des **Astoria-Cafés** versetzt (V., Kossuth Lajos utca 19-21, geöffnet 7-24). Auf der Musik-Galerie sind Kohlezeichnungen berühmter Budapester Konditoren, Gastronomen und Primás ausgestellt (z.B. Emil Gerbeaud, József Dobos, Károly Gundel, Henrik Kugler). Demgegenüber erweckt die am Jugendstil orientierte Einrichtung in Weiß-Gold der Konditorei **Zsolnay Kávéház** im Hotel Béke Radisson, VI., Teréz körút 43, einen eher beschwingt-heiteren Eindruck. Kaffee-Spezialitäten, Nostalgie-Gebäck wie kalorienarme Neuschöpfungen, Eis und Konditoreiwaren für Diabetiker werden in originalem, bemaltem Tafelgeschirr aus der Zsolnay-Porzellanfabrik serviert. Zu den Spezialitäten des Hauses gehören Ludláb-(Gänsefuß-)Torte, Eszterházi-Torte mit Nüssen, Alexander-Torte mit Kiwi sowie karotten- und karamelbedeckte Dobostorte. Hier treffen die Damen einander zum Plaudern und wird am Sonntag ›in Familie‹ Kaffee getrunken. Beliebtes Souvenir sind die glasartig durchscheinenden Blumengebilde und Früchtekörbe, ›süße‹ Tischdekorationen, die von Konditoren dieses Hotel-Cafés mit einem Höchstmaß an handwerklicher Fertigkeit sehr zeitaufwendig aus gefärbtem Karamelzucker ›gezaubert‹ werden.

Feste und Feiern

Adressen für Kartenbestellungen und Informationen über Veranstaltungen bei **Tourinform,** V., Sütő utca 2, Tel. 1179800 und 1179578

Bei Tourinform ist kostenlos eine monatlich erscheinende, deutsch- und englischsprachige Broschüre ›Programme in Ungarn/Hungary‹ erhältlich.

Außerdem sind der deutsch/englischsprachigen MTI-Tageszeitung ›Neueste Nachrichten/Daily News‹ aktuelle Programmhinweise zu entnehmen.

Januar–Februar–März

Am 1. Januar, dem **Neujahrstag**, hütet sich auch ein moderner Hauptstädter eisern davor, Geflügel zu essen, da – einer alten Überlieferung zufolge – ein Huhn »das Glück hinwegscharrt«, während ein Schwein gleichsam »das Glück ins Haus hereinwühlt«. Neben einer Schweinefleisch-Mahlzeit und einer Bohème-Krautsuppe gegen den Kater nach der langen Silvesternacht steht für Kulturbewußte am Nachmittag der Besuch des *Neujahrskonzerts* in der Pester Redoute auf dem Programm.

Der **6. Januar** wird im Ungarischen ›Wasserweihe‹ genannt. Vor nahezu tausend

Budapest aktuell · Feste und Feiern

Ein beliebtes Backwerk der Ungarn an Fest- und Feiertagen ist das selbstgemachte Kalács

Jahren bereits sollen die umherziehenden, almosensammelnden Priestermönche an diesem Tag das Wasser und die Häuser geweiht haben.
Nach dem 6. Januar setzt die bis Aschermittwoch währende **Ballsaison** ein. Am berühmtesten sind der jährliche *Zigeuner-* und der *Schwabenball* sowie der *Juristen-*, *Ärzte-* und *Journalistenball*. Obwohl Faschingsfeste in der Hauptstadt durch König Matthias' zweite Frau Beatrice eine bis in die Renaissance reichende Tradition haben, bevorzugt man in Budapest heute für Kostümfeste die Haus-Party. Vergnügliche *Weiberfastnacht* und *Umzüge* mit geschnitzten Tiermasken sind bei einigen Volksgruppen auf den Dörfern der Provinz üblich.
Im Monat Februar erinnern sich die wintermüden Ungarn an alte Wetterregeln, die auch das Meteorologische Institut in seine Prognosen einbezieht, und der Budapester Zoo verzeichnet am **2. Februar** Rekordbesuchszahlen: Wenn der Braunbär an einem sonnigen Tag aus seiner Höhle kommt und den eigenen Schatten bemerkt, so kehrt er um und geht wieder hinein – und es bleibt noch lange kalt; sieht er bei bedecktem Himmel dagegen seinen Schatten nicht, so bleibt er im Freien und der Winter nimmt bald Abschied. Eine ähnliche Bedeutung wird auch dem **Matthias-Tag**, dem 24. Februar, zugeschrieben. »Matthias«, so heißt es im Volksmund, »bricht das Eis, falls er welches findet, doch findet er keines, so macht er welches«.
Im Februar 1991 fiel nach 25jähriger Tradition das kulturelle Hauptereignis des Monats, die **Ungarischen Filmtage**, infolge eines mangelnden Angebots an neuen ungarischen Filmen nach dem Ausbleiben der staatlichen Subventionen erstmals ins Wasser. Noch im Jahr davor erlebten 44 neue Spiel-, Dokumentar- und Experimentalfilme (darunter aus dem auch international Beachtung findenden Studio von Béla Balázs) hier ihre Uraufführung.
Der unbändige Freiheitsdrang des ungarischen Volkes kommt an keinem anderen nationalen Feiertag stärker und inniger zum Ausdruck als am **15. März**. Lange bevor dieser Tag 1989 wieder zum offiziellen, arbeitsfreien Staatsfeiertag erklärt wurde, zogen jährlich Tausende, freiwillig und stolz, geschmückt mit der rot-weiß-grünen Kokarde, zu den Erinnerungsstätten der Revolution von 1848 gegen die Habsburger Unterdrückung: Zum Petőfi-Denkmal (V., Petőfi tér), zur Treppe des Nationalmuseums, wo eben dieser Dichter sein patriotisches ›Nationallied‹ verlesen haben soll, zum Lajos-Kossuth-Denkmal vor dem Parlament, zum Standbild eines Generals polnischer Abstammung, József Bem (1934 durch János Istok errichtet, I., Bem József tér) und zum Honvéd-Denkmal auf dem Disz tér.
Unter dem Motto ›10 Tage, 100 Schauplätze, 1000 Veranstaltungen‹ findet in der zweiten Märzhälfte das **Budapester Frühlingsfestival** statt. Liebhaber der klassischen Musik können aus einer Vielzahl von *Konzerten* im Budapester Kongreßzentrum und im Kongreßsaal der Ungarischen Akademie der Wissenschaften, in der Musikakademie und im Bartók-Gedenkhaus, in der Pester Redoute wie in

Budapest aktuell · Feste und Feiern

mehreren Kirchen der Hauptstadt wählen. Auftritte von Weltstars und prominente Gastspiele lassen *Opern-, Operetten-* und *Ballettaufführungen* zu einem unvergeßlichen Erlebnis werden. Jazz- und Popmusik mit Gruppen von internationalem Rang wird in der Petőfi-Halle und in der Universität für Gartenbau angeboten. Museen legen die Eröffnung von *Sonderausstellungen* in die letzten Märztage und die ausländischen Kulturinstitute tragen ebenfalls zur Vielfalt des Budapester Frühlings bei.

April – Mai – Juni

Ostern wird in Ungarn vor allem als ein Fest mit römisch-katholischer Kirchentradition begangen. Ostermontag gilt als hoher Feiertag. Man ißt gekochten Schinken und gefärbte Eier (siehe Einkaufen, Folklore). Von den Volksbräuchen hat sich in Budapest das ursprünglich mit dem Gedanken des Fruchtbarkeitszaubers und der rituellen Reinigung verbundene Besprengen der jungen Mädchen mit Osterwasser erhalten, wobei heute allerdings Eau de Cologne verwendet wird. Bis 12 Uhr mittags durchwandern die ungarischen Männer am Ostermontag ihren weiblichen Freundeskreis, um mit dem Duftgruß ewige Jugend zu wünschen und dafür als Gegengabe ein rotes Ei und meist ein hochprozentiges Getränk zu erhalten.

Der **1. Mai** als arbeitsfreier Tag wird jüngst in Ungarn erneut als echtes Volksfest mit buntem Treiben und Spielen für die Kinder im Stadtwäldchen, Folkloremärkten, Tanz und Gesang und Sportwettkämpfen genossen. Die mit Thermalbecken ausgestatteten Freibäder öffnen und gewandte Jugendliche versuchen, sich ihrer Liebsten zu beweisen, indem sie einen mit Weinflaschen oder Tüchern geschmückten *Maibaum* – Symbol der sich ständig erneuernden Natur und des wiedergeborenen Lebens – erklimmen.

Obwohl sich insbesondere die Weinbauern einen eher kühlen und nassen Mai wünschen, gibt sich der ›Wonnemonat‹ – Ausnahmen bestätigen die Regel – meist sommerlich warm. Ab 1992 soll in Ungarn auch der **Pfingstmontag** (neben einer Reihe weiterer kirchlicher Feiertage) erstmals wieder arbeitsfrei sein. Zu **Fronleichnam** werden an den Mariengnadenorten in der Budapester Umgebung, so in Mariaremete, Városmajor und in Pilisvörösvár, für die Prozessionen Teppiche aus frischen Blumen im Kirchgarten ausgelegt.

Der **Medárd-Tag** entspricht dem deutschen ›Siebenschläfer‹: Regnet es am 8. Juni, so sei – der Bauernregel zufolge – auch an den 40 weiteren Tagen mit Regenschauern zu rechnen.

Die großen **Sommerferien** beginnen in Ungarn bereits in der zweiten Juni-Woche und dauern fast ein Vierteljahr (bis 31. August). Die Abgänger der achten Schulstufe (Allgemeinbildende Schule) und der zwölften Klasse (Abitur) werden mit dem Lied ›Gaudeamus Igitur‹, Dankesreden und einem Meer von Blumen verabschiedet. In Schaufenstern der Innenstadt sind Tableaus mit Fotos der Abiturienten und ihrer Lehrer ausgestellt.

In jüngster Zeit wird zur **Tag- und Nachtgleiche**, am Vorabend des 24. Juni, auch

Am Ostermontag gehen die Jungen die Mädchen begießen, damit sie das ganze Jahr schön bleiben – in ländlichen Gebieten noch mit Wasser, in der Stadt mit Parfumfläschchen

an alte heidnische Rituale der feueranbetenden Magyaren erinnert, wenn die Jugendlichen zu den Budaer Höhlen oder zur Rózsika-Quelle ins ›Kühle Tal‹ von Hüvösvölgy ziehen, um bis tief in die Nacht hinein zu singen, das Sonnwendfeuer zu umtanzen oder über die lodernden Flammen zu springen. Bemerkenswert ist, daß diese Feuer der Johannisnacht in ganz Ungarn den slawisch-byzantinischen Namen *Sankt-Iván (Iwan)-Feuer* tragen. Nicht nur die Kraftströme des Liebeszaubers werden ihnen nachgesagt; im Feuer geschmorte Äpfel und in der Nacht des Iwan-Festes gepflückte Kräuter und zu Kränzen gewundene Blumen sollen eine magische Heil- und Schutzwirkung besitzen.

Der 29. Juni, der **Peter- und Paulstag**, ist untrennbar mit dem Erntebeginn verbunden – dieses weiß in einem Land mit langer Agrartradition auch jeder Budapester.

Daß am **30. Juni** 1991 die letzten Besatzungseinheiten der Roten Armee Ungarn verlassen haben, wird zum Gedenktag einer überwundenen Epoche in der ungarischen Geschichte landesweit mit Glockengeläut, Volksfesten und einem Country-Festival gefeiert.

Juli – August – September

Im Sommer wird Budapest von Urlaubern überschwemmt, seinen Höhepunkt erreicht der Touristenstrom gegen Anfang August. **Straßentheater** und **Freilichtbühnen** auf der Margareteninsel, dem Óbudaer Hauptplatz und am Tabáner Hügel und die Budaer Parkbühne haben Hochsaison. In einigen Innenhöfen des Burgviertels werden die Nächte durch Musizieren verkürzt; im Dominikanerhof des Hotels Budapest-Hilton werden populäre Kleinopern aufgeführt, im Karmeliterhof christliche Musicals. Um den 10. Juli erfreut sich das **Internationale Jazz-Festival** im Jugendpark ›Kameraerdö‹ eines großen Zuspruchs.

Für Pferdesportanhänger und Wetteifrige ist das Mitte Juli ausgetragene **Ungarische Derby** ein wichtiges Sommer-Ereignis (Galopprennbahn, Do 16 Uhr, So 14 Uhr; X., Dobi István út 10). Ungarn selbst, gern als ›Sportnation‹ betitelt, hat eher im **Gespanntreiben** Welterfolge zu verbuchen (Trabrennbahn, Mi 16.30 Uhr, Sa 14 Uhr; VIII., Kerepesi út 9–11). Die Kutsche übrigens ist nachweislich bis in das Wort hinein eine ungarische Erfindung. 1267 wird das in der Ortschaft Kocs gebaute, vierrädrige und von Pferden gezogene neue

Musizierender Clown am Vörösmarty-Platz

Verkehrsmittel, der ›Kotschi-Wagen‹, mit schützendem Laderaum für Gepäck und Reisende erstmals erwähnt. Um Wagen mit wesentlich mehr PS geht es indessen beim **Formel-1-Rennen**, wenn im August auf dem Hungaroring von Mogyoród bei Budapest der Ungarische Grand Prix vergeben wird. Zum sportlichen Wettkampf um den **Budapest Grand Prix** starten im gleichen Monat auch die Leichtathleten.

Am **20. August**, dem Sankt-Stephanstag, wird in einem Staatsfeiertag des ersten christlichen und Ungarn als Staat gründenden Königs István I. (1000–1038) gedacht. Istváns des Heiligen rechte Hand wird schon Tage zuvor in *Corpus-Christi-Prozessionen* durch das ganze Land geführt und schließlich an seinem Namenstag in der Pester Basilika den Gläubigen offenbart. 1991 legte Papst Johannes Paul II. seinen ersten Ungarnbesuch auf diesen besonderen Festtag und zelebrierte auf dem Heldenplatz eine Heilige Messe. Der 20. August wird landesweit auch als ›Tag des neuen Brotes‹ mit Kirmes- und Erntedankfesten gefeiert. Die Volksfest-Stimmung erreicht in Budapest am Abend zwischen 21 und 22 Uhr ihren Höhepunkt, wenn vom Gellértberg aus ein Riesenfeuerwerk über die Stadt emporsteigt.

Die herbstlichen **Marienfeiern** sind heute wieder Anlaß, um in die Wallfahrtsorte der Budapester Umgebung zu pilgern, wo religiöse Andachtsfeste meist mit einer Kirmes verbunden werden.

Am 25. September, dem Geburtstag des Komponisten und Musikwissenschaftlers

Béla Bartók, beginnen die **Budapester Kunstwochen** mit einem anspruchsvollen Programm im Bereich der Musik (genannt sei die Konzertserie ›Musik unserer Zeit‹), des Theaters und der bildenden Kunst.

Oktober – November – Dezember

Eine Vielzahl kultureller Ereignisse mit oft beachtlichem künstlerischen und wissenschaftlichen Niveau wird in den Oktober, den Monat der Museen und der Denkmalpflege, gelegt. Zur gleichen Zeit stellt die staatliche ungarische Schallplattenfirma Hungaroton in Werbe-Konzerten ihre Neu-Editionen vor. Die Hotels und die Weinbauern veranstalten **Weinlesebälle**. Der **23. Oktober** ist ein Staatsfeiertag. 1989 wurde an diesem Tag in Ungarn die Republik ausgerufen und 33 Jahre zuvor war die – nach 11 Tagen gescheiterte – Revolution ausgebrochen.

Zu **Allerheiligen**, am 1. November, brennen auf den Budapester Friedhöfen zum Gedenken an die Toten Tausende Kerzen auf den schön hergerichteten Gräbern und Urnenmauern. Das Chorfestival **Vox Pacis** wird im November veranstaltet.

Am Abend des 5. Dezember erscheint der **Nikolaus** in Begleitung des rutenschwingenden Krampus, um die Kinder zu ermahnen und mit Süßigkeiten zu beschenken. Da der 13. Dezember, der **Luca-(Lucia-)Tag**, vor der Kalenderreform der kürzeste Tag des Jahres war, knüpfen sich an ihn viele alte, mit dem Fest der Wintersonnenwende verbundene Volksbräuche. So heißt es, daß die dämonische Luca (aus dem lateinischen lux = Licht) all jene bestrafe, die an ihrem Namenstag arbeiten; deshalb ist der sog. ›Luca-Stuhl‹ ein niemals fertiggezimmertes Möbelstück. Am Luca-Tag schreiben die Mädchen 10 Männernamen auf einzelne Zettel, werfen in jeder der bis Heiligabend verbleibenden Nächte einen davon ins Feuer und erfahren aus dem zuletzt verbleibenden, wie ihr Ehemann heißen werde…

In den Liedern und Krippenspielen der Weihnachtszeit wird die Darstellung der Hirtenszene besonders volkstümlich hervorgehoben. Seit Mitte des 19. Jh. ist der Christbaum in Ungarn bekannt; geschmückt mit Kerzen, Wunderkerzen und ›Salon-Zucker‹ – schokoladenüberzogenen Fondantstückchen, in Silber- oder Goldpapier gewickelt – breitet er am **Heiligabend** seine Zweige über die für die Familie und deren Freunde bestimmten Geschenke aus. An den beiden Weihnachtsfeiertagen, dem 25. und 26. Dezember, ißt man gern Karpfen, Pute, gefülltes Kraut, Kastanienpüree und als traditionelles Weihnachtsgebäck ›Beigli‹, eine mit Nüssen oder Mohn gefüllte Mürbeteig-Rolle.

Da auf den 26. Dezember wiederum der **Namenstag des Heiligen Stephan** fällt und dieser Name in Ungarn zu den weitverbreitetsten gehört (István, mit seinen Koseformen: Pista und Pisti), finden die Gaumenfreuden der Festtagstafel sogleich ihre unmittelbare Fortsetzung. Die Namenstage werden in Ungarn mit größerem Aufwand und in einem ausgedehnteren Bekanntenkreis gefeiert als der Geburtstag (mit dem der Namenstag in früheren Zeiten meist identisch war).

Lautstark lärmend wird in Budapest am 31. Dezember, zu **Silvester**, das alte Jahr verabschiedet. Beim Straßenkarneval entlang der Großen Ringstraße mit Konfettiregen, Rasseln und Papiertrompeten rufen die Menschen mit und ohne Maske einander »Buék« zu (Boldog uj évet kívánok – Ein glückliches Neues Jahr) und wünschen sich gegenseitig »Wein, Weizen und Frieden«.

Kultur live

Eine ihrer wichtigsten Traditionslinien bezieht die ungarische Musikkultur aus ihrer Glanzzeit in der zweiten Hälfte des 19. Jh. mit prägenden Wegbereitern wie dem *Komponisten* und Klaviervirtuosen Ferenc Liszt (1811-1886) und dem ›Schöpfer der ungarischen Oper‹, Ferenc Erkel (1810-1893). Ihr Erbe fand mit Béla Bartók (1881-1945) und Zoltán Kodály (1882-1967) eine würdige Weiterführung. Diese beiden Musiker widmeten sich der Erforschung und Bewahrung der ungarischen Volksmusik, brachten deren Grundelemente auch in ihre eigenen Kompositionen ein und bemühten sich um eine Synthese der spezifisch ungarischen und der europäischen Musik des 20. Jh. Die von ihnen erprobte musikpädagogische Methode fand nicht nur in Europa, sondern ebenso in den USA und in Japan Anerkennung und Verbreitung.

Daß Ungarn auf dem Gebiet der Musik weltweit einen guten Ruf genießt, ist unter anderem ein Verdienst seiner *Dirigenten*, erinnert sei hier beispielsweise an Jenö Ormándy, György Széll, Antal Doráti und Sir George Solti sowie an die Brüder Fischer.

Auch die Budapester Klavierschule ist international zum Begriff geworden, gingen

Budapest aktuell · Kultur live

Im Arany-János-Theater (vgl. auch Nr. 72) findet Sprechtheater für Kinder und Erwachsene statt, allerdings nur ungarisch

aus ihr doch *Pianisten* wie Zoltán Kocsis, György Ránki und András Schiff hervor.
Das größte *Orchester* des Landes ist das Staatliche Konzertorchester (Állami Hangversenyzenekar). Nach dem Tod von János Ferencsik wurde es von Kobajasi Ken Icsiro weiter geführt.
Vom hohen Niveau der ungarischen *Kammermusik* – insbesondere der Streichquartette – kann man sich auch durch die zahlreichen Schallplattenaufnahmen präklassischer und Mozartscher Werke mit dem von János Rolla geleiteten Kammerorchester ›Ferenc Liszt‹ überzeugen.
Nicht nur am Ende des vergangenen Jh., als Gustav Mahler als Generaldirektor (1888-91) am Königlichen Opernhaus wirkte und Johannes Brahms, die Don-Giovanni-Aufführungen lobend, gern in Budapest weilte, kam dem *Opernleben* der Hauptstadt eine herausragende Bedeutung zu. In den ersten Revolutionstagen des Oktobers 1956 erschütterte die Inszenierung von Ferenc Erkels ›László Hunyadi‹ durch ihre Aktualität. Es spricht für ein ausgeprägtes Nationalbewußtsein, daß in jeder Theatersaison auch jeweils eine ungarische Oper auf dem Spielplan steht. An die Geschichte der Pester Opernbühne sind unvergeßliche Auftritte und berühmt gewordene Stimmen gebunden: Mária Gyurkovics, Julia Osvát, Mihály Székély, Sándor Svéd – und auch international erfolgreiche Opernsänger der Gegenwart wie Veronika Kincses, Ilona Tokody, Dénes Gulyás und László Polgár. Die Sopranistin Éva Marton gastiert des öfteren in ihren bekannten Rollen von ›Turandot‹ und ›Tosca‹ am Opernhaus ihrer Heimat, wo ihre große Karriere begann.
Nicht zuletzt bereichern internationale *Stargäste* wie der Tenor Placido Domingo (1987 als Radames mit Ilona Tokody als Partnerin in ›Aida‹) oder der italienische Tenor Luciano Pavarotti (1986 als Rudolfo in ›La Bohème‹ und im Mai 1991, 36 kg weniger wiegend, mit einem Solokonzert in der ausverkauften Sporthalle) das ungarische Kulturleben. Fast alljährlich gastiert der französische Trompetenvirtuose Maurice André beim Budapester Frühlingsfestival.
Trotz enormer finanzieller Schwierigkeiten nach dem Ausbleiben der staatlichen Subventionen scheint der künstlerische Nachwuchs auf dem Feld der klassischen Musik in Ungarn gesichert.
Kassenfüller und Magnet für Tausende auf dem Weg zu einer neuen nationalen Identitätssuche sind *Rockopern*, wie jene – auch als Film nachbereitete – Aufführung im Sommer 1982 mit hohem Schaueffekt im Stadtwäldchen ›Stefan, der König‹ (›István, a király‹) von Levente Szörényi und János Bródy oder Ende Juli 1991 ein Rock-Oratorium nach Händels ›Messias‹ auf der Freilichtbühne der Margareteninsel.

Kartenbestellungen und Informationen über Veranstaltungen:
Tourinform, V., Sütő utca 2, Tel. 1179800 und 1179578

Festivalbüro und Kasse der Philharmonie,
V., Vörösmárty tér 1, Tel. 1180441 und
1176222
Zentrale Theaterkasse, VI., Andrássy út 18,
Tel. 1120000
**Kartenvorverkaufsstelle für die Budapester
Kunstwochen,** XIII., Fürst Sándor utca 2,
Tel. 1114283
Bei Tourinform ist kostenlos eine monatlich erscheinende, deutsch- und englischsprachige Broschüre ›Programme in Ungarn/Hungary‹ erhältlich.
Außerdem sind der deutsch/englischsprachigen MTI-Tageszeitung ›Neueste Nachrichten/Daily News‹ aktuelle Programmhinweise zu entnehmen.

Oper, Operette, Ballett, Musical

Ungarische Staatsoper (Magyar Allami Operaház), VI., Andrássy út 22,
Tel. 1530170 (Theaterpause von Mitte Juli bis Mitte Sept.)
Erkel-Theater der Ungarischen Staatsoper (Erkel Szinház), VIII., Köztársaság tér 30,
Tel. 1330540
Hauptstädtisches Operettentheater (Fövárosi Operettszinház), VI.,
Nagymező utca 17-19, Tel. 1320535
Vig-Theater, XIII., Szent István körút 14,
Tel. 1110430
Operettenkonzerte in der Pester Redoute (Pesti Vigadó), V., Vigadó tér 2,
Tel. 1176222, Di, Do und Sa jeweils 20.30
Thália-Theater, VI., Nagymező utca 22,
Tel. 1124230, Aufführung weltberühmter Rockopern jeweils gegen Monatsende und Monatsanfang

Folklore

MOM-Kulturzentrum, XII., Csörsz utca 18,
Tel. 1568451; Beginn: 19.30;
Kartenvorverkauf: XI., Fehérvári út 47,
Tel. 1813 60
Staatliches Ungarisches Volksensemble Budaer Redoute, I., Corvin tér 8,
Tel. 1159657
weitere Informationen unter Tel. 2015928.
Siehe auch S. 155.

Jazz

Jazz-Kneipen

auf einem Donauschiff, im Juni Di, im Juli und Aug. Di und Do 19.30-22. Ab Anlegestelle Pester Donau-Seite, Vigadó tér, Karten an Bord, Information unter Tel. 1653196
Fregatt Sörözö (Bierstube) mit der Budapest Ragtime Band und dem Pianisten Ernö Weszely, V., Molnár utca 26

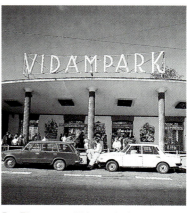

Der Eingang zum Vidámpark, dem größten Vergnügungspark Budapests

Jazz-Klubs

Kulturhaus Kosztolányi, I., Bem rakpart 6,
Tel. 1152430, donnerstags Spielstätte der Benkó Dixieland Band
Eötvös-Klub, V., Károlyi Mihály utca 9,
Tel. 1174967, dienstags
Jazzklub der Wirtschaftsuniversität, IX.,
Kinizsi utca 2-4, Tel. 1180193
Jazz-Klub des Merlin-Theaters, V., Gerlóczy utca 4, tgl. 22-02; Kartenreservierung Tel. 1179338, Tischreservierung für das Restaurant mit Reformküche unter Tel. 1229282

Kino

Informationen an den Litfaßsäulen, in der Zeitschrift ›Pesti Müsor‹ und der MTI-Tageszeitung ›Daily News/Neueste Nachrichten‹. In den Budapester Kinos werden öfters Filme in Originalfassung, unsynchronisiert, vorgeführt. Sehenswerte Kinos mit besonders schöner Atmosphäre:

Atrium, II., Mártírok útja 55
Puskin, IV., Kossuth Lajos utca 18
Horizont, VII., Erzsébet körút 13
Uránia, VIII., Rákóczi út 21
Bartók, XI., Bartók Béla út 64
Budapester Privatkino: **Graffiti,** VIII., József körút 63

Laser-Theater

Fantastic Light Show im Planetarium, IX., Népliget. Multivisionsschau zu Musik von Genesis, U 2, Pink Floyd, Depeche Mode, Mike Oldfield, Dire Straits, Jean-Michel Jarre u. a. Vorstellungen Mo-Sa 18.30, 20.00 und 21.30, Kartenbestellung tgl. ab 10 Uhr unter Tel. 1341161

Pop und Rock

Petőfi-Halle im Stadtwäldchen, XIV., Zichy Mihály út, Tel. 1424327
Budapest Sporthalle, XIV., Stefánia utca 2, Tel. 1643323
Kulturhaus, I., Bem rakpart 6, Tel. 1152430
Freizeitzentrum, VII., Almássy tér 6, Tel. 1420387
Kulturhaus Vörösmarty, VIII., Golgota út 3, Tel. 1137840
KÉK-Klub, XI., Villányi út 35, Tel. 1850666
R-Klub, XI., Műegyetem rakpart 9, Tel. 1664011

Puppentheater

Staatliches Puppentheater, VI., Andrássy út 69, Kartenreservierung: Tel. 1422702 und VI., Jókai tér 10, Kartenreservierung: Tel. 1120622
Vorstellungen für Kinder, Jugendliche und Erwachsene; Spielpause im Juli und Aug.

Sprechtheater

Merlin Theater. International Theatre, Aufführung ungarischer Stücke in englischer Sprache, V., Gerlóczy utca 4, Tel. 1179338

Tanzhaus

Erlernen und Tanzen von ungarischen Volkstänzen
Freizeitzentrum, VII., Almássy tér 6, Tel. 1420387
MOM-Kulturzentrum, XII., Csörsz utca 18, Tel. 1568451

Zirkus

Hauptstädtischer Großzirkus (Fővárosi Nagycirkusz), XIV., Állatkerti út 7, Vorstellungen, öfters auch Gastspiele, im festen Zirkusgebäude, Mi 19.30, Do und Fr 15.30 und 19.30, Sa und So 10, 15.30 und 19.30, Mo und Di keine Vorstellung

Messe-Kalender

März
Reisen – Internationale Fremdenverkehrsmesse und Touristik-Ausstellung
Budapest Art Expo – Kunstmesse des ›Ersten Osteuropäischen Kunstmarktes‹
Presse-Festival
Internationale Fachmesse des Bäcker- und Konditoreigewerbes

April
Agromasexpo – Internationale Maschinen- und Geräteausstellung der Landwirtschaft und Lebensmittelindustrie
Construma – Internationale Fachausstellung für Bauindustrie
Ifabo-Programma-Datenbank – Internationale Fachmesse für EDV, Büroorganisation und Kommunikationstechnik
Hungaroplast – Internationale Fachmesse für Kunststoff- und Gummiindustrie
Limexpo – Internationale Fachmesse für Maschinen und Leichtindustrie
Aqua-Term Budapest – Internationale Messe für Heizung, Lüftung, Klima, Sanitär- und Umwelttechnik

Mai
Budapester Internationale Messe (Frühjahrsmesse) – Technische Messe, Fachmesse für Investitionsgüter

September
Budapester Internationale Messe (Herbstmesse) – Ausstellung von Konsumgütern
Hoventa – Internationale Handels- und Gastgewerbe-Fachausstellung
Interplayexpo – Spielzeugmesse

Oktober
Budatranspack – Internationale Fachausstellung für Verpackung und Transportwesen
Compfair – Fachausstellung und Messe für Computertechnik
Hungarokorr – Internationale Fachmesse für Korrosionsschutz
Hung Tech – Internationale Fachausstellung der Zulieferindustrie und des Technischen Industriebedarfs
Auto – Internationale Messe für Personenkraftwagen, Nutzfahrzeuge und Ersatzteile
i e e – Messe für Industrielle Elektronik und Elektrotechnik
Ikal + Dental – Fachmesse für medizinischen Bedarf

November
Hauptmonat verschiedener internationaler Kongresse und Fachtagungen

Informationen: Direktion der Budapester Internationalen Messen und Ausstellungen, X., Budapest, Dobi István út 10, Post: H-1441 Budapest, Pf. 44, Telefax (361) 1285034, Tel. 1573555

Museen, Sammlungen, Bibliotheken

Museen und Sammlungen

Öffnungszeiten, wenn nicht anderweitig vermerkt, Di-So 10-18
Anwaltsmuseum, V., Szalay utca 7, Mo-Fr 10-13, Aug. geschlossen
Apothekenmuseum ›Goldener Adler‹, I., Tárnok utca 18, außer Mo tgl. 10.30-17.30
Aquincum-Museum, III., Szentendrei út 139, 1. Mai bis 31. Aug. außer Mo tgl. 10-18, 1. Sept. bis 31. Okt. nur 10-16
Bad-Museum des Legionslagers, III., unter dem Florián tér, 1. Mai bis 31. Aug. außer Mo tgl. 10-18, 1. Sept. bis 31. Okt. nur 10-16
Béla-Bartók-Gedenkhaus, II., Csalán köz 29, telefonische Voranmeldung unter 1 76 21 00 empfehlenswert
Bibel-Museum, IX., Ráday utca 28, außer Mo tgl. 10-17
Briefmarken-Museum, VII., Hársfa utca 47
Ethnographisches Museum, V., Kossuth Lajos tér 12
Evangelisches Landesmuseum, V., Deák tér 4
Feuerwehr-Museum, X., Martinovics tér 12, Di-Fr 9-16, Sa und So 9-13
Fluggeschichtliches Museum, XIV., Zichy Mihály utca (Petőfi-Halle), nur 1. April bis 31. Okt.
Gießerei-Museum, II., Bem utca 20
Gül Baba-Türbe, II., Mecset utca 14, Öffnungszeiten wie Aquincum-Museum
Heeresgeschichtliches Museum, I., Tóth Árpád Sétány 43 (Eingang), Di-Sa 9-17, So und Fei 10-18
Heimatgeschichtliches Museum zu Óbuda, III., Fő tér 1
Hercules-Villa, III., Meggyfa utca 19-21, 1. Mai bis 31. Okt.
Historisches Museum der Stadt Budapest, I., Szent György tér 2, Burgpalast, Gebäude E
Kassák-Museum, III., Károly Mihály utca 16
Kirchengeschichtliche Sammlung der Matthiaskirche, I., Szentháromság tér 2
Kiscelli-Museum, III., Kiscelli utca 108, 1. Nov. bis 31. März nur 10-16
Kossuth-Museumsschiff, V., auf der Pester Seite der Donau, am Brückenkopf der Kettenbrücke, 15. April bis 31. Okt.
Museum für Kunsthandwerk, IX., Üllői út 33-37
Luftgeschichtliche Fachsammlung, XIII., Mohács utca 16/c, Besuch nach Voranmeldung unter Tel. 1 22 57 79
Liszt Ferenc-Gedenkmuseum und Forschungszentrum, VI., Vörösmarty utca 35, Mo-Fr 10-18, Sa 9-17
Literaturmuseum der Zeitschrift ›Nyugat‹, XII., Városmajor utca 48/b
Literaturmuseum Petőfi, V., Károlyi Mihály utca 16
Mittelalterliches Jüdisches Gebetshaus, I., Táncsics Mihály utca 26, 3. Mai bis 31. Okt. außer Mo tgl. 10-14, Sa und So 10-18
Museum der Bildenden Künste, XIV., Dózsa György utca 41
Museum für Fleischwirtschaft, IX., Gubacsi út 6/b
Museum der Lagerstadt, III., Pacsirtamező utca 63, 1. Mai bis 31. Okt. außer Mo tgl. 10-14, Sa und So 10-18
Museum für Landwirtschaft, XIV., Burg Vajdahunyad im Stadtwäldchen, Széchenyi-sziget
Museum für Ostasiatische Kunst, Ferenc Hopp-Museum, VI., Andrássy út 103
Museum für Rettungswesen, V., Markó utca 22, nur Do 8-14
Museum für Sport und Körpererziehung, XIV., Dózsa György út 3
Museum für Ungarische Architektur, I., Táncsics Mihály utca 1
Musikhistorisches Museum der Ungarischen Akademie der Wissenschaften, I., Táncsics Mihály utca 7
Napoleon-Museum, XX., Ady Endre utca 82
Naturwissenschaftliches Museum, VIII., Múzeum körút 15-16
Noten- und Münzsammlung der Ungarischen Nationalbank, V., Szabadság tér 8, nur Do 9-14
Postmuseum, VI., Andrássy út 3
Ráth György-Museum – Chinesische und japanische Kunst, VI., Gorky fasor 12, tgl. 10-18
Sammlung Ludwig, I., Szent György utca 2, Burgpalast, Gebäude A
Schloßmuseum zu Nagytétény, XXII., Csókási Pál utca 9-11
Semmelweis-Museum der Medizingeschichte, II., Apród utca 1-3, tgl. 10.30-18.00
Textil- und Bekleidungsmuseum, XIII., Gogol utca 9-11
Ungarische Nationalgalerie, Szent György tér 2, Burgpalast, Gebäude C und D, tgl. außer Mo. Okt.-März 10-16, April-Sept. 10-18
Ungarisches Museum für Elektrotechnik, VII., Kazinczy utca 21
Ungarisches Nationalmuseum, VIII., Múzeum körút 14
Ungarisches Handels- und Gastgewerbemuseum, I., Fortuna utca 4

Budapest aktuell · Museen, Sammlungen, Bibliotheken

Mihály Munkácsy ›Der letzte Tag des Verurteilten‹, 1871: eines der bekanntesten Bilder des ungarischen Realisten in der Nationalgalerie

Ungarisches Theaterinstitut und Theatergeschichtliches Museum, I., Krisztina körút 57
Untergrundbahn-Museum, Deák Ferenc tér, Mo und Di geschlossen
Verkehrsmuseum, XIV., Városligeti körút 11, Mo und Di geschlossen
Varga Imre-Atelierhaus, III., Laktanya utca 7
Vasarely-Museum, III., Szentlélek tér 1
Volkskunstsammlung Zsigmond Kun, III., Fő tér 4
Volkskunstsammlung Károly Laki, XVI., Kalitka utca 1, nur nach Voranmeldung: Tel. 1838083
Wohnungsmuseum, III., Fő tér 4

Zur Szene der bildenden Kunst

Als Miklós Erdély in einer legendären, kurz nach der Eröffnung wieder geschlossenen Budapester Konzeptkunst-Ausstellung um 1970 seine Zeichnung ›Elektrischer Polizist‹ zeigte, auf der er eine Verkehrsampel mit der ungarischen Nationalflagge vereinte, war ihm damit ein wohlverstandenes Gleichnis auf die vorherrschende Kulturpolitik der sechziger/siebziger Jahre in Ungarn gelungen, welche die Künstler – der Lichtsignalsprache ähnlich – nach dem sog. Prinzip der drei T einteilte: Tiltott (rot) – die Verbotenen, Tűrt (weiß) – die Geduldeten, Támogatott (grün) – die Geförderten.

Inzwischen hat sich die Kunstszene – mitunter bis zur Orientierungslosigkeit – liberalisiert. Die gesamte, damals unter die erste Kategorie fallende Avantgarde ist spätestens seit Anfang der achtziger Jahre in die offiziellen Kunsttempel eingezogen, so daß die Künstler neuerdings im Insiderkreis den ›Mangel an Reibung‹, den verlorenen ›Reiz des Wirkens im Untergrund‹ und vor allem das Desinteresse breiter Teile der Bevölkerung an ihrer Kunstproduktion bedauern. So mancher Kunsthistoriker gerät heute in verklärtes Schwärmen, wenn er sich an vor einem Jahrzehnt noch tabuisierte Selbsthilfe-Ausstellungen oder an sensationelle Kunstschauplätze wie den Fészek-Künstlerklub und das Ernst-Museum erinnert. Meilensteine in der Entwicklung der eroberten Freiräume und Beleg einer veränderten Sicht auf die Kunst sind jene sich auch im Nachhinein als bedeutsam erweisenden Budapester Ausstellungsfolgen ›Tendenzen‹ (ab 1980), ›Neue Sensibilität‹ (seit 1981), die Kunstschau ›Frisch gemalt‹ (1984) und ›Eklektika‹ (1986), in denen die ungarische Kunst der vergangenen Jahrzehnte aufgearbeitet und das neueste Schaffen vorgestellt wurden. Die Budapester *Kunsthalle* pflegte seit Jahren grenzüberschreitende Kontakte im internationalen Kunstaustausch und organisierte vielbeachtete Ausstellungen mit Werken ausländischer Künstler.

Budapest aktuell · Museen, Sammlungen, Bibliotheken

Für die jüngste Situation ist bezeichnend, daß in Budapest eine Reihe neuer *Galerien* eröffnet wurde, deren differenziertes Programm auszugsweise auch in dem seit September 1990 mit ungarischer Beilage erscheinenden Hamburger Kunstmagazin ›art‹ angekündigt wird. Die besten dieser sehr unkonventionell und auf winzigstem Raum eingerichteten Galerien verstehen sich als geistig-kulturelle Inseln und erheben mutig, streitbar und mit fachkundigem Gespür für aktuelle Trends den Anspruch, weit mehr als bloße Absatzgemeinschaften beschaulicher Kunst fürs Heim zu sein. Ihr Angebot reicht von neoexpressiver, heftiger Malerei über gestische Meditationen, Surrealistisch-Groteskes (z. B. *Roczkov-Galerie*), sensible Schöpfungen mit individuellem Mythos bis hin zu Objekt-Kunstwerken und Installationen (z. B. *Galerie NA-NE*). Als spektakulärer ›Renner‹ innerhalb dieser schillernden Galerien-Szene weiß sich die *Knoll-Galerie* (mit einer Zweitgalerie in Wien) zu behaupten. Im Herbst 1989 mit Druckgraphik und Neoninstallationen des prominenten Auslandsungarn Joseph Kosuth (New York) eröffnet, wurde sie zum offenen Treffpunkt osteuropäischer Künstler und der jungen österreichischen Avantgarde. Beflügelnd auf die neuen, risikofreudigen Kunsthandel-Unternehmen dürfte der Erfolg von Artexpo (1. Osteuropäischer Kunstmarkt, 15.-20. März 1991) wirken.

Galerien und Ausstellungshallen

Art-Galerie, I., Táncsics Mihály utca 5, Di-So 10-18, Filiale: V., Petőfi Sándor utca 18
Barcsay-Ausstellungsraum (Galerie der Ungarischen Hochschule für Bildende Kunst), VI., Andrássy út 69-71, Mo-Fr 10-18, Sa 10-13
Bartók 32-Galerie, XI., Bartók Béla utca 32, außer Mo 10-19
Budapest Galéria, V., Szabadsajtó út 5 sowie III., Lajos utca 158 und III., Laktanya utca 7, außer Mo 10-18
Budatétényi-Galerie, XXII., Nagytétényi út 35, tgl. 14-19
Chagall-Galerie, VII., Garay utca 48, Mo-Sa 15-18
Csók-István-Galerie, V., Váci utca 25, Mo-Fr 10-18, Sa 9-13
Dorottya Utcai-Ausstellungssaal (in Regie der Kunsthalle), V., Dorottya utca 8, außer Mo 10-18
Duna-Galerie, XIII., Pannónia utca 95, außer Mo 10-18
Ernst-Museum, VI., Nagymező utca 9, außer Mo 10-18
Fészek-Klub Galerie, VII., Kertész utca 36, Mo-Fr 14-20
Fortuna 11 G, I., Fortuna utca 11, Di-Fr 11-18, Sa und So 10-16
Gaál Imre-Galerie, XX., Kossuth Lajos utca 39, außer Mo 10-18
Galerie 11, XI., Irinyi utca 1, tgl. 11-23
Gulácsy-Galéria, V., Károly körút 6, Mo-Fr 10-18, Sa 10-13
Inart-Galerie, XII., Maros utca 28/1/9, Mo-Fr 9-17
Josephstädter Ausstellungshalle, VII., József körút 70, außer Mo 10-18
Klub Junger Künstler (Fiatal Müvészek Klubja), VI., Andrássy út 112, Mo-Fr 10-22
Knoll Galerie, VI., Liszt Ferenc utca 1, Mo-Fr 11-18, Sa 10-13
Kunsthalle (Műcsarnok), XIV., Dózsa György út 35 (am Hősök tere), außer Mo 10-18
Liget-Galerie, XIV., Ajtósi Dürer sor 5, Mo und Di 15-19
Luttár-Galerie, XIII., Hegedüs Gyula utca 24, Mo-Fr 10-18, Sa 10-14
Molnár-C. Pál-Ateliergalerie, XI., Ménesi út 65, Di, Mi, Do 15-18 und Nov. bis April auch So 10-18, außerdem nach tel. Vereinbarung unter 1 86 17 18 (Eva Csillag)
Müvész-Galerie, VIII., Rákóczi utca 7, Mo-Fr 14-17
NA-NE Galerie, IX., Lónyay utca 41, tgl. 10-17.30
Óbudaer Kellergalerie im Zichy-Schloß, III., Fő tér 1, Di-Fr 14-18, Sa und So 10-18
Óbudaer Társaskör-Galerie, III., Kiskorona utca 7, Di-Fr 14-18, Sa und So 10-18
Pandora-Galerie, V., Irányi utca 19, Mo-Fr 10-18, Sa 10-13
Pataky-Galerie, X., Pataki tér 7-14, außer Mo 10-18
Piktura Galerie, V., Vitkovics Mihály utca 10, Mo-Fr 10-18, Sa 10-13
Qualitás-Galerie GmbH, V., Bécsi utca 2, Mo-Fr 10-18, Sa 10-13
Roczkov-Galerie, VI., Andrássy út 1, Mo-Fr 11-18, Sa 11-15
Sztár-Galerie, XIII., Pozsonyi út 22, Mo-Fr 11-18, Sa 11-14
Stúdió-Galerie, V., Bajcsy Zsilinszky utca 52, außer Mo 10-18
T-Art Ateliergalerie, III., Rózsa utca 12, Sa und So 10-18
Tölgyfa-Galerie (Ausstellungshalle der Hochschule für Angewandte Kunst), II., Henger utca 2
Vár-Galerie, I., Táncsics Mihály utca 17, Mo-Fr 10-16, Sa 10-13

Várfok u. 14 (Kelleratelier-Galerie), I., Várfok utca 14, außer Mo und Di 10-18
Vigadó-Galerie, V., Vigadó tér 2, außer Mo 10-18

Bibliotheken

Nationalbibliothek Széchenyi, I., Szent György tér 2 (im Flügel F des Budaer Burgpalastes, vgl. Nr. 2)
Hauptstädtische Bibliothek Szabó Ervin (Fövárosi Szabó Ervin könyvtár), VIII., Szabó Ervin tér 1, Mi geschlossen
Universitätsbibliothek (Egyetemi könyvtár), V., Ferenciek tere 10 (vgl. Nr. 53)
Kunstbibliothek im Museum der Bildenden Künste, XIV., Dózsa György út 41 (Voranmeldung unter Tel. 1429759)

In unmittelbarer Nähe der Kettenbrücke wurde auf einem Vergnügungsdampfer ein Casino eröffnet

Nachtleben

Bars

Miniatür, II., Buday László utca 10, wochentags 20-03
Moulin Rouge, VI., Nagymező utca 17, tgl. 22-03
Maxim Varieté, VII., Akácfa utca 3, wochentags 20-03
Rózsaszín Cicák (Pink Pussycats), VII., Wesselényi utca 58, tgl. 17-06
Fekete Lyuk (Schwarzes Loch), VIII., Golgota út 3, Mi-So 20-04
Bars der großen Hotels (s. S. 177).

Diskotheken

Cadillac Club, III., Szépvölgyi út 15, tgl. 20-04
Vén diák, V., Egyetem tér 5, tgl. 22-05
Levi's 501 Dancing Club, VI., Nagymező utca 41/Ecke Lovag utca, tgl. 20-02
Rock Café, VII., Dohány utca 18, tgl. 18-02
Blue Box, IX., Kinizsi ucta 28, tgl. 20-02
Starlight-Disko Petőfi-Halle (Petőfi Csarnok), XIV., Zichy Mihály út

Spielcasinos

Budapester Spielcasino, I., Hess András tér, im Hotel Budapest-Hilton, tgl. 17-02
Schönbrunn-Schiffscasino, V., am Pester Brückenkopf der Kettenbrücke, tgl. 17-02

Notfälle

Notrufe

Polizei, Tel. 07 oder 1216216
Feuerwehr, Tel. 05 oder 1220848
Notarzt, Tel. 04 oder 1111666
Pannenhilfe: Ungarischer Autoclub, Tel. 1691831 und 1126218
›Gelber Engel‹, Tel. 1691831 und 1603714

Ärztliche Hilfe

Klinik für Innere Medizin, VIII., Szentkirály utca 46, Tel. 1138688
Klinik für Chirurgie, VIII., Üllői út 78, Tel. 1135216
Klinik für Augenheilkunde, VIII., Tömő utca 25-27, Tel. 1130820
Klinik für Gynäkologie und Geburtshilfe, VIII., Üllői út 78/a, Tel. 1135220
Klinik für Kinderheilkunde, VIII., Bókay János utca 53, Tel. 1343186
Klinik für Stomatologie, VIII., Mikszáth Kálmán tér 5, Tel. 1131639
Zahnärztlicher Notdienst, VIII., Mária utca 52, Tel. 1330189

Apotheken

mit Tag- und Nacht-Bereitschaftsdienst: II., Frankel Leó út 22; III., Szentendrei utca 2/a; IV., Pozsonyi utca 19; VII., Rákóczi út 86

Zentrales Fundbüro

V., Erzsébet tér 5, Tel. 1174961

Botschaften

Deutschland
XIV., Izsó utca 5, Tel. 1224204,
Konsularabteilung: XII., Nógrádi utca 8,
Tel. 1559366
Österreich
VI., Benczúr utca 16, Tel. 1229691
Schweiz
XIV., Stefánia utca 107, Tel. 1229491

Sport

Angeln

Auskunft erteilen die ungarischen Fremdenverkehrsämter und Hotel-Rezeptionen sowie *Magyar Országos Horgász Szövetség (MOHOSZ)*, V., Október 6. utca 20, Tel. 1325315, Mo und Do 8-17, Fr 8-16

Bäder

Heilbad Rác, I., Hadnagy utca 8-10
Heilbad Rudas, I., Döbrentei tér 9
Heilbad Császár, II., Frankel Leó út 35
Heil- und Freibad Lukács, II., Frankel Leó út 25-29
Heil- und Freibad Király, II., Fő utca 84
Freibad Csillaghegy, III., Pusztakúti út 3
Heil-, Schwimm- und Wellenbad Gellért, XI., Szent Gellért tér 1
Hélia Thermal, XIII., Kárpát utca 62-64
Thermal- und Freibad Palatinus, XIII., Margareteninsel
Thermal-, Frei- und Hallenbad Szabadság (Dagály), XIII., Népfürdő utca 36
Hotel Thermal, XIII., Margareteninsel
Heil- und Freibad Széchenyi, XIV., Állatkerti körút 11

Jagd

Informationen erteilen:
Huntours, II., Retek utca 34, Tel. 1352313
Mavad-Jagdbüro, I., Úri utca 39, Tel. 1759611
Vadex, I., Krisztina körút 41-43 (Hotel Buda Penta), Tel. 1667652
Pegazus Tours-Vadcoop, V., Apáczai Csere János utca 4 (Hotel Duna InterContinental), Tel. 1175122

Radfahren

Eine Informationsbroschüre ›Radfahren in Ungarn‹ ist in den Reiseinformationsstellen und beim **Ungarischen Radfahrerverband,** XIV., Szabó József utca 3, erhältlich. In der ›Radler-Burg‹, einem Holzhaus mit Lokal nahe dem Hotel Thermal auf der Margareteninsel, können das ganze Jahr über Fahrräder, auch solche für mehrere Personen, samt einer Tonband-Fremdenführung in fünf Sprachen gemietet werden.

Reiten

Vermittlung organisierter Reit-Touren:
Budapester Reiterclub, VIII., Kerepesi út 7, Tel. 1131349
Reitvorführungen, Kutschfahrten, Reitunterricht und Geländeritte: **Budapester Reiterklub,** II., Adyliget, Feketefej utca, Tel. 1164267

Sport-Wettkämpfe

Népstadion, XIV., Stefánia utca 3-5
Nationale Sportschwimmhalle, XIII., Margareteninsel
Budapest Sporthalle, XIV., Stefánia utca 2
Millenniums-Radrenn- und Kunsteisbahn, XIV., Szabó József utca 3
Galopprennbahn, X., Dobi István út 2, Do 16, So 13.30, Tel. 1636895
Trabrennbahn, VIII., Kerepesi út 9-11, Mi 16.30, Sa 13.30, Tel. 1342958

Tennis

Außer auf den hoteleigenen Tennisplätzen gibt es zum Tennisspielen, auf Wunsch auch mit Trainer, u. a. folgende Möglichkeiten:
Flamenco Tennis Center, XI., Villányi út 14-16
Budapester Vasutas Sport-Club, XIV., Szőnyi út 2
Budapester Sportverein, XVIII., Városház utca 9-11

Wasserwanderungen

Programme mit ausgebildeten Wanderleitern und Ausleihe von Ausrüstungen:
Flotta Tours, VIII., Práter utca 60, Tel. 1177217
Mieten von Ruderbooten, Kanus und Kajaks auch an folgenden Stellen:
Ausleihdienst **Ezermester,** III., Hajógyári sziget (Sportplatz des Schiffs- und Kranbau-Unternehmens)
Bootshaus Béke, III., Nánási út 97, Tel. 1189303
Zentrale des Budapester Sportstättenunternehmens, II., Frankel Leó út 35, Tel. 1150639

Kleiner Sprachführer

Wichtigste Ausspracheregeln

Vokale

a: dunkler, geschlossener Laut, zwischen dem deutschen o und a
á: wie ein deutsches a in Saal
e: wie ein kurzes, offenes deutsches e in Ärger
é: wie ein deutsches e in Steg
i: kurzes i wie in minimal
í: langes i wie in Lied
o: kurzes, geschlossenes o wie in Melodie
ó: langes o wie in Boot
ö: kurzes ö wie in köstlich
ő: langes ö wie in Ödipus
u: kurzes u wie in Musik
ú: langes u wie in Kuh
ü: kurzes ü wie in küssen
ű: langes ü wie in früh

Konsonanten, deren Aussprache von der deutschen Aussprache abweicht

c: wie ein deutsches z
r: immer ein Zungenspitzen-r
ly: wie ein deutsches j
s: wie ein deutsches sch
sz: wie ein deutsches ß
z: stimmhaftes s (wie in lesen)
v: wie ein deutsches w
cs: wie tsch
zs: stimmhaftes sch wie »j« im Journalist
ny: wie n+j zusammen (z. B. in Cognac)
gy: wie d+j zusammen
ty: wie t+j zusammen z. B. im deutschen tja!

Wichtig: Lange Konsonanten sind durch Dopplung gekennzeichnet und müssen auch lang ausgesprochen werden.

Zahlen

0	nulla	40	negyven
1	egy	50	ötven
2	kettő	60	hatvan
3	három	70	hetven
4	négy	80	nyolcvan
5	öt	90	kilencven
6	hat	100	száz
7	hét	200	kétszáz
8	nyolc	300	háromszáz
9	kilenc	400	négyszáz
10	tíz	500	ötszáz
20	húsz	1000	ezer
30	harminc		

Wörter und Redewendungen

Guten Morgen Jó reggelt
Guten Tag Jó napot
Guten Abend Jó estét
Gute Nacht Jó éjszakát, jó éjt
Auf Wiedersehen Viszontlátásra

Servus Szervusz, szia
(nur bei Personen, die sich duzen)

ja igen
nein nem
danke köszönöm
bitte kérem
Entschuldigung bocsánat
Wo ist ...? hol van ...?
nach links balra
nach rechts jobbra
geradeaus egyenesen

Eingang bejárat
Ausgang kijárat
geschlossen zárva
geöffnet nyitva
Wieviel kostet? mennyibe kerül?
zu teuer túl drága
billig olcsó

Ungarn Magyarország
ungarisch magyar, magyarul
Ich kann nicht ungarisch Nem tudok magyarul
Ungarin, Ungar Magyar

Straße utca, út
Platz tér
Kirche templom
Theater szinház
Kino mozi
Bahnhof pályaudvar
Westbahnhof Nyugati pályaudvar
Ostbahnhof Keleti pályaudvar
Südbahnhof Déli pályaudvar
Flughafen repülőtér
Straßenbahn villamos
U-Bahn metro
Eisenbahn vasút
Polizei rendörség
Krankenhaus kórház
Arzt orvos
es tut weh fáj

verboten tilos
außer Betrieb nem működik
groß nagy
klein kicsi
schön szép
wunderschön gyönyörű
warm meleg
kalt hideg

Budapest aktuell · Kleiner Sprachführer – Stadtbesichtigung

Ist das wieder eine Hitze! Jaj de meleg van!
Ich liebe Dich! Szeretlek!

Restaurant étterem (vendéglő)
Café eszpresszó
Kellner pincér
Speisekarte étlap
Wir möchten Szeretnénk
  – mittagessen – ebédelni
  – Abendbrot essen – vacsorázni
Ich möchte ein Glas Kérek egy pohár
  – Wasser – vizet
  – Bier – sört
  – Wein – bort
Ich möchte einen Kaffee Kérek egy kávét
Zahlen bitte! Fizetni szeretnék!

Salonfähige Unwillensäußerung innerhalb der reichhaltigen ungarischen Fluchpalette:
Fene egye meg! (etwa:) der Teufel soll es essen

Ein beliebter Zungenbrecher:
kedves megegészségesedésedre
(etwa:) auf deine liebe Vergesundheitlichung!

Es muß in diesem Zusammenhang auf die richtige Betonung hingewiesen werden: die Betonung aller ungarischen Wörter liegt grundsätzlich auf der ersten Silbe. Nicht richtig betonte oder falsch akzentuierte ungarische Wörter können unterschiedliche Bedeutung haben.

Stadtbesichtigung

Stadtrundfahrten

Informationen bei Tourinform, V., Sütő utca 2, Tel. 1 179800

Mit dem Bus
Budatours, 15. Mai bis 15. Okt., tgl. 10.30 und 13.30, ab Busparkplatz im Burgviertel, I., Disz tér
Budapest Tourist, Abfahrt: Roosevelt tér 5, Tel. 1 186866
City Bus, Tel. 1 181453

Mit dem Schiff
Rundfahrt, 1. Mai bis 31. Okt., Mo, Mi, Fr und So 10 Uhr ab Anlegestelle Vigadó tér
Rendezvous mit Buda und Pest, Kaffeefahrt mit Aussteigemöglichkeit an der Margareteninsel, tgl. 14.30 und 16.30, Abfahrt ab Vigadó tér, Anlegestelle 7
Donau-Legende, Budapest in abendlicher Festbeleuchtung vom Schiff betrachtet, ergänzt durch kulturhistorische Erklärungen über eine Video-Vorführung in 11 Sprachen, mit Bordservice, tgl. 20.15 und 22.00, Abfahrt ab Vigadó tér, Anlegestelle 7

Multivisions-Show
Budapest Experience, I., Budaer Burgpalast, Gebäude A, tgl. 10-18

Ballonfahrt über Budapest
Veranstaltet von: Deutsch-ungarische Ballonfahrt und Fly professional Joint venture Moteam GmbH, Anmeldung: 1518 Budapest, Postfach 192 oder Tel. 1 735917, sowie an den Hotel-Rezeptionen

Aussichtspunkte

Von den äußeren Spazierwegen des **Budaer Burghügels,** von den Wanderwegen auf dem **Gellértberg** und insbesondere von dessen **Zitadelle** (unvergeßlich am Abend!) eröffnen sich dem Betrachter mannigfaltige Blicke auf die Stadtlandschaft. Auch zu diesem Zweck errichtete **Aussichtstürme** kann man aufsuchen, wie jenen auf dem Jánoshegy (Jánosberg, 529 m, erreichbar mit dem Bus 190 oder per Sessellift), den **Józsefhegyi-Turm** auf dem Rozsádomb (Rosenhügel, Bus 91 und 191) oder den Budaer **Árpád-Aussichtsturm** (Bus 11 bis Endstation Látó Hegyi utca). Empfehlenswert für ein genußvolles Schauerlebnis sind auch die hoch über der Stadt gelegenen Wanderwege auf dem Szabadság hegy in der Gegend von ›Normofa‹.

Führungen

Ibusz-Hauptbüro,
V., Ferenciek tere 5, Tel. 1 186866
Ibusz-Nonstop-Büro,
V., Petőfi tér 3, Tel. 1 184842
Ibusz-Hostessen in den Hotels.
In den Sommermonaten (Mai bis Okt.) werden von Ibusz auch spezielle Führungs- und Besichtigungsprogramme angeboten, wie z. B. ›Die schönsten Baudenkmäler von Pest‹ (Opernhaus – Basilika – Redoute), ›Verborgene Schätze in der Burg von Buda‹ (einschließlich Fiaker-Fahrt), ›Parlament – Matthiaskirche‹ (inbegriffen kleines Orgelkonzert) und ›Parlament – Nationalgalerie‹. Führungszeiten und **Treffpunkt:** Ibusz-Autobushaltestelle am Erzsébet tér

Budapest aktuell · Stadtbesichtigung – Ausflugsziele

Entlang dem Pester Donaukorso legen die Ausflugsschiffe für kleinere und größere Rundfahrten an. Für viel Geld kann man auch einen ganzen Dampfer mieten

Rundflüge

Start am Segelflughafen in Budaörs (nähere Informationen in den Budapester Hotels und Reisebüros). Organisation auch durch:
Wagons-Lits Tourisme, V., 1051 Budapest, Dorottya utca 3, Tel. 1182788

Sonstige Sehenswürdigkeiten

Höhlenbesichtigung
Pálvölgyer Höhle, II., Szépvölgyi utca 162, tgl. außer Mo 9-16, Führungen stündlich, Tel. 1889537
Höhle von Szemlöhegy, II., Pusztaszeri utca 35, tgl. außer Di 9-16, nur Gruppenführungen, Tel. 1159271

Luna-Park
Vidampark, XIV., Állatkerti körút 14-16, tgl. 10-20

Palmenhaus
In dem 1867 von Maria Theresia errichteten Botanischen Garten, heute zur Eötvös-Universität gehörend (Architekt: József Drescher), VIII., Illés utca 25, Mo-Sa 9-16, So 9-13, Tel. 1334333

Planetarium
Vorführungen mit dem Zeiss-Teleskop, X., Népliget, Information und Kartenreservierung: Tel. 1344513

Trinkhalle
zwischen der Elisabeth-Brücke und dem Rudas-Bad, am Fuße des Gellértberges, fließt Heilquell-Trinkwasser aus den *Hungaria-, Attila-* und *Juventus-Brunnen.*

Zoo
Hauptstädtischer Tier- und Pflanzengarten, XIV., Állatkerti körút 6-12, tgl. außer Mi 9-18, im Winter 9-16
Aquarium-Terrarium, Privatzoo, V., Párizsi utca 1

Ausflugsziele

Schiffsfahrt auf der Donau
April bis September, ab Anlegestelle Vigadó tér 15, Pester Donau-Uferseite
Vergnügungsdampfer, tgl. 15, 17.30 und 20, an den Wochenenden zusätzlich 11
Ausflug ins Donauknie, tgl. 6.45, 7.30, 10 und 14
Weitere *Informationen:* Tel. 1181223
Siehe: Stadtbesichtigung mit dem Schiff

Budapest aktuell · Ausflugsziele

Etwa 70 km nördlich von Budapest erhebt sich der Dom von Esztergom über dem Donauufer

Ausflug mit besonderen Nahverkehrsmitteln

In die Budaer Berge: Vom Rundhotel ›Budapest‹ mit der *Zahnradbahn* bis zur Endstation Széchenyi hegy. Umsteigen in die *Kindereisenbahn*, Ausstieg an der Station János hegy. Wanderung zum Aussichtsturm, dem höchsten Punkt Budapests (529 m) und zurück ins Tal von Hüvösvölgy mit dem *Sessellift*.

Nach Szentendre mit der *Vorortbahn* HÉV von der Metrostation Batthyány tér (Fahrzeit etwa 40 Minuten).

Wandern durch das Naturschutzgebiet des Sas hegy (Adlerberg)

unter fachkundiger Tourenführung, XI., Tájek utca 26, Sa und So 10-17 Anmeldung im Büro *Budai Tájvédelmi körzet*, II., Medve utca 19, Tel. 1 15 94 67 Das Naturschutzgebiet ist vom Március 15. tér aus mit dem Autobus 8 (bis Haltestelle Korompai utca) erreichbar.

Der Hauptplatz des Künstler-Städtchens Szentendre. Hier gibt es Kirchen sieben unterschiedlicher Konfessionen

Unterkunft

Hotelvermittlung

HungarHotels-Service, V., Petőfi Sándor utca 16, Tel. 1183018
Pannonia-Service, V., Kígyó utca 4-6, Tel. 1183658
Danubius Travels, V., Martinelli tér 8, Tel. 1173652
Studentenhotels (gültiger Studenten- oder ISB-Ausweis erforderlich), VIII., Harminckettesek tér 2, Tel. 1334998

Siehe auch unter Privatzimmer (s. unten) und Jugendherbergen (S. 178).

★★★★★-Hotels

Atrium Hyatt, V., Roosevelt tér 2, Tel. 1383030
Budapest-Hilton, I., Hess András tér 1-3, Tel. 1751000
Duna InterContinental, V., Apáczai Csere János utca 4, Tel. 1175175
Kempinski, V., Deák Ferenc utca 10, Tel. 1183476
Thermal Hotel Margitsziget, XIII., Margitsziget, Tel. 1321100

★★★★-Hotels

Béke Radisson, VI., Teréz körút 43, Tel. 1323300
Buda-Penta, I., Krisztina körút 41-43, Tel. 1566333
Flamenco Occidental, XI., Tass Vezér utca 7, Tel. 1612250
Forum, V., Apáczai Csere János utca 12-14, Tel. 1178088
Gellért, XI., Szent Gellért tér 1, Tel. 1852200
Helia Thermal, XIII., Kárpát utca 62-64, Tel. 1298650
Hungária, VII., Rákóczi út 90, Tel. 1229050
Korona, V., Kecskeméti utca 14, Tel. 1180999
Nemzeti, VIII., Ferenc körút 4, Tel. 1339160
Novotel, XII., Alkotás utca 63-67, Tel. 1869588
Olympia, XII., Eötvös út 40, Tel. 1563575
Ramada Grand Hotel, XIII., Margitsziget, Tel. 1321100, 1111000
Royal, VII., Erzsébet körút 47-49, Tel. 1568011

★★★-Hotels

Aero, IX., Ferde utca 1, Tel. 1290200
Alba, I., Apor Péter utca 3, Tel. 1759244
Astoria, V., Kossuth Lajos utca 19, Tel. 1173411
Budapest, III., Szilágyi Erzsébet fasor 47, Tel. 1153230
Emke, VII., Akácfa utca 1-3, Tel. 1229230
Erzsébet, V., Károly Mihály utca 11-15, Tel. 1382111
Európa, II., Hárshegyi út 5-7, Tel. 1387122
Liget, VI., Dósza György út 106, Tel. 1113200
Normafa, XII., Eötvös utca 52-54, Tel. 1565373
Palace, VIII., Rákóczi út 43, Tel. 1136000
Rege, II., Pálos utca 2, Tel. 1767311
Taverna, V., Váci utca 20, Tel. 1384999
Victoria, I., Bem rakpart 11, Tel. 2018644
Volga, XIII., Dózsa György út 65, Tel. 1290200

★★-Hotels

Expo, X., Dobi István út 10, Tel. 1842130
Panoráma, XII., Rége út 21, Tel. 1421175
Wien, XII., Budaörsi út 88-90, Tel. 1665400

Billigere Hotels

Citadella, XI., Gellérthegy, Citadella sétány, Tel. 1665794
Lidó, III., Nánási út 7-8, Tel. 1886865

Privatzimmer

Vermittlung Tag und Nacht durch
Ibusz-Hotel-Service,
V., Petőfi Sándor tér 3, Tel. 1184842
sowie durch die Servicestellen der einzelnen Reisebüros, z. B.:
Budapest Tourist, V., Roosevelt tér 5, Tel. 1173555
Cooptourist, I., Attila út 107, Tel. 1752846
MÁV-Tours, III., Harrer Pál utca 13, Tel. 1884302

Camping

Informationen über:
Magyar Camping és Caravanning Club utasási irodája, IX., Kálvin tér 9, Tel. 1177208

Budapest aktuell · Unterkunft – Verkehr

Hárshegyi Camping, 1. Mai bis 15. Okt., II., Hárshegyi út 5-7, Tel. 1761921
Római fürdő Camping (Nähe Aquincum), 1. Mai bis 15. Okt., III., Szentendrei út 189, Tel. 1686260
Expo Autocamping (Messegelände), 1. Juli bis 31. Aug., X., Dobi István út 10, Tel. 1336536

Jugendherbergen

Vermittlung durch:
Express Központi Iroda, V., Semmelweis utca 4, Tel. 1176634 und 1178600
Gruppenreservierungen:
Express Agency, V., Szabadság tér 16

Verkehr

Öffentlicher Nahverkehr

Das öffentliche Nahverkehrssystem der Stadt ist gut ausgebaut, die Verkehrsmittel sind in dichter Folge von 4.30 bis 23 Uhr im Einsatz. Es wird dringend empfohlen, das Auto stehenzulassen. Mit U-Bahn, Straßenbahn und Bus kommt man schneller und ohne Streß ans Ziel:
Die **U-Bahn (Metro)** hilft vor allem bei der Überwindung größerer Entfernungen. Es gibt drei Linien: Die **M1** (die **Gelbe**) ist die älteste Strecke vom Vörösmarty tér zur Mexikói út. Sie ist die schnellste Verbindung zwischen Zentrum und Stadtwäldchen (vgl. Nr. 85f.). Die **M2** (die **Rote**) bildet die Ost-West-Verbindung vom Örs Vezér tere unter der Donau hinweg zum Südbahnhof (Déli pályaudvar). Die längste Strecke ist die Nord-Süd-Linie **M3** (die **Blaue**) von der Árpád-Brücke nach Kispest. Alle drei Metro-Linien kreuzen sich im Zentrum der Stadt am **Deák tér**.
Das gesamte Stadtgebiet ist außerdem durch ein dichtes Netz von **Bus- und Straßenbahnlinien** erschlossen, die sich gut mit den U-Bahnlinien kombinieren lassen.
Die Fahrkarten für alle öffentlichen Verkehrsmittel müssen **vor Fahrtantritt** gekauft und in Bus oder Straßenbahn oder vor dem Eintritt in die Metro-Bahnhöfe entwertet werden. Sie sind in allen Trafik-Läden und in den U-Bahnhöfen erhältlich. Empfehlenswert ist der Erwerb einer Tageskarte, die man an allen Kassen der Budapester Verkehrsbetriebe (BKV), z.B. an U-Bahn-Eingängen kaufen kann. Diese kombinierten Tageskarten (napi jegy) sind am auf dem Schein vermerkten Tag für eine unbegrenzte Anzahl von Fahrten mit dem Stadtbus (autóbusz) oder der Straßenbahn (villamos) sowie dem O-Bus, der U-Bahn und der Vorortbahn HÉV bis zur Stadtgrenze von Budapest gültig.

Mit dem Auto unterwegs

Parken
Parkhäuser in der Innenstadt:
V., Aranykéz utca 4
V., Martinelli tér 8
Pannendienst
Ungarischer Autoklub, XIV., Francia út 38/a, Tel. 1691831 und 1126218
Pannendienst ›Gelber Engel‹, Tel. 1691831 und 1603714, Mitglieder ausländischer Autoklubs können auch mit Kreditkarte zahlen.
Unfallversicherung
Hungária biztosító, XIV., Gvadányi utca 69, Information, auch fremdsprachig, Tel. 2526333
Abschlepp-Dienst, Informationen bei Fösped, Tel. 1572811
Straßeninformationsdienst Útinform
Auskünfte Tag und Nacht: Tel. 1222238, 1227052 und 1227643
Hauptstädtisches Verkehrsamt Fővinform, Tel. 1171173

Rent a Car
Shell/Interag, I., Alkotás utca 20-24, Tel. 1563485
Hertz, VII., Kertész utca 24, Tel. 1116116
Budget Cooptourist, IX., Ferenc körút 43, Tel. 1131466
Europacar, IX., Vaskapu utca 16, Tel. 1133 4783

Morgens und abends sind die Zeitungsverkäufer unterwegs

Budapest aktuell · Verkehr

Zu den Hauptverkehrszeiten fahren die meisten Straßenbahnen im Drei-Minuten-Takt

Taxi
Fötaxi, Tel. 1222222
Volántaxi, Tel. 1666666
Budataxi, Tel. 1200200
Citytaxi, Tel. 1533633

Flugzeug, Schiff und Bahn

Internationale Flugauskunft
Tel. 1577155 und 1577695

Zubringerbus
zu den Flughäfen Ferihegy 1 und Ferihegy 2, Abfahrt vom Zentralen Busbahnhof, V., Erzsébet tér

Büros der Fluggesellschaften
werktags von 8.30-16 geöffnet
Air Canada, I., Sziklai út 1,
Tel. 1754618
Air France, V., Kristóf tér 6,
Tel. 1180411, Flughafen: 1571663
Alitalia, V., Ferenciek tere,
Tel. 1186882
Austrian Airlines, V., Régiposta utca 5, Tel. 1171550, Flughafen: 1674374
Avianca, XIV., Szuglói körvasútsor 171,
Tel. 1632723
British Airways, V., Apáczai Csere János utca 5, Tel. 1183299
Finnair, V., Váci utca 19-21,
Tel. 1174022

Iberia, VII., Baross tér 20,
Tel. 1220096
KLM, V., Vörösmárty tér 2, Tel. 1174522
Lufthansa, V., Váci utca 19-21,
Tel. 1184511, Flughafen: 1570290
Malév, V., Roosevelt tér 2,
Tel. 1184333; V., Dorottya utca 2,
Tel. 1184333
Pan American, V., Apáczai Csere János utca 4, Tel. 1187922,
Flughafen: 1471972
Sabena, V., Váci utca 1-3, Tel. 1184111
SAS, V., Váci utca 1-3, Tel. 1185582
Swissair, V., Kristóf tér 7-8,
Tel. 1172806, Flughafen: 1574374

Internationale Schiffsanlegestelle
MAHART Tours, V., Belgrád rakpart,
Tel. 1181704 und 1181953

Internationale Zugauskunft
Tel. 1227860

Ostbahnhof, VIII., Baross tér,
Tel. 1136835
Südbahnhof, I., Krisztina körút 37,
Tel. 1558657
Westbahnhof, VI., Teréz körút 57,
Tel. 1490115

Register

Register

Adami, Carlo 56
Akademie der Wissenschaften (Tudományos Akadémia) 45, **111**
Alagút (Tunnel) 79
Alexy, Károly 94
Állatkert (Zoo) **127**
Álmos, Fürst 31
Alpár, Ignác 112, 124
Altdorfer, Albrecht 121
Altofen **131-39**
Amphitheater (Amfiteátrum) **132-33**
Andreas II., König 9
Anjou 9, 19
Anjou-Bastei (Anjou bástya) **66-67**
Anne de Châtillon 39
Anonymus (Meister P.) 8, 125, 132
Antal, Károly 44
Antonius Pius, Kaiser 133
Appel, Florian 50
Aquincum **138-39**
Arany-János-Theater **106**, 165
Árkay, Aladár 78
Arndt, Paul 121
Árpád, Fürst 8, 31, 132
Árpáden 8, 9
Attila (Etzel) 8

Babits Mihály sétány **48**
Bäder
　Gellértbad (Gellért gyógyfürdő) **76**, 77
　Kaiserbad (Császár fürdő) **69**
　Königsbad (Királyfürdő) 71
　Raitzen-Bad (Rácz fürdő) 73
　Széchenyi-Thermalbad (Széchenyi fürdő) **126-27**
Bankhaus Török 99
Barabás, Miklós 28
Barbier, Franz Josef 56
Bártok-Archiv 45
Batthyány tér **70-71**
Batthyány, Lajos Graf 13, 33, 46, 112
Beatrix von Aragonien 21, 26, 37
Bebo, Carlo 73, 135
Bécsi kapu tér (Wiener-Tor-Platz) **48-49**
Beethoven, Ludwig van 12, 32, 46, 56
Béla III., König 8, 39, 125
Béla IV., König 9, 18, 19, 33, 41, 47, 81
Béla-Turm 39
Benczúr, Gyula 9, 110
Benediktiner 8
Bergl, Johann 86
Bibliotheca Corviniana 10, 21, 26, 87
Bleda 8, 133
Börsenpalast, ehem. 112
Bologna, Domenico da 26
Bonfini, Antonio 20, 21, 30
Brown, Edward 69
Brücken
　Elisabethbrücke (Erzsébet híd) **79**
　Freiheitsbrücke (Szabadság híd) 76, 82, 143
　Kettenbrücke (Lánchíd) 14, **79**, 80
　Margaretenbrücke (Margithíd) 14, **81**
　Petőfibrücke (Petőfi híd) 82
Brunnen
　Beatrix von Aragonien 26
　Kazinczy, Ferenc 50

Matthias Corvinus 27, 29, 43
Nereiden 90
Brunszvik, Josef Graf 56
Budavári Labirintus Panoptikum (Höhlenlabyrinth mit Panoptikum) **61**
Burg Vajdahunyad (Vajdahunyad vára) 123, **124**
Burggarten-Basar **73-74**
Burghügel (Várhegy) **18-68**
Burgtheater (Várszínház) 12, **32**
Buzogány (Kolbenturm) 18, 19

Camicia, Chimenti 22, 52, 61
Ceresola, Venerio 33, 56
Clark, Adam 31, 79
Clark, Tierney William 79
Contra Aquincum **91-92**
Cranach, Lucas 122
Csontváry Kosztka, Tivadar 28, 30
Czekélius, Aurél 82
Czigler, Győző 126

Dalmata aus Trau, Giovanni 21
Damkó, Joseph 44, 65
Deák, Ferenc 14, 111
Denkmäler
　Anonymus **125**
　Befreiung von der Türkenherrschaft 49
　Deák, Ferenc 111
　Freiheitsdenkmal in der Zitadelle 75
　Gellért, hl. **74**
　Hadik, András **58-59**
　Honvéd 33
　Hunyadi, János 40
　Innozenz XI., Papst 44
　Kapisztrán, János (Giovanni Capistrano) 65
　Kodály, Zoltán 48
　Mahnmal im Hof der Großen Synagoge 101
　Millenniums-Denkmal 120
　Nationaldenkmal 119
　Petőfi, Sándor 93
　Reiterdenkmal des Zweiten Siebenbürger K. u. K. Husarenregiments 68
　Stephan, hl. 40
　Széchenyi, István 111
　Wesir Abdurraham Abdi Arnaut Pascha 67
Deutsche in Budapest 9, 11-13, 15, 32, 34, 36, 59, 132
Disz tér 32, **33**, 34
Divatcsarnok (Modehalle) **106**
Dohány utcai zsinagóga (Große Synagoge) **99-101**
Dominikaner 9, 10, 41, 42, 81
Dominikanerinnen-Kloster auf der Margareteninsel 81
Dominikanerkloster, ehem. (Hotel Budapest-Hilton) **41-44**
Donáth, Gyula 31
Dózsa, György 10
Dreifaltigkeitsplatz (Szentháromság tér) **56**
Dreifaltigkeitssäule **56**
Druckerei, Staatliche 64
Dürer, Albrecht 122

Egyetemi könyvtár (Universitätsbibliothek) **87-88**
Eiffel, Gustave 117
Eisenhut, Ferenc 104
Elisabeth, Kaiserin und Königin 37
Entzenhoffer, Johann 131
Eötvös, Jószef 60, 77
Epstein, Sándor 130
Erdély-Bastei (Erdély bástya) 46
Erkel, Ferenc 108

Ernst, Lájos 106
Europapark 48

Fadrusz, János 26
Fehér kereszt fogadó (Gasthaus ›Zum Weißen Kreuz‹) 70, 73
Feketeházy, János 82
Ferdinand, Herzog von Estei 64
Ferdinand-Kaserne, ehem. 64
Ferenczy, Béni 92
Feszl, Frigyes 94
Feszl, József 90
Fischerbastei (Halászbástya) 17, **39-41**
Földtani Intézet (Geologisches Institut) **129**
Foerck, Ernő 65
Förster, Ludwig 100
›Fortuna‹, Restaurant 44
Fortuna utca **50**
Franz I., Kaiser und König 64
Franz Joseph I., Kaiser und König 22, 31, 37, 113
Franziskaner 36, 64, 89

Gauske, Briccius 42
Gellért (Gerhardus), hl. 8, 74, 75
Geologisches Institut (Földtani Intézet) **129**
Gerardus (Dominikaner) 44
›Gerbeaud‹, Kaffeehaus **95**, 159
Gerő, László 92
Géza, Fürst 8
Giergl, Kálmán 90, 105
Giessl, Joseph 33
Greco, El (*eigentl.* Domenikos Theotokópulos) 121
Gresham-Palast **110**
Gries-Mausoleum 130
Grigely, József 49
Griusenberg, Christopher 33
Gül Baba türbéje (Türbe des Gül Baba) **69**
›Gundel‹, Restaurant **128**

Haban, Fayencen aus 146
Habsburger Palatinskrypta 28
Hadik, András 59
Hadik-Haus 63
Hadrian, Kaiser 138
Halas, Spitzen aus 145
Halászbástya (Fischerbastei) 17, **39-41**
Hamid, Abdul, Sultan 26
Hamon, Miklós 73
Han, Johannes, Domherr 44
Hatvany, Lajos Baron 49
Haus ›Zum Roten Igel‹ (Vörös sün-ház) 12, **44**
Hauszmann, Alajos 22, 26, 28, 31, 60, 77, 113, 115
Haydn, Joseph 12
Hebenstreit, József 86
Hegedüs, Sebestyén 76
Heldentempel (Hősöktemploma) 101
Henszelmann, Imre 39, 45
Hercules-Villa **134-35**
Herend, Porzellan aus 147
Herzl, Theodor 101
Herzog, Fülöp 120
Hess, András 10, 44
Hess András tér **44**
Hikisch-Haus 70, 73
Hild, János 13
Hild, József 69, 97
Hildhof —
Hillebrandt, Franz Anton 22, 63
Hillebrandt, S. A. 28
Hl.-Rochus-Hospital 14
Höhlenlabyrinth mit Panoptikum (Budavári Labirintus Panoptikum) **61**

180

Hölbling, Johann 22
Hölblinghaus **61-62**
Hollós, Barabás 90
Honvéd 22, 33
Hopp, Ferenc 118
Hörger, Antal 92
Horthy, Miklós 14, 15
Hősök tere (Heldenplatz) **119-21**
Hősöktemploma (Heldentempel) 101
Hotel Budapest-Hilton 2, 35, 40, 41
Hotel Palace 102
Hüppmann, Franz 28
Hunyadi 26
Hunyadi, János 9, 10, 40
Hunyadi, Matthias siehe Matthias Corvinus
Huszár, Adolf 93

Illmer, Friedrich 76
Illyés, Gyula 113
Institut für Musikwissenschaften 45
Izsó, Miklós 93

Jadot, Jean Nicolas 22, 28
Jäger, Henrik János 135
Jankovich, Miklós 93, 97
Jankovits, Gyula 74
Jánossy, György 56
Jean sans Peur 20
Jedlik, Anyos 129
Jesuiten 11, 36, 87
Jókai, Mór 46
Joseph II., Kaiser 32, 87, 97, 131
Joseph von Habsburg, Erzherzog und Palatin 12, 84
Josephskaserne, ehem. 46
Judentum 12, 15, 45, **47-48**, 99-101, 129, 132
Jüdischer Friedhof **129**
Julianus (Dominikaner) 44
Jung, József 93
Jungfer, Gyula 114

Kalocsa, Stickerei aus 145
Kammerhof, ehem. **46-47**
Karai, Laszlo 44
Karl I., König (Karl Robert von Anjou) 9, 37
Karl III., König (Kaiser Karl VI.) 22, 98
Karl IV., König (Kaiser Karl I.) 37, 84
Karl von Lothringen, Herzog 11
Kasim, Pascha 67
Kassák, Lajos 136
Katharina Podiebrad 37
Kazinczy, Ferenc 50
Keleti pályaudvar (Ostbahnhof) 102
Kempelen, Farkas 32
Kerek ház (Rundes Haus) **137**, 138
Kerschenstein, Konrad 43
Kimnach, Lajos 64
Királyi palota (Königspalast) 9, 10, **18-23**, 24-31
Kirchen
 Basilika St. Stephan (Szent István templom) 14, **109-10**
 Evangelische Kirche 97
 Franziskanerkirche (Pesti ferences templom) **89-90**
 Franziskanerkirche auf der Margareteninsel, ehem. 82
 Griechisch-orthodoxe Kirche (Görög ortodox templom) **92-93**
 Innerstädtische Pfarrkirche (Belvárosi plébániatemplom) **91-92**
 Kapelle der Heiligen Rechten (Szent Jobb Kápolna) 110
 Maria-Magdalenen-Kirche (Magdolna templom) 9, 64, 65
 Matthiaskirche (Mátyás templom) 9, 35, **36-39**, 40, 41
 Reformierte Kirche am Kalvin köz 135
 Römisch-katholische Kirche in Pasaret 78
 Römisch-katholische Kirche in Városmajor **78**
 Serbische Kirche (Szerb templom) **88**
 Sigismundkapelle 28, 29
 St.-Annen-Kirche (Szent Anna templom) 72, **73**
 St. Peter und Paul, Pfarrkirche 135
 St.-Rochus-Kapelle (Szent Rókus Kápolna) 102
 St.-Stephans-Kapelle (Szent-István-Kápolna) in der Matthiaskirche 24
 Stiftskirche der Elisabethinerinnen 70
 Universitätskirche (Egyetemi templom) **86**
Kis földalatti (Kleine Untergrundbahn) **122**
Kisfaludy, Károly 28
Kisfaludi-Stróbl, Zsigmond 32, 68, 75
Kiss, György 115
Klausenburg, Martin und Georg 40
Klothildenpaläste **90,** 91
Koch, Henrik 88
Kochmeister, Anton 93
Königspalast (Királyi palota) 9, 10, **18-23,** 24-31
Kőrösfői-Kriesch, Aladár 106, 114
Körösi Csoma, Sándor 111
Közgazdaság Tudományi Egyetem (Universität für Wirtschaftswissenschaften) **83**
Központi Városháza (Zentrales Rathaus) **98**
Központi Vásárcsarnok (Große Markthalle) **83**
Kolbenturm (Buzogány) 18, 19
Kontuly, Béla 73
Korb, Floris 90, 91, 105
›Korona‹, Konditorei 33
Kós, Károly 127, 135
Kossuth, Lajos 13, 46
Kratzmann, Ede 39
Krauser, József 110
Krausz, János 97
Kremsmünsterhaus 33
Kugler, Henrik 95
Kun, Zsigmond 136-37
Kurszán, Fürst 8

Laczkovich, László 56
Lajta (Leiterdorfer), Béla 99, 102, 107, 130
Land, Adolf 122
Landherr, András 132
Lantai, Lajos 37
Lázárevics, István, Fürst 54
Lechner, Jenő 49
Lechner, Ödön 103, 104, 106, 109, 112, 129
Lendl, Adolf 127
Lessenyei, Márta 76
Ligeti, Miklós 31, 125
Liszt, Franz 14, 37, 108
Lobner, János Pál 49
Lobner-Haus 49
Lónyay, Menyhért 83
Lotz, Károly 39, 84, 88, 90, 104, 106, 110, 111, 114, 116
Lajos (Ludwig) I. der Große 9, 19, 24, 47

Madarász, Viktor 28
Mader, Johann Christoph 98
Magyar Állami Operaház (Ungarische Staatsoper) **107-09**
Magyar-Mannheimer, Gusztáv 104
Magyaren 8, 44
Máltás, Hugo 62
Mann, Thomas 50
Margarete, hl. 9, 81, 82
Margareteninsel (Margitsziget) 8, 21, **81**
Maria Theresia, Kaiserin und Königin 22, 28, 77, 87
Markó, Károly 28
Markthalle am Vámház körút 84
Markthalle, Große (Központi Vásárcsarnok) **83**
Martinelli, Anton Erhard 98
Marzio, Galeotto 30
Matthias Corvinus, König (Matthias Hunyadi) 9, 10, 20-22, 24, 25-27, 30, 36, 37, 42, 43, 47, 57, 73, 102
Mayerhoffer, Andreas 86, 88, 93
Medici 52
Medici, Lorenzo 22
Mehemed II. 9
Meister Johann 41
Meister M. S. 28, 29
Metro 14, 15, **122**
Mikula, Ferenc 39
Minor Pesth 11
Modehalle (Divatcsarnok) **106**
Molnár, Ferenc 92, 105
Molnár, C. Pál 73
Mongolen 9, 33, 44
Motte, de la, Freiherr 33
Munkácsy, Mihály 28, 114, 169
Museen
 Öffnungszeiten 168
 Apothekenmuseum (Arany Sas Patika Múzeum) 34
 Budapesti Történeti Múzeum (Historisches Museum der Stadt Budapest) 22, **23-26,** 48
 Ernst-Museum **106**
 Esterházy, Sammlung 121
 Ethnographisches Museum (Néprajzi Múzeum), die sog. Kurie **115-17**
 Evangelisches Landesmuseum (Evangélikus Országos Múzeum) **97**
 Evangélikus Országos Múzeum (Evangelisches Landesmuseum) **97**
 Ferenc-Hopp-Museum **118-19**
 Földalatti Múzeum (U-Bahn-Museum) 122
 Hadtörténeti Múzeum (Kriegshistorisches Museum) **64-66,** 68
 Historisches Museum der Stadt Budapest (Budapesti Történeti Múzeum) 22, **23-26,** 48
 Iparművészeti Múzeum (Museum für Kunsthandwerk) **103,** 104
 Jüdisches Museum (Zsidó Múzeum) 100, 101
 Kiscelli-Museum (Kiscelli Múzeum) **131**
 Közlekedési Múzeum (Verkehrsmuseum) **128,** 129
 Kriegshistorisches Museum (Hadtörténeti Múzeum) **64-66,** 68

Register

Kun, Volkskunstsammlung Zsigmond Kun **136-37**
Kunsthalle (Műcsarnok) 120, 122
Kurie (Ethnographisches Museum, Néprajzi Múzeum) **115-17**
Lajos-Kassák-Gedächtnismuseum 136
Landwirtschaftsmuseum (Mezőgazdasági Múzeum) 124
Magyar Kereskedelmi és Vendéglátóipari Múzeum (Ungarisches Handels- und Gastgewerbemuseum) **50-52**
Magyar Nemzeti Galéria (Ungarische Nationalgalerie) **27-31**
Magyar Nemzeti Múzeum (Ungarisches Nationalmuseum) **84-85**
Mezőgazdasági Múzeum (Landwirtschaftsmuseum) 124
Műcsarnok (Kunsthalle) 120-22
Museum der Bildenden Künste (Szépművészeti Múzeum) 120-22
Museum für Kunsthandwerk (Iparművészeti Múzeum) **103**, 104
Museum für Medizingeschichte (Semmelweisz Orvostörténeti Múzeum) **74**
Museum für Musikgeschichte (Zenetörténeti Múzeum) 45
Museum für Neueste Geschichte 136
Néprajzi Múzeum (Ethnographisches Museum, sog. Kurie) **115-17**
Patika Múzeum (Apothekenmuseum) 34
Postmuseum (Postamúzeum) 129
Semmelweisz Orvostörténeti Múzeum (Museum für Medizingeschichte) **74**
Szépművészeti Múzeum (Museum der Bildenden Künste) 120-22
U-Bahn-Museum (Földalatti Múzeum) 122
Ungarische Nationalgalerie (Magyar Nemzeti Galéria) **27-31**
Ungarisches Handels- und Gastgewerbemuseum (Magyar Kereskedelmi és Vendéglátóipari Múzeum) **50-52**
Ungarisches Nationalmuseum (Magyar Nemzeti Múzeum) **84-85**
Vasarely-Museum 136
Verkehrsmuseum (Közlekedési Múzeum) **128-29**
Volkskunstsammlung Zsigmond Kun **136-37**
Zenetörténeti Múzeum (Museum für Musikgeschichte) 45
Zsidó Múzeum (Jüdisches Museum) 100, 101
Musikakademie (Zeneakadémia) **105-106**
Műszaki Egyetem (Technische Universität) **77**

Nagy, Imre 15
Nagy, Virgil 82
Nationalbibliothek Széchenyi (Országos Széchenyi Könyvtár) 13, **26-27**

Nemzeti Bank (Nationalbank) 112
Nepauer, Matthäus (Máté) 46, 56, 73
›New York‹, Kaffeehaus **104-05**, 155
Nikolausturm 42
Nyugati pályaudvar (Westbahnhof) 4, **117-18**

Ohmann, Béla 49
Opernhaus 107, 108
Oracsek, Ignaz 22
Országház (Parlament) **113-15**
Országház utca **52-54**
Országos Széchenyi Könyvtár (Nationalbibliothek Széchenyi) **26-27**
Ostbahnhof (Keleti pályaudvar) 102
Osvát, Ernö 105
Otto I., Kaiser und König 8

Pacassi, Nicolaus 22, 28
Palais Drechsler 109
Pannonius, Janus 10
Panoptikum (Budavári Labirintus Panoptikum) **61**
Pariser Hof (Párizsi udvar) **91**
Parlament (Oszágház) **113-15**
Parler, Peter 20
Passardy, János 33
Pásztor, János 50
Pauliner 86
Paur, Johann Georg 92, 135
Pázmány, Péter 87
Péterffy-Palais **93**
Petőfi, Sándor 13, 84, 97
Petri, Lajos 68
Petschacher, Gustav 106
Pinter, Béla 41
Pollack, Mihály 31, 84, 97
Ponti, Raffaello 84
Postsparkasse (Postatakarékpénztár) **112**
Prati, Fortunato de 22, 98
Pulszky, Károly 121
Puskás, Tivadar 129

Quittner Zsigmond 110

Raffaello Santi 120
Rákóczi II., Ferenc 11, 102
Rákóczi út **102**
Ráth, György 111
Rathaus von Buda, Altes (Régi budai városháza) **56-57**
Rathaus, Zentrales (Központi Városháza) **98**
Redoute (Vigadó) **94**
Régi budai vérosháza (Altes Rathaus zu Buda) **56-57**
Rimanóczy, Gyula 78
Rippl Rónai, József 28
Römer 8, 69, 132-35, 138
Römisches Militärbad **134-35**
Róna, József 31
Rorarius, János 51
Rózsavölgyi-Haus 99
Rundes Haus (Kerek ház) **137**, 138
›Ruszwurm‹, Konditorei **57-58**

Sammlung Ludwig 28
Sándor, Móric Graf 31, 32
Sándor, Vincent Graf 31
Sándor-Palais **31-32**
Sávoly, Pál 79
Schedius, Lajos 97
Schickedanz, Albert 33, 113, 119, 122
Schloß Zichy (Zichy-Kastély) **135-36**
Schmal, Henrik 91

Schmidl-Mausoleum **129-30**
Schmidt, Mátyás 71
Schmidt, Maximilian 131
Schönwiesner, István 134
Schulek, Frigyes 36, 39-41
Schultz, János 33
Schultz-Haus 33
Scolrai, Filippo, gen Pipo von Ozora 60
Semmelweis, Ignác Fülöp 14
Senyei, Károly 26, 29
Septimus Severus 138
Sigismund von Luxemburg, Kaiser und König 9, 19, 20, 24-26, 36, 37
Sigl, Martin 33
Sitznischen 33, 34, 44, 50, 53, 54, **62**, 63
Sommer, Ágoston 88
Stadtwäldchen (Városliget) **123-30**
Stark, Isidor 76
Steindl, Imre 113, 114
Steinpeck, Hartmann 20, 26
Stephan (István) I. (heidn. Name: Vajk), der Heilige 8, 9, 40, 41, 85, 110
Stephan (István) von Anjou 19
Stephansturm 26
Sterio, Károly 88
Stróbl, Alajos 20, 40, 51
Stüler, Friedrich August 111
Stumpfer Turm 20, 21
Suleiman II., Sultan 11, 26, 37, 61, 69, 71
Synagoge, chem. Altofener **132**
Synagoge, Große (Dohány utcai zsinagóga) 45, **99-101**
Synagoge, Orthodoxe (Zsinagóga) **101**
Szabadság tér 112
Szápolyai, János 10, 11
›Százéves‹, Restaurant **93**
Széchenyi, Ferenc Graf 26, 84
Széchenyi, István Graf 13, 79
Székely, Bertalan 28, 39
Szentháromság tér (Dreifaltigkeitsplatz) **56**
Szeth, Kristof 49
Sziklai, Zsigmond 106
Szinyei Merse, Pál 28, 30
Szklaniczky, Antal 88

Tabán **73**
Tallherr, József 64, 137
Táncsics Mihaly utca **45**, 48
Táncsics, Mihály 46, 47
Tárnok utca **33-34**
Távirda-Tor 26
Technische Universität (Műszaki Egyetem) **77**
Than, Mór 34, 88
Thurós, János 20
Tisza, Kálmán 113
Török, Bankhaus 98, 99
Tot, Amerigo 45
Tóth Arpád sétány **67-68**
Tóth, István 40
Trinitarier 12
Tudományos Akadémia (Akademie der Wissenschaften) **111**
Tunnel (Alagút) 79
Türbe des Gül Baba (Gül Baba türbéje) **69**
Türken 1, 11, 20, 22, 25, 26, 31, 36, 37, 44, 47, 49, 52, 60, 64, 65, 67, 69-71, 89, 92
Turul-Vogel 31, 82

U-Bahn (Metro) 14, 15, **122**
Ugoleto, Taddeo 21, 26
Uhrl, Ferenc 90
Ungarische Nationalbank (Nemzeti Bank) 112

Ungarische Staatsoper (Magyar Állami Operaház) **107-109**
Ungarisches Staatsarchiv 48
Ungleich, Philipp 56
Universität 10, 12, 22, 87, 88
Universität für Wirtschaftswissenschaften (Közgazdaság Tudományi Egyetem) **83**
Universitätsbibliothek (Egyetemi könyvtár) **87-88**
Untergrundbahn, Kleine (Kis földalatti) 122
Úri utca 5, **59-63**

Váci utca 95, 144
Vágó, László 101
Vajdahunyad vára (Burg Vajdahunyad) 123, **124**
Varga, Imre 48, 101, 136
Várhegy (Burghügel) **18-68**
Városliget (Stadtwäldchen) **123-39**

Várszínház (Burgtheater) 12, **32**
Vasarely, Victor 136
Vastagh d. J., György 31, 59
Vespucci, Bernardo 52
Vigadó (Redoute) **94**
Vitkovics, Mihály 88
Vörös sün-ház (Haus ›Zum Roten Igel‹) 12, **44**
Vörösmárty, Mihály 31
Vogl, Gergely 135
Volkskunst 144-47

Wagner, Otto 13, 101
Wasserstadt 70
Weixelgärtner, Mihály 50
Wesselényi, Miklós Baron 90
Westbahnhof (Nyugati pályaudvar) 4, **117-18**
Wilhelm I., Kaiser 14, 74, 125
Windischgraetz, General 14
Wohntürme **62**

Xantus, János 116

Ybl, Miklós 22, 26, 28, 32, 83, 93, 108, 110, 111, 113

Zala, György 29, 33, 119
Zeneakadémia (Musikakademie) **105-06**
Zichy, Grafen 131, 132, 135, 136
Zichy-Kastély (Schloß) **135-36**
Zitadelle (Citadella) **74**
Zoo (Állatkert) **127**
Zsigmondy, Vilmos 126
Zsille, Kálmán 67
Zsinagóga (Orthodoxe Synagoge) **101**
›Zum Weißen Kreuz‹ (Fehér kereszt fogadó) 70, 73

Bildnachweis

Artothek, Peissenberg: 29, 300., u., 169 – Bilderberg (Madej), Hamburg: 40/41, 95, 96o., u., m., 102, 103, 104, 113, 126u., 153u., 155, 178, 179 – *Jürgens, Köln:* 89 – *Katona, Budapest:* 5, 21, 22, 230., u., 27, 31, 32, 33, 34, 42, 43, 45, 47u., 49, 50, 51, 52/53o., 53u., 54, 57, 58, 59, 60, 61, 67, 73, 76o., 83, 97, 110o., 118u., 125u., 126o., 129, 133u., 1340. – *Kluge, Espenhain:* 8, 17, 70, 71, 78, 79, 81u., 84o., 87, 92o., 93u., o., 94o., 99, 101, 107u., 110u., 118/119, 121u., 122, 123, 124, 125o., 127, 128, 131, 133o., 136, 138, 139o., u., 140, 163, 166, 175 – *Magyar Képek, Budapest:* 18/19, 190., 20, 35, 37, 38, 46/47, 55, 65, 68, 69, 71u., 74, 75, 76u., 77, 80, 81o., 82, 84u., 85, 86, 88, 90/91, 90l., 92u., 94u., 98u., 98o., 100o., 105, 106, 108, 109, 111, 114/115o., 115u., 116, 117o., u., 120/121o., 120u., 130, 134u., 135, 143, 144, 147, 151, 171, 176o., u. – *Markus, Düsseldorf:* 66, 152, 153o., 161, 162

PRESTEL FÜHRER

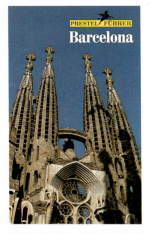

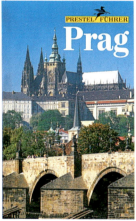
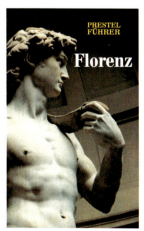